岳麓書社

读名著 选岳麓

古典名著普及文库

荀子

张晚林　导读 注译

岳麓書社·长沙

出版说明

中国古典名著是中华优秀传统文化的重要载体，今天人们要学习传统文化，如果说有所谓捷径可寻，那恐怕就是直接阅读古典名著了。长期以来，为大众读者出版古典名著的普及读物一直是本社的重要使命。约三十年前，我们便出版了“古典名著普及文库”，收书五十余种，七十余册，蔚为大观。这套书命名为“普及”，首先是因为采用了简体字横排的排版方式。当时的古典名著图书，以未经整理的影印本和繁体竖排本居多，大众读者阅读有障碍，故本文库的推出，确有普及之效。其次，我们提出要让读者“以最少的钱买最好的书”，定价远低于当时同类型品种。基于此，这套“普及文库”迅速流向读者的书架，销量极大，功在普及不浅。

当年这套书，所收各书都是文言文全本，无注释，不翻译，对于今天的大众读者来说，已经很难起到普及作用了。而且，读者如果仅仅出于品鉴、入门的需要，也无须通读大部头的全本古籍。因而，我们推出这套全新的“古典名著普及文库”，在选目上广泛听取国内名校学者们的建议，收录经、史、子、集四部之中第一流的名著一百余种，邀请学有专攻的学者精心注释、翻译，并加以导读。篇幅大的经典，精选菁华，篇幅适中的出版全本，个别篇幅小的，则将主题相近的品种合刊为一册。

我们希望有更多的人能够买得起、读得懂中国的古典名著，接受中华优秀传统文化的滋养。这一套轻松好读又严谨可靠的普及文库，便是我们努力实践这一理念的结果。

前言

荀子,生卒年不详,但可以肯定的是,享年很高,应该有90岁以上。尝游学于齐之稷下学宫,至齐襄王时"最为老师",曾三为祭酒。惜乎齐襄王不能用,且见逐。遂居楚,春申君以为兰陵令,春申君死而见废。于是,著书立说,遂有《荀子》一书32篇。2000多年以来,《荀子》一直是中华传统文化最重要的典籍之一,不断有学者阅读与研究。

荀子与孔子、孟子并称为先秦三大儒者,但我们一般把孔孟之道作为儒学的代称,而没有加上荀子。这是为什么呢?因为孔孟之道代表了儒学的正宗,这个正宗就是由内圣以至于外王,但荀子则隆礼重法,对于内圣不甚措意,而特重外王。这样,荀子的社会理想以至于对于人之境界的开发都显著地异于孔孟。一般以为,这个差异的根本点是孔孟主张性善,而荀子主张性恶,这是根本的误解。其实,荀子理论的中心是天人关系。

为了便于大家更好地理解《荀子》一书,这里着重说一说荀子的以下思想:天人观、性恶论、心论、隆礼重法、明分使群。

第一,天人观。本来,无论是在孔子那里还是在孟子那里,天与人是相通的。故孔子讲"知我者,其天乎!"孟子亦云"尽其心者,知其性也。知其性,则知天也"。荀子却与之不同,大讲"唯圣人为不求知天"。在荀子那里,天就是自然之天,非孔孟之道德性理之天。天功一方面强大,另一方面神秘。然无论强大也好,神秘也好,总是天之事,与人无关,因为人没有办法改变天之规律。这是圣人不求知天之意。所以,荀子强调了人事的重要性,宣称不要太在意天之所为。天的运行规律虽不能人为地改变,但可加以利用,以为人类造福。

大天而思之，孰与物畜而制之？从天而颂之，孰与制天命而用之？望时而待之，孰与应时而使之？因物而多之，孰与骋能而化之？思物而物之，孰与理物而勿失之也？愿于物之所以生，孰与有物之所以成？故错人而思天，则失万物之情。(《荀子·天论》)

荀子强调自然之天的客观性，而不与人之道德相关联，从科学的角度来讲，这无疑是对的。但荀子在这条路上走得太远，他完全没有看到先秦以来在自然之天以外还有另外一个道德宗教之天，这个天则与人的道德有关，一切对人或人性的认识必须关联着这个道德的天而言，可惜荀子完全以自然之天取代了道德之天，使得他接不上孔孟的正宗理路，开出了儒学的别支。荀子的性恶论及隆礼重法之思想，俱为其天人观所衍生，虽然于孔孟的正宗理路有所创发与转换，但毕竟是儒学的别支。本来，儒学在孔孟那里是教，但在荀子那里，儒学不再是教，而只是学了。

第二，性恶论。“人之性恶，其善者伪也”是《性恶》篇的中心思想，在文中反复出现。这里表达了两个意思：其一，人性根本为恶；其二，通过后天的教化，人可以为善，这就是所谓的“化性起伪”。

荀子为什么说人性是恶的呢？他是从人的生物本能看。“生而有好利焉”，“生而有疾恶焉”，“生而有耳目之欲，有好声色焉”，这些都是人作为生物的本能，谁也不能否认。如果人类任凭这个本能发展下去而不加以抑制，则诚如荀子所言，“争夺生而辞让亡焉”，“残贼生而忠信亡焉”，“淫乱生而礼义文理亡焉”。这根本是禽兽而不是人类社会。因此，荀子认为，人类社会要善治就必须正视这个恶的本性而加以“师法之化，礼义之道”，从而使本性为恶的人做到善。

荀子斩断了人与天的关联，只看到人的生物性之存在，从而力主性恶论，这并非完全没有意义。但他由此而完全反对孟子的性善论，却是学有未达。实际上，孟子并非不承认荀子所言，且其陈义更高。孟子看到了荀子所看到的东西，但荀子没有看到孟子所看到的东西。是以在对人性的阐发上，荀子较孟子毕竟差一筹。

荀子主张性恶，看到了人性消极的一面，从而欲矫正这个消极的一面，于是，重视外在的礼义法度，从而把人提升到“涂之人可以为禹”之境界。

但荀子达到这个境界靠的是外力而不是自觉，蕴含着走向暴力与专制的危险，后来其弟子韩非与李斯完全走向法家，正是这个原因。

第三，心论。在孟子那里，性是虚说而心是实说。孟子主张性善，但性善到底是什么呢？要落实下来，性善实指四端之心，外此四端之心，无所谓性善。故孟子云“尽其心者，知其性也。知其性，则知天也”，心与性并无质的区别。但在荀子那里，性是实说，乃人的生物本能，心亦是实说，心与性成为两种完全不同的东西。

那么，在荀子那里，“心”到底是什么呢？

心者，形之君也，而神明之主也，出令而无所受令。自禁也，自使也，自夺也，自取也，自行也，自止也。故口可劫而使墨云，形可劫而使诎申，心不可劫而使易意，是之则受，非之则辞。故曰：心容，其择也无禁，必自见；其物也杂博，其情之至也不贰。（《荀子·解蔽》）

荀子言心乃“形之君也，而神明之主也”，这也是大体之意。即心是出令者而不是受令者，心有自己的潜能与自由，所谓“自禁也，自使也，自夺也，自取也，自行也，自止也”。荀子要求心应专一而静，若博杂则必乱，而难以知“道”。故荀子盛言解蔽，且认为“虚一而静”之心才能知“道”。

荀子之所谓心具何特质？它似乎就是一个虚空的大容器，里面空无一物。虚一而静就是把心打扫干净，呈现其本有之虚空，不让异物与杂质占据，这就是荀子所说的“大清明”。这样一个大清明之心方能知“道”。不然，若以“已臧害所将受”，必不能知“道”。荀子之心论类似于西方哲学家洛克的白板说，认为人心只是空无寥廓之容器。这样，荀子析心与道为二，不似孟子，心非白板而具四端之能。

第四，隆礼重法思想。由荀子的性恶论与心论必至于隆礼重法。荀子因秉持性恶论，他不可能认为礼之生乃基于人性，恰恰相反，礼是要矫正人性的，礼完全是圣人之伪，即外在制作。

礼起于何也？曰：人，生而有欲，欲而不得，则不能无求；求而无度量分界，则不能不争；争则乱，乱则穷。先王恶其乱也，故制礼义以分之，以养人之欲，给人之求，使欲必不穷于物，物必不屈于欲，两者相持而长，是礼之所起也。（《荀子·礼论》）

礼乃起源于人因欲望而来的纷争，先王必须以礼加以限制而归于治。尽管荀子也讲“礼者，养也”。但其所谓“养”非外在的扩充而养性之“养”。荀子把礼义之养情、养安而与寝兕、持虎、蛟韅、丝末、弥龙之养威同理看待，说明其养是外在的。即寝兕、持虎、蛟韅、丝末、弥龙使人显得很有威严。同样，礼义外在地使人显得有情谊，安而不乱。如果人人基于礼义而不是性情，那么，人人安居而社会和谐。

正因为如此，治理国家必须隆礼。基于此，对于人而言，学习主要是学礼，而非《诗》《书》。故荀子曰：“学恶乎始？恶乎终？曰：其数则始乎诵经，终乎读礼”，又曰：“学之经莫速乎好其人，隆礼次之。上不能好其人，下不能隆礼，安特将学杂识志，顺《诗》《书》而已耳，则末世穷年，不免为陋儒而已。……故隆礼，虽未明，法士也；不隆礼，虽察辩，散儒也。”陋儒、散儒都不是好的评价，不知治理之大道仅知晓文章典故而已，其根本原因在于不隆礼而顺《诗》《书》。

第五，明分使群。在荀子看来，人类社会之所以绵延而强大，就是因为人类社会是一个以礼组织起来的群体；君主就是善于治理这个群体的人：

道者，何也？曰：君道也。君者，何也？曰：能群也。能群也者，何也？曰：善生养人者也，善班治人者也，善显设人者也，善藩饰人者也。（《荀子·君道》）

但是“群”并非指群体内的成员平均齐一，而是要有差别的，故群体之所以能被组织起来，关键在于“分”。“分”靠什么来体现，就是依据礼。

力不若牛，走不若马，而牛马为用，何也？曰：人能群，彼不能群也。人何以能群？曰：分。分何以能行？曰：义。（《荀子·王制》）

义者，宜也。宜就是界限分明、等级有序、贵贱有差，也就是“分”，这就必须依靠礼来体现。

分均则不偏，埶齐则不一，众齐则不使。有天有地而上下有差，明王始立而处国有制。夫两贵之不能相事，两贱之不能相使，是天数也。埶位齐而欲恶同，物不能澹则必争；争则必乱，乱则穷矣。先王恶其乱也，故制礼义以分之，使有贫富贵贱之等，足以相兼临者，是养天下之本也。《书》曰：“维齐非齐。”此之谓也。（《荀子·王制》）

礼作为一种“度量分界”，使得群体有客观的仪轨与规范可循，从而保证了政治社会的客观性，使人民各尽其职而社会富足、得到善治。

在《荀子》一书中，“礼”字随处可见，它规范了社会政治的方方面面。正如有的研究者指出的那样，荀子将“礼”的内涵与具体的“周礼”区别开来，并将之提升为“知识社会秩序”的最高原则。概括起来，礼的作用如下：

其一，在个人层面，礼是人的基本生活规范与教养的标志。

礼者，人道之极也。然而不法礼，不足礼，谓之无方之民；法礼足礼，谓之有方之士。礼之中焉能思索，谓之能虑；礼之中焉能勿易，谓之能固。（《荀子·礼论》）

其二，在家庭层面，礼是齐家的基本方法。

请问为人父？曰：宽惠而有礼。请问为人子？曰：敬爱而致文。请问为人兄？曰：慈爱而见友。请问为人弟？曰：敬诎而不苟。请问为人夫？曰：致功而不流，致临而有辨。请问为人妻？曰：夫有礼，则柔从听侍；夫无礼，则恐惧而自竦也。此道也，偏立而乱，俱立而治，其足以稽矣。（《荀子·君道》）

其三，在社会层面，礼是经济富足、分配合理的基本依据。

节用以礼，裕民以政。彼裕民，故多余，裕民则民富，民富则田肥以易，田肥以易则出实百倍。上以法取焉，而下以礼节用之，余若丘山，不时焚烧，无所臧之，夫君子奚患乎无余？故知节用裕民，则必有仁义圣良之名，而且有富厚丘山之积矣。（《荀子·富国》）

其四，在国家政治层面，礼是君主、臣下依法行政的基本保证。

请问为人君？曰：以礼分施，均遍而不偏。请问为人臣？曰：以礼待君，忠顺而不懈。……请问兼能之奈何？曰：审之礼也。古者先王审礼以方皇周浃于天下，动无不当也。（《荀子·君道》）

正因为礼关涉到个人、家庭、社会、国家的诸多层面，故礼之于人特别重要，起到了“表”治乱的作用。

水行者表深，使人无陷；治民者表乱，使人无失。礼者，其表也，先王以礼表天下之乱。今废礼者，是去表也，故民迷惑而陷祸患，此刑罚之所以繁也。（《荀子·大略》）

礼既然如此重要，教化即在此体现，人的学问的成就也在礼处体现。

本书节选了《荀子》一书中的16篇文章，之所以如此选择，乃因为这些篇章大抵表现了荀子的基本思想，诸如天命观、人性观、修身思想、礼法思想，以及荀子的治国之道与君臣之道等方面。读者通过对本书的阅读，可以知晓荀子的具体思想。

给《荀子》最早作注的人是唐代的杨倞，以后的刻本基本都尊杨氏注本。自宋代以来，《荀子》最著名的刻本有三个，一、宋台州本：《荀子》的初刻本为北宋熙宁年间吕夏卿国子监刻本，后来又有宋台州本，即翻刻熙宁本而来，光绪年间，杨守敬又翻刻台州本作为《古逸丛书》之一。二、世德堂本：明嘉靖十二年顾春辑，世德堂刊《六子书》本。三、嘉善谢氏刻本：乾隆五十二年谢墉、卢抱经合校本，这是最流行，也是最易得的一个刻本。光绪年间，湖北崇文书局刻《百子全书》、浙江书局刻《廿二子全书》，俱依谢氏刻本。近现代人注解《荀子》，也多依据嘉善谢氏刻本。清末至民国时期的学者王先谦著《荀子集解》，是到目前为止最完善的校勘、注解本。本书以嘉善谢氏刻本为底本，参考中华书局出版的沈啸寰、王星贤点校的王先谦《荀子集解》，如有字词需要进一步校正，则参考别的古刻本，以及当代人的校点、注释本。

因本人学识有限，其中定有不少错误，敬请广大读者批评指正。

目　录

劝学

导读

荀子作为先秦儒学后期的代表人物，秉承了儒学以王道救世的思想，而以王道救世，不只是一个制度设计问题，更主要的在于修身进学，故荀子在《君道》篇中讲“闻修身，未尝闻为国也”。这样，将《劝学》篇置于其首，也就可以理解了。但荀子所说的“学”不是现在的科学知识，而是品格的养成。其义有三：礼法的执守、道德的自觉与境界的提升。本文的大意如下：首先，荀子指出学习对于改变人的品性与人成就之取得的重要性。其二，论述了学习中的一些方法，如“居必择乡，游必就士”“慎其所立”等。荀子特别强调亲近贤师的学习方法，这是一种最快最有效的方法。若只是读《诗》《书》等经典文献，则不过是具有杂博知识的人，这是荀子所批评的陋儒或散儒。其三，荀子论述了学习的态度，就是用心专一。其四，论述了学习的次序，以诵经为开始，以读《礼》为结束。其五，论述了教学的方法，要求君子教人须不急躁、不隐瞒、不盲目，依据学者的身心态度施教。最后，荀子论述了为学的最高境界，就是成为全之尽之、能定能应的“成人”。

原文

君子曰：学不可以已[1]。青[2]，取之于蓝[3]而青于蓝；冰，水为之而寒于水。木直中绳，𫐓[4]以为轮，其曲中规，虽

译文

君子说：学习是不可以停止的。靛青染料是从蓼蓝提取出来的，但其色泽却比蓼蓝更浓；冰块是水结成的，但其温度却比水更寒。直的木合于绳墨，但能使其弯曲做成车轮，其弯曲程度合于圆规，虽然重新

有槁暴[5]，不复挺者，𫐓使之然也。故木受绳则直，金就砺[6]则利，君子博学而日参省[7]乎己，则知明而行无过矣。故不登高山，不知天之高也；不临深溪，不知地之厚也；不闻先王之遗言，不知学问之大也。干、越、夷、貉[8]之子，生而同声，长而异俗，教使之然也。《诗》[9]曰："嗟尔君子，无恒安息。靖共尔位，好是正直。神之听之，介尔景福。"[10]神[11]莫大于化道，福莫长于无祸。

用日晒，也不可能使它恢复到原来的直，这是"𫐓"这种工艺的结果。故木材因绳墨的作用而变直了，金属经过磨砺以后变得锋利了，君子如果博学而又能多次反省，那么，他的知见就明睿而其行为就不会有过错了。所以，不登高山，就不知天到底有多高；不临深渊，就不知地到底有多厚；不去学习古代圣王的遗言，就不知道学问到底有多大。干、越、夷、貉的子弟，生下来时都是哭声，但长大以后各自的习惯并不同，这正是教化不同的结果。《诗经》说："你们这些君子啊，不要总是贪图安逸享受。谦卑恭敬地忠于你的职守，向正直的人学习。神灵会察知你的行为，并赐予你大的福气。"人的神明没有比与道契合更大的，人的福气没有比无灾祸更长久的。

注释

1 **已**：停止。

2 **青**：靛青染料。

3 **蓝**：蓼蓝。可以提取靛青染料的植物。

4 **𫐓**(róu)：车轮的外框。这里作动词用，使树木弯曲为车轮。

5 **槁暴**(pù)：槁，枯；暴，"曝"的古字，日晒。

6 **砺**：磨刀石。

7 **参省**(sān xǐng)：参，通"三"，多次；省，内察而反求诸己。

8 **干、越、夷、貉**(mò)：干，本为春秋时一小国，后为吴所灭而并于吴，故吴亦有时称干。越，古代南方少数民族。夷，古代中国东部的少数民族。貉，同"貊"，古代中国东北方的少数民族。

9 **《诗》**:先秦文献中提到的诗都是指《诗》三百,即秦汉以后的《诗经》。

10 此句引自《诗经·小雅·小明》。此诗的大意是:一位大夫因得罪朝廷而被流放到边境服役不得归,故作诗以表达忧苦、思念与不安之情,并借此告诫勉励他的同事修德尽职。荀子引此诗喻人们劝学修德。嗟,告诫;靖,谦卑恭敬;共,通"供";介,佐助;景,大。

11 **神**:神明,指人的意志力与精神的觉悟性。人因内合于道,故其意志力大,其觉悟性高。

原文

吾尝终日而思矣,不如须臾[1]之所学也;吾尝跂[2]而望矣,不如登高之博见也。登高而招,臂非加长也,而见者远;顺风而呼,声非加疾也,而闻者彰[3]。假[4]舆马者,非利[5]足也,而致千里;假舟楫者,非能水也,而绝[6]江河。君子生[7]非异也,善假于物[8]也。

译文

我曾经整天地思考,但还不如片刻的学习;我曾经踮起脚来张望,还不如登高看得远。登高向人招手,手臂并没有加长,但人远远就看到了;顺着风呼叫,声音并没有增大,但人却听得更清楚。利用车马的人,并非善于走路,但却至千里之远;利用船桨的人,并非善于游泳,但却能渡过江河。君子本性与常人无异,只是善于向外学习罢了。

注释

1 **须臾**:片刻。

2 **跂**:踮起脚。

3 **彰**:清楚。

4 **假**:利用,借助。

5 **利**:善于。

6 **绝**:渡过。

7 **生**:同"性",指本性。

8 **物**:本指外物,这里是向外学习之意。

原文

南方有鸟焉，名曰蒙鸠[1]，以羽为巢，而编之以发，系之苇苕[2]，风至苕折，卵破子死。巢非不完也，所系者然也。西方有木焉，名曰射干[3]，茎长四寸，生于高山之上，而临百仞之渊，木茎非能长也，所立者然也。蓬生麻中，不扶而直；白沙在涅[4]，与之俱黑。兰槐[5]之根是为芷，其渐之滫[6]，君子不近，庶人不服。其质非不美也，所渐者然也。故君子居必择乡，游[7]必就士，所以防邪僻而近中正也。

译文

南方有一种鸟名叫蒙鸠，以羽毛为巢，再用毛发编织起来，系在芦苇枝条上，大风一来，枝条折断，鸟蛋摔破，幼鸟摔死。并不是鸟巢不完好，而是所系的地方出了问题。西方有一种植物名叫射干，茎只有四寸长，因生于高山之上，故凌驾、俯视于百仞深渊，并非它的木茎长得有多长，而是它站立的地方高。蓬蒿生在麻中间，不牵扶就自然直了；白沙掺入黑泥中，就与黑泥一样黑了。兰槐的根是一种良药，但若把它浸泡在尿液中，君子不会走近它，庶人也不会去服用它。并不是兰槐的本质不好，而是因为它浸泡的地方不对才造成这样的结果。所以，君子居住必然会选择好的乡里，交游必然会选择贤士，这正是为了远离邪僻而亲近中正的人。

注释

1 **蒙鸠**：即鷦鷯。是一种体形小的鸟，善鸣唱，喜步行、跳跃，常居于阴暗潮湿之地，以草叶和毛发做成舒适的小窝。

2 **苇苕**(tiáo)：芦苇的枝干。

3 **射**(yè)**干**：多年生草本植物，茎高二三尺，根可入药，有清热解毒之效。

4 **涅**：黑泥。

5 **兰槐**：一种香草。其根为芷，可入药。

6 **渐之滫**(xiǔ)：渐，浸泡；滫，小便。

7 **游**：交游。

原文

物类之起，必有所始。荣辱之来，必象其德。肉腐出虫，鱼枯生蠹[1]。怠慢忘身[2]，祸灾乃作。强自取柱[3]，柔自取束[4]。邪秽在身，怨之所构。施薪若一，火就燥也；平地若一，水就湿也。草木畴生，禽兽群焉，物各从其类也。是故质的张而弓矢至焉，林木茂而斧斤至焉，树成荫而众鸟息焉，醯酸而蜹聚[5]焉。故言有召祸也，行有招辱也，君子慎其所立乎！

译文

各类结果的出现，必有其原因。荣誉与耻辱的到来，必然与人的德行一致。肉腐臭了就会生蛆，鱼干枯了就会生虫。怠慢德行而不顾自身的荣辱，灾祸就会发生。刚强的东西容易折断，柔弱的东西容易受约束。邪恶、污秽的德行在身，正是怨恨形成的原因。在一堆柴火中，火总是向干燥的地方烧；在一块平地中，水总是向潮湿的地方流。草木丛生，鸟兽群居，万物总是各从其类而聚居。所以，靶子竖起，弓箭就射向那里了；林木茂盛，伐木的工具就来了；树木成荫，众鸟就栖息在那里了；醋酸了，小蚊子就聚集在那里了。所以，言语有招致灾祸的可能，行为有招致耻辱的可能，君子立身处世一定要谨慎。

注释

1 **蠹**(dù)：蛀虫。

2 **身**：指自身的荣誉与耻辱。忘身，即不顾自身的荣辱。

3 **柱**：通“祝”。折断。

4 **束**：约束。

5 **醯**(xī)**酸而蜹**(ruì)**聚**：醯，醋；蜹，小蚊子。

原文

积土成山，风雨兴焉；积水成渊，蛟龙生焉；积善成德，而神明自得，圣

译文

积土而为高山，风雨就会在那里兴起；积水而为深渊，蛟龙就会在那里出现；积累善行而成就大德，就会神通灵明，神

心备焉。故不积蹞[1]步，无以至千里；不积小流，无以成江海。骐骥[2]一跃，不能十步；驽马十驾[3]，功在不舍。锲[4]而舍之，朽木不折；锲而不舍，金石可镂[5]。螾[6]无爪牙之利，筋骨之强，上食埃土，下饮黄泉，用心一也。蟹六跪而二螯[7]，非蛇蟺[8]之穴，无可寄托者，用心躁也。是故无冥冥之志者无昭昭之明[9]；无惛惛之事者无赫赫之功。行衢[10]道者不至，事两君者不容。目不能两视而明，耳不能两听而聪。螣蛇[11]无足而飞，梧鼠五技[12]而穷。《诗》曰："尸鸠在桑，其子七兮。淑人君子，其仪一兮。其仪一兮，心如结兮。"[13]故君子结于一也。

圣的境界也就具备了。所以，不积累半步，就无法达到千里；不积累小溪流，就不能汇成江海。骏马一跃，也不能超过十步；劣马跑十天也能至千里，其功夫在于不放弃。雕刻东西半途而废，朽木也不能折断；若一直不舍弃，金石也可以被雕刻成形。蚯蚓没有尖爪利牙，强筋健骨，但却上能吃到泥土，下能饮到地下的泉水，因为用心专一。螃蟹有六条腿和两个爪子，若没有蛇、鳝的洞穴就无处安身，因为用心不专一。由此可知，若无精诚专一的心志，就不可能有卓越的精神觉悟；若无心无旁骛的行动，就不可能取得卓著的成就。走在歧路上的人不可能达到目的地，同时侍奉两位君主的人不可能被接纳。眼睛不可能同时看两种东西而看得明白，耳朵不可能同时听两种声音而听得清楚。螣蛇没有脚却依旧能飞，鼫鼠有五种能力却依然陷入困境。《诗经》说："布谷鸟在桑树上筑巢，养育了七只小鸟。贤淑的君子啊，你们要始终如一。只有你们始终如一，心志才能坚固。"所以，君子的心志应当坚固如一。

注释

1 **蹞**(kuǐ)：同"跬"，半步。举足一次为跬，举足两次为步，故跬为半步。

2 **骐骥**：骏马，千里马。

3 **驾**：马拉车走一天叫一驾。

4 **锲**(qiè):用刀雕刻。

5 **镂**:雕刻。

6 **螾**:同"蚓"。蚯蚓。

7 **六跪而二螯**:跪,脚;螯,钳形的大爪。当作"八跪而二螯",因蟹有八只脚。

8 **蟺**(shàn):鳝鱼。

9 **无冥冥之志者无昭昭之明**:冥冥,与下文之"惛惛"一样,都是指专一精诚之精神;昭昭,与下文之"赫赫"一样,都是指卓著的表现。

10 **衢**:歧路。

11 **螣**(téng)**蛇**:龙类,能兴云雾而游其中。

12 **梧鼠五技**:梧鼠,当作"鼯(wú)鼠",亦称"飞鼠",外形像松鼠,尾巴长,可滑翔于树林之间。五技,指鼯鼠的五种技巧。能飞但不能上屋,能爬树但不能上至树尖,能游泳但不能渡过山谷,能挖洞但不能掩藏自身,能跑但不能领先。

13 此句引自《诗经·曹风·鸤鸠》。本诗以鸤鸠起兴赞美君子的德行。尸鸠,即鸤鸠,布谷鸟;结,坚固。

原文

昔者瓠巴[1]鼓瑟,而流鱼[2]出听;伯牙[3]鼓琴,而六马仰秣[4]。故声无小而不闻,行无隐而不形。玉在山而草木润,渊生珠而崖不枯。为善不积邪,安有不闻者乎?

译文

从前,瓠巴一弹瑟,水底的鱼就游出来听;伯牙一弹琴,拉车的马就昂起头吃食而闻。所以,声音没有小到听不到的,行为没有隐蔽到不表现出来的。美玉成于山,草木就温润光泽;宝珠生于渊,崖岸就不会干枯。只是没有积累善行罢了,不然怎会不被人知道呢?

注释

1 **瓠**(hù)**巴**:古代善弹琴之人,年代不详。

2 **流鱼**:"流"字当作"沉"字。即沉入水底的鱼。

3 **伯牙**:春秋时期善鼓琴者,尤善七弦琴,与钟子期友善。

4 **六马仰秣**:六马,古代天子的车一般用六匹马拉,这里泛指拉车的马。仰秣,抬起头来吃饲料。秣,牲口的饲料。

原文

学恶[1]乎始?恶乎终?曰:其数[2]则始乎诵经,终乎读《礼》;其义[3]则始乎为士,终乎为圣人。真积力久[4]则入,学至乎没[5]而后止也。故学数有终,若其义则不可须臾舍也。为之,人也;舍之,禽兽也。故《书》[6]者,政事之纪也;《诗》者,中声之所止也[7];《礼》者,法之大分,类[8]之纲纪也。故学至乎《礼》而止矣。夫是之谓道德之极[9]。《礼》之敬文[10]也,《乐》之中和[11]也,《诗》《书》之博[12]也,《春秋》之微[13]也,在天地之间者毕矣。

译文

修身进学从哪里开始?到哪里结束?回答是:从其顺序来说,从诵读经文开始,最后到阅读《礼》结束;其目的意义则是从为士开始,最后到做圣人结束。真诚地日积月累且坚持不懈就能深入其中,修身进学至于死方能结束。所以,从过程上讲修身进学有暂时的终结,但其目的意义却一刻也不能离弃。能这样做,就是人;不能这样做,就是禽兽。所以,《尚书》是记载政事及其大道的;《诗经》是节制声音而止于中和的;《礼》是记载法律的典要、统类和纲纪的。所以,修身进学至于《礼》就到头了。这也就是道德的最高原则。《礼》中所讲的行为的周旋揖让等礼节,车服等级等仪式,《乐》所讲的性情的适中和悦,《诗》《书》中所载的风土、人情、政事的广博,《春秋》中所讲的微言大义,天地间的一切道理与学问都在其中了。

注释

1 **恶**:哪里。

2 **数**:方法,过程,顺序。

3 **义**:目的。

4 **真积力久**:真诚地日积月累,坚持不懈。

5 **没**:同"殁"。

6 **《书》**:《尚书》,记载夏、商、周三代政令与历史的文献总集。

7 **《诗》者,中声之所止也**:意谓《诗》是用来节制声音,使其至于中而后止,不使其过或不及。

8 **类**:礼法中有明确规定的条文,也有没有明确规定的条文。对于没有明文规定的,则依据规定的条文触类而通,比附判决,这就是类。

9 **极**:最高的原则。

10 **敬文**:注重礼节、仪式。

11 **中和**:中正平和。此指乐能使人的性情适中而和悦。

12 **博**:广博。

13 **微**:精深。此指微言大义。

原文

君子之学也,入乎耳,箸[1]乎心,布乎四体[2],形乎动静[3];端[4]而言,蠕[5]而动,一可以为法则。小人之学也,入乎耳,出乎口;口耳之间则四寸耳,曷足以美七尺之躯哉![6]古之学者为己,今之学者为人。[7]君子之学也,以美其身;小人之学也,以为禽犊[8]。故不问而告谓之傲[9],问一而告二谓之囋[10]。傲,非也;囋,非也;君子如向[11]矣。

译文

君子的学问,入其耳,深切明白于心,体现于仪表举止之中,表现于语默之间;哪怕轻微的语言,谨小的行动,都可以成为别人效法的榜样。小人的学问,由耳朵进入,从口里出来,口、耳之间不过四寸的距离罢了,怎么可以修养七尺之躯呢!古代的学者为自己成为人而学,现在的学者为见知于人而学。君子的学问,是为了修养身心;小人的学问,是把学问作为礼物以取悦别人。所以,学生没有问就忙于告诉他就叫急躁,学生问一个问题却告诉他两个答案就叫多言。急躁,不对;多言,也不对。真正的君子应该像声音的回响那样。

注释

1 **箸**:同“著”。深入明白。

2 **布乎四体**:布,分布,体现;四体,身体,引申为仪表举止。

3 **形乎动静**:表现在行为语默之间。

4 **端**:通“喘”。轻声说话。

5 **蠕**:微动。

6 **小人之学也,入乎耳,出乎口;口耳之间则四寸耳,曷足以美七尺之躯哉**:意思是,小人之学仅为夸饰以资诵说,未经过君子之学的内在的思考沉潜,再自觉体悟尽性修德以见于外。“口耳之间则四寸耳”意味着,从耳朵进去马上从口出来,没有进入心。荀子以为,这种学问仅仅是语言的游戏,与修身养性毫无关系。

7 **古之学者为己,今之学者为人**:此语出自《论语·宪问》。为己,就是修身尽性让自己站立起来,成己、成人以至于成物。为人,就是“欲见知于人”,即以名利之心做给别人看,外重而内轻,最后丧己。

8 **禽犊**:家禽与小牛,古人常以此作为馈赠之物。

9 **傲**:急躁。《论语·季氏》有:孔子曰:“侍于君子有三愆:言未及之而言谓之躁,言及之而不言谓之隐,未见颜色而言谓之瞽。”“言未及之而言”正与“不问而告”同。

10 **囋**(zàn):多话。

11 **向**:通“响”。回声。荀子强调学者之自觉,他自觉到什么程度就教到什么程度,如声音的回响一样,不强行教育。因为强行教育仅仅是完成了过程,学者自己没有觉悟内化,依然是白费功夫。《论语·述而》有:“不愤不启,不悱不发,举一隅不以三隅反,则不复也。”也是这个意思。

原文

学莫便乎近其人[1]。《礼》《乐》法而不说[2],《诗》《书》故而不切[3],《春秋》约而不速[4]。方[5]其

译文

修身进学最好的方法是亲近贤师。《礼》《乐》虽有明文但无详细的解释,《诗》《书》虽有典故但不切近现实,《春秋》微言大义而使人难以明白。依傍贤师而为

人之习君子之说，则尊以遍[6]矣，周于世[7]矣。故曰：学莫便乎近其人。

君子之学，就能品德高尚，知识渊博，通达世事。所以说：修身进学最好的方法是亲近贤师。

注释

1 **便乎近其人**：便，最好的方法。近其人，指直接向贤师学习。

2 **法而不说**：有法之条文却没有详细的解释，学者不明其所以。

3 **故而不切**：久远的旧闻故事而不切近现实。

4 **约而不速**：微言大义，难以使人通晓。

5 **方**：依傍，亲近。

6 **尊以遍**：品德高尚，知识渊博。

7 **周于世**：通达世事。

原文

学之经[1]莫速乎好其人，隆礼[2]次之。上不能好其人，下不能隆礼，安特将学杂识志[3]，顺《诗》《书》而已耳，则末世穷年，不免为陋儒[4]而已。将原先王[5]，本仁义[6]，则礼正其经纬蹊径也。若挈[7]裘领，诎五指而顿之[8]，顺者不可胜数也。不道礼宪[9]，以《诗》《书》为之，譬之犹以指测河也，以戈舂黍也，以锥餐壶[10]也，不可以得之矣。故隆礼，

译文

修身进学之道最快的方法莫过于爱好贤师了，其次是崇尚礼法约束自身。若上不能爱好贤师，下不能崇尚礼法，则只能学些博物杂说，依循《诗》《书》之文献罢了，这样，终其一生，不过是一个浅陋而不知大道的儒者。若要推究先王的大道，探究仁义的根本，那么，礼正是其根本途径。这就好像提起皮衣的领子，弯着五指抖一抖，无数的毛发都整齐顺适了。不遵从为学的根本大道，仅以《诗》《书》之文献为依据，这就好像以手指去测量河流的深度，以矛戈去舂捣黍米，以锥子吃饭一样，是达不到目的的。所以，崇尚礼法，即使不明其意义，但仍不失为一个好礼之

虽未明，法士[11]也；不隆礼，虽察辩，散儒[12]也。

士；不崇尚礼法，即使明察善辩，也只能是一个散漫无行的儒生。

注释

1 **经**：常道。

2 **隆礼**：以礼为重，即以礼约束自身。

3 **安特将学杂识志**：安，语助词，或作“案”；特，只；杂识志，即“杂志”，指博物记诵的小人之学，非进德修身的君子之学。“识”字为衍文。

4 **陋儒**：指仅把《诗经》《尚书》等作为经典文献，研究其历史掌故、风土人情等，以示其广见博闻之志、强探力索之才，而不知近贤师以进其德，敬礼乐以约其行。用现在的话说，陋儒就是一个知识丰富的教授，而不是一个品行高尚的师者。

5 **原先王**：推究先王的大道。

6 **本仁义**：推究仁义的根本。

7 **挈**：举。

8 **诎五指而顿之**：诎，同“屈”；顿，引。

9 **道礼宪**：道，由，遵从；礼宪，为学的根本大道，指上文所说的亲近贤师与隆礼法。

10 **以锥餐壶**：用锥子吃饭。壶，古人盛食物之器。

11 **法士**：好礼之士。

12 **散儒**：不以礼法检束自己的儒者。

原文

问楛[1]者，勿告也；告楛者，勿问也；说楛者，勿听也。有争气[2]者，勿与辩也。故必由其道至，然后接之，非其道则避之。故礼恭而后可与

译文

有人问非修身礼法之事，不要告诉他；只告诉非修身礼法之事的人，不要去向他求教；有人谈论非修身礼法之事，不要去听。有人喜欢意气之争，就不要与他争辩。所以，必须依据礼仪之道来访的，才去迎接他，否则，就回避他。因此，礼貌恭敬然后

言道之方，辞顺而后可与言道之理，色从而后可与言道之致[3]。故未可与言而言，谓之傲；可与言而不言，谓之隐[4]；不观气色而言，谓之瞽[5]。故君子不傲、不隐、不瞽，谨顺其身[6]。《诗》曰："匪交匪舒，天子所予。"[7]此之谓也。

才与他谈论得道的方法，言辞和顺然后才与他分析道之原理，态度谦逊然后才与他分享道之奥妙。所以，不应该与他谈论的时候去与他谈就是急躁；应该与他谈论的时候不去与他谈就是隐瞒；不察言观色地去与他谈就是盲目。因此，君子是不会急躁、隐瞒、盲目的，谨慎地依据对方的身心态度来施教。《诗经》说："不要侮慢，不要怠缓，这是天子所赐予的。"说的就是这个意思。

注释

1 **楛**(kǔ)：本指器物制造粗劣，不精致。这里意指所问的东西粗俗，非修身礼法之事。

2 **争气**：意气之争。

3 **致**：极致，奥妙。

4 **隐**：隐瞒。

5 **瞽**(gǔ)：盲目。

6 **谨顺其身**：依据求学者的身心态度。

7 此句引自《诗经・小雅・采菽》，原作"彼交匪舒"。本诗写诸侯来京城拜谒周王，周王给予他们丰厚的赏赐，且作此诗以歌颂此事，并勉励他们尽力于王事。荀子以此诗说明施教当谨慎，不可随意盲目。交，读为"姣"，侮慢；舒，怠缓。

原文

百发失一，不足谓善射；千里蹞步不至，不足谓善御；伦类不通，仁义

译文

射出一百支箭，但有一支没有射中，就不能叫善于射箭；千里之遥有半步没有到达，也不能叫善于驾车；伦理礼法不

不一，不足谓善学。学也者，固学一之也。[1]一出焉，一入焉，涂巷之人[2]也。其善者少，不善者多，桀、纣、盗跖[3]也。全之尽之，然后学者也。君子知夫不全不粹之不足以为美也，故诵数以贯之，思索以通之，为其人以处之，除其害者以持养之[4]，使目非是无欲见也，使耳非是无欲闻也，使口非是无欲言也，使心非是无欲虑也。及至其致[5]好之也，目好之五色[6]，耳好之五声，口好之五味，心利之有天下。是故权利不能倾也，群众不能移也，天下不能荡[7]也。生乎由是，死乎由是，夫是之谓德操[8]。德操然后能定，能定然后能应。能定能应，夫是之谓成人[9]。天见其明，地见其光[10]，君子贵其全也。

能贯通，仁义不能如一，就不能叫善于学习。为学，本来就是要达到定于一的境界。有时符合善，有时违背善，就是市井小人。为善的时候少，为不善的时候多，正是夏桀、商纣、盗跖之徒。融会贯通、尽之于身，然后才能算是一个学者。君子知道不融会、不纯粹不能算是完美的人，于是，反复诵读经典以求融贯，反复思索义理以求通达，在践行中去体会，除害改过以存养保持，使得眼睛不是好的东西就不去看，耳朵不是好的东西就不去听，嘴巴不是好的东西就不去说，心灵不是好的东西就不去想。等到达到最高境界的时候，眼睛所好的有超过五色的，耳朵所好的有超过五声的，嘴巴所好的有超过五味的，心之所好有超过拥有天下的。正因为如此，权力与利益不能动摇他，群众不能改变他，拥有天下也不能打动他。活着的时候是这样，死亡的时候也是这样，这就是道德操行。有了道德操行就能内心笃定，内心笃定就能妙应万物。内心笃定，妙应万物，就是完美的人。天显现其光明，地显现其广大，君子贵在完美啊。

注释

1 **学也者，固学一之也**：这是接着“伦类不通，仁义不一”的道理往下讲的，这意味着学问须融会贯通，化知识为德性，不能只是散漫的记忆性的知识。《礼记·学记》说："记问之学，不足以为人师。"说的正是这个意思。也就是说，学者不能只储存杂乱的知识，而不能自觉地产生自己的东西；学者一定要觉悟，化杂乱的知识为自己的德性，此时，外在的知识已成为内在的神明，这就是"一"。后文所讲的"目非是无欲见""口非是无欲言""心非是无欲虑"，都是就德性言，而这，正是学问的完成处。《白虎通义·辟雍》说："学之为言觉也。"正是这个意思。化外在的"杂"而为内在的"一"，其关键在"觉悟"二字。

2 **涂巷之人**：涂，同"途"。市井小人。

3 **桀、纣、盗跖**：桀，即夏桀，夏朝最后一位君主，历史上有名的暴君，商汤在伊尹的谋划下伐桀，夏灭亡。纣，即商纣王，商朝最后一位君主，也是历史上有名的暴君，与夏桀齐名。周武王伐纣，商灭亡。盗跖，传说中春秋时期有名的大盗。《庄子·盗跖》记载其情形为："盗跖从卒九千人，横行天下，侵暴诸侯。穴室枢户，驱人牛马，取人妇女。贪得忘亲，不顾父母兄弟，不祭先祖。所过之邑，大国守城，小国入保，万民苦之。"《盗跖》篇谓盗跖乃春秋时贤人柳下惠的弟弟，实非信史，乃庄子之徒虚构史实以言理罢了。

4 **诵数以贯之，思索以通之，为其人以处之，除其害者以持养之**：这是为学的四个过程。首先，须熟悉《诗》《书》《礼》《乐》等经文，这是最初步的阅读文献阶段。其次，在阅读经典文献的基础上，思索以贯通，不使其为散漫的知识，而成为指引人生方向的大道。所谓"博之以文，约之以礼"，就是这个阶段。再次，就是把得到的学问践行于身，这就是"为其人以处之"。《老子》第五十四章说："修之于身，其德乃真。"最后，在践行中看自己还有什么过错与不足，加以修改更正，如此精益求精，循环往复，使修身进学臻于完善。

5 **致**：极致，最高境界。

6 **目好之五色**：指目所好有超过五色的，即五色不足以迷惑眼睛。之，于。

7 **荡**：打动。

8 **德操**：谓有德而能操持。此指生命定于一，有足够的担当与妙应，不受外在诱惑的驱使，一切行动皆出于此。生时，动于此；死时，宁于此。“生乎由是，死乎由是”，正是这个意思。“能定”“能应”也因此而可能。

9 **成人**：德才兼备的人，犹完人。内有笃定之德，外能妙应万物。

10 **天见其明，地见其光**：见，同“现”；光，通“广”。

修身

导读

儒家为学之方以修身为主。荀子所说的修身与孟子不同，孟子之修身乃扩充人固有的四端之心，但荀子的修身主要以礼法来约束人的性情，改变人的气质，从而担当道义，因为道义是人之为人的根本义务，与人之穷通无关，"士君子不为贫穷怠乎道"就是这个意思。孟子是内在的路径，荀子是外在的路径。当然，荀子寄希望于人们循礼而形成习惯，最后成为性情之自然，所谓"情安礼"就是这个意思。荀子的修身之道有四点：第一是学礼。对于不同气质的人，可以学习不同的内容，以便对症下药。第二是得到好的老师。按荀子的讲法，礼法是正身的，而老师是正礼的，即礼做得对不对要依靠老师的教导与裁决。所以，现实中得到好老师是最重要也是最快捷的学习方法。如果这两点没有做到，所有的学习都是"以盲辨色""以聋辨声"的妄为。第三是学习的目标与恒心。如果学习的目标不清楚，就相当于行无穷远的路程一样，永远不会有所成。在此，荀子批评了名辩家的诸多论题，因为这些论题与人的修身毫无关系，也就是说，名辩家把学习的目标弄错了。至于学习的恒心问题，荀子在此重复了《劝学》篇中的观点，就是专心致志，积少成多。第四是修身的层次与境界，荀子分为士、君子、圣人。荀子对于君子的修为颇多关注，其基本要求是：以礼法为准绳，做到以公义战胜私欲。

原文

见善，修然[1]必以自存也；见不善，愀然[2]必以

译文

见到善的行为，就整饬、恭敬地以求自存于身；见到不善的行为，就忧惧、严

自省也。善在身，介然[3]必以自好也；不善在身，菑然[4]必以自恶也。故非我而当[5]者，吾师也；是我而当者，吾友也；谄谀我者，吾贼也。故君子隆师而亲友，以致[6]恶其贼。好善无厌[7]，受谏而能诫，虽欲无进，得乎哉？小人反是，致乱而恶人之非己也，致不肖[8]而欲人之贤己也，心如虎狼、行如禽兽而又恶人之贼己也。谄谀者亲，谏争者疏，修正[9]为笑，至忠为贼，虽欲无灭亡，得乎哉？《诗》曰："噏噏呰呰，亦孔之哀。谋之其臧，则具是违；谋之不臧，则具是依。"[10]此之谓也。

谨地自我反省。好的品行在身，一定意志坚定地珍惜自己；坏的品行在身，像被玷污一样地痛恨自己。所以，中肯地批评我的人，是我的老师；中肯地赞扬我的人，是我的朋友；谄媚我的人，就是陷害我的敌人。因此，君子尊敬老师、亲近朋友，且极度厌恶谄媚自己的敌人。喜爱好的品行不知满足，接受讽谏而能引以为戒，这样，虽然不想进步，可能吗？小人正好相反，极度胡作非为，却厌恶别人批评自己；品行极度低下，却希望别人夸自己贤能；心肠像虎狼，行为像禽兽，却又憎恨别人批评自己。与谄媚的人亲近，与讽谏的人疏远；将能修正自己错误的人视为可笑，将能肝胆忠于自己的人视为陷害，这样，虽然不想灭亡，可能吗？《诗经》说："既相附和，又相诋毁，真是极度的可悲啊。计划本来很完善，却一一违背；计划本来不完善，却一一遵从。"说的正是这种小人。

注释

1 **修然**：整饬而恭敬的样子。

2 **愀(qiǎo)然**：忧惧而严谨的样子。

3 **介然**：意志坚定的样子。

4 **菑(zī)然**：被玷污的样子。

5 **当**：恰当，中肯，名副其实。

6 **以致**：这里并不是现代汉语里的"以致"一词。此处须分开讲：以，而且；

致，极度。下文的两个“致”字，其义亦同。

7 **厌**：满足。

8 **不肖**(xiào)：品行低下。

9 **修正**：修正错误。

10 此句引自《诗经·小雅·小旻》。此诗讽刺周王信从小人而远离忠贤，以致国是日非，表达了作者的忧惧悲伤之情。噏(xī)噏，相附和；呰(zǐ)呰，相诋毁；孔，形容词，甚；臧(zāng)，好，与“否”相对；具，通“俱”。

原文

扁善之度[1]，以治气养生，则后彭祖[2]；以修身自名，则配尧、禹。宜于时通，利以处穷，礼信是也。凡用血气、志意、知虑，由礼则治通，不由礼则勃乱提僈[3]；食饮、衣服、居处、动静，由礼则和节，不由礼则触陷[4]生疾；容貌、态度、进退、趋行，由礼则雅，不由礼则夷固僻违[5]，庸众而野。故人无礼则不生，事无礼则不成，国家无礼则不宁。《诗》曰：“礼仪卒度，笑语卒获。”[6]此之谓也。

译文

君子有无往而不善之道，用它来治气养生，则其寿命可追随彭祖；以它来修养品德，则其名声可匹敌尧、禹。既适宜于通达之时，也有利于穷困之境，的确只有礼和信了。凡人需要用情感、意志、思虑的时候，遵循礼就通达顺利，不遵循礼就悖乱散漫；人在饮食、衣着、居处、行动的时候，遵循礼就和谐顺适，不遵循礼就会触犯禁忌而生病；人在容貌、态度、进退、行走方面，遵循礼就文雅，不遵循礼就会显得傲慢、丑陋、古怪，乃至邪恶，像俗人一样粗野。所以，人没有礼是不能生存的，做事没有礼是不能成功的，国家没有礼是不可能安宁的。《诗经》说：“礼仪全部符合法度，谈笑尽皆时宜得当。”说的就是这个意思。

注释

1 **扁善之度**：无往而不善之道。

2 **后彭祖**:追随彭祖。彭祖,本名篯(jiān)铿。尧舜时人,封于彭城,故名彭祖。传说活了八百余岁,是长寿的代名词。

3 **勃乱提僈**:勃,通“悖”;提,行为迟缓、散漫;僈,狎侮相轻。

4 **触陷**:触犯忌讳。

5 **夷固僻违**:夷,倨,傲慢;固,陋;僻,性情古怪,不合群;违,邪恶。

6 此句引自《诗经·小雅·楚茨》。此诗写贵族祭祀祖先的全过程,井井有条。卒,尽;度,法度;获,相得相宜。

原文

以善先[1]人者谓之教,以善和人者谓之顺;以不善先人者谓之谄,以不善和人者谓之谀。是是、非非[2]谓之知,非是、是非[3]谓之愚。伤良曰谗,害良曰贼。是谓是,非谓非曰直。窃货曰盗,匿行曰诈,易言[4]曰诞,趣舍[5]无定谓之无常,保利弃义谓之至贼。多闻曰博,少闻曰浅;多见曰闲[6],少见曰陋[7]。难进曰偍[8],易忘曰漏。少而理曰治,多而乱曰秏[9]。

译文

以善的言行来引导别人就叫教化,以善的言行去迎合别人就叫和顺;以不善的言行去引导别人就叫谄媚,以不善的言行去迎合就叫奉承。以是为是、以非为非就叫明智,以非为是、以是为非就叫愚蠢。中伤好人就叫谗言,陷害好人就叫迫害。是就是是,非就是非就叫直率。盗窃货物就叫强盗,隐瞒行为就叫奸诈,言语轻率就叫荒诞,取舍没有标准就叫无常,为了保全利益而宁愿放弃道义就叫大盗。多闻就叫渊博,少闻就叫浅薄;见识多就叫博识,见识少就叫鄙陋。难以进步就叫迟钝,容易忘记就叫遗漏。事情少而有条理就叫治理,事情多而芜杂就叫昏乱。

注释

1 **先**:引导、表率。

2 **是是、非非**:以是为是、以非为非。

3 **非是、是非**:以非为是、以是为非。

4 **易言**:指轻率,信口开河。易,轻慢。

5 **趣舍**:趣,通“取”,取舍。

6 **闲**:空旷,广大。这里指见识广。

7 **陋**:孤陋寡闻。

8 **偍**(tí):迟钝。

9 **秏**(mào):通“眊”,混乱。

原文

治气养心之术:血气刚强,则柔之以调和;知虑渐深[1],则一之以易良[2];勇胆猛戾[3],则辅之以道顺[4];齐给便利[5],则节之以动止[6];狭隘褊小,则廓之以广大;卑湿、重迟、贪利[7],则抗[8]之以高志;庸众驽散[9],则劫[10]之以师友;怠慢僄弃[11],则炤之以祸灾[12];愚款端悫[13],则合之以礼乐,通之以思索。凡治气养心之术,莫径[14]由礼,莫要[15]得师,莫神一好[16]。夫是之谓治气养心之术也。

译文

调理血气,涵养身心的方法是:血气刚强的人,就用心平气和来柔化他;思虑复杂的人,就用和易诚信来感化他;勇敢暴戾之人,就引导训斥使之改变;说话快行为急的人,就以举止安详来节制他;心胸狭窄气量偏小的人,就用宽宏大度来开导他;过于谦卑、宽缓与苟得之人,就用高远的志向来振拔他;庸俗愚钝散漫的人,就以良师益友来改变他;怠慢轻薄且自暴自弃的人,就以灾祸来警醒他;单纯朴实的人,就以礼乐来感发他,以思索来开导他。大凡理气养心的方法,最快捷的是遵从礼法,最重要的是得到贤师,最要妙的是专心致志。这就是理气养心的方法。

注释

1 **渐深**:渐,通“潜”。这里隐喻思想复杂。

2 **一之以易良**:一,感化或同化。易良,本作“易谅”,出自《礼记·乐记》“致乐以治心,则易直子谅之心油然生矣”。易直子谅之心,即和易、正直、慈爱、诚信之心。这种心正是由乐之教化养成的。所以,"一之以易良"中的"一",应理解为因乐的感化或同化。

3 **戾**:忿恶,暴戾。

4 **道顺**:即让人接受引导与训斥。顺,通"训",训导。

5 **齐给便利**:齐给,说话快;便利,动作急躁。

6 **动止**:这里指使动作安详徐缓。止,止息。

7 **卑湿**、**重迟**、**贪利**:卑湿,过于谦恭,过恭则无威仪。重迟,过于宽缓,过宽则不及礼。贪利,贪利则苟得,必失于礼。

8 **抗**:举。

9 **驽散**:驽,指愚钝无能;散,散漫,不检点。

10 **劫**:夺去。这里指以师友之引导感化改变其品性。

11 **僄(piào)弃**:僄,自我轻薄;弃,自暴自弃。

12 **炤(zhāo)之以祸灾**:炤,同"昭",使明白。自我轻薄或自暴自弃者往往无所谓而放松自己,故以祸灾使其谨慎严肃。

13 **愚款端悫**:款,慢,如杜甫的诗"点水蜻蜓款款飞";悫,忠厚,朴实。这里指单纯朴实的人,需要用礼乐来感发他,以思索来开导他。

14 **径**:直径。这里指直截了当,快捷。

15 **要**:要领。

16 **莫神一好**:没有比专心致志更能得其要妙的了。一好,专心致志。

原文

志意修则骄[1]富贵,道义重则轻王公;内省而外物轻矣。《传》曰[2]:"君子役[3]物,小人役于物。"此之谓矣。身劳而心安,为之;利少而义多,为之;事乱君而通[4],不如事穷[5]君而顺[6]焉。故良农不为水

译文

志趣高尚就会蔑视富贵,以道义为重就会轻视王公;注重内在修养就会看轻万物。古书上说:"君子驱使外物,小人为外物驱使。"说的就是这个意思。身体辛劳但心安理得,就去做;利益少但道义多,就去做。侍奉暴乱的君主而得到显达,不如侍奉困境中的君主而得到道义。所以,好的农夫不会因为水旱就

旱不耕，良贾不为折阅[7]不市，士君子不为贫穷怠乎道。

不耕种了，好的商人不会因为亏本就不做买卖了，士人君子也不会因为贫穷就怠慢道义。

注释

1 **骄**：蔑视。

2 **《传》曰**：先秦典籍上的"《传》曰"，一般是指上古传闻之言。

3 **役**：驱使。

4 **通**：显达。这里指违道而个人显达。

5 **穷**：身处逆境。

6 **顺**：这里指合乎道义。

7 **折(shé)阅**：这里指亏本。折，亏损；阅，卖也。

原文

体[1]恭敬而心忠信，术[2]礼义而情爱人；横行天下，虽困四夷[3]，人莫不贵。劳苦之事则争先，饶乐之事则能让[4]，端悫诚信，拘守而详[5]；横行天下，虽困四夷，人莫不任。体倨固而心埶[6]诈，术顺墨而精杂污[7]；横行天下，虽达四方，人莫不贱。劳苦之事则偷儒转脱[8]，饶乐之事则佞兑而不曲[9]，辟违[10]而不悫，程役而不录[11]：横行天下，虽达四方，人莫不弃[12]。

译文

外貌恭敬而内心忠信，行为合乎礼义而性情仁爱，这样的人可以走遍天下，即使身陷四夷未化之地，人们也会尊敬他。劳苦的事情争着做，享乐的事情则让给别人，忠厚诚实，谨守礼义且明察事理，这样的人可以走遍天下，即使身陷四夷未化之地，人们也会信任他。外表傲慢且内心奸诈，遵循慎到、墨子之学且思想杂乱、污秽，这样的人也可以走遍天下，但即使显达于四方，人们没有不鄙视他的。劳苦的事情就偷懒退缩而不敢承担，享乐的事情就肆意争辩毫无隐讳地争取，邪僻而不诚实，做事马马虎虎而无所谓，这样的人也可以走遍天下，但即使显达于四方，人们没有不唾弃他的。

注释

1 **体**:身体。指外貌。

2 **术**:行为。

3 **四夷**:东夷、西戎、南蛮、北狄的总称,是古代没有开化的少数民族。

4 **劳苦之事则争先,饶乐之事则能让**:饶,丰足;乐,享乐。这句话是范仲淹之名句"先天下之忧而忧,后天下之乐而乐"的先声。

5 **拘守而详**:拘守,谨守礼法与道义。详,明察事理。

6 **埶**(yì):底本作"执",当为"埶",同"蓺(艺)",种植,充满。

7 **术顺墨而精杂污**:顺墨,当为"慎墨",即慎到与墨子。慎到,战国时期重要思想家,学黄老刑名之术,重法与势,是法家学派早期代表人物。墨子,名翟(dí),春秋之际鲁国人,墨家学派创始人,其学与儒学俱为春秋之际的显学,主张兼爱、非攻、明鬼、尚同、尚贤等思想,非难儒家的丧葬、礼乐等制度。

8 **偷儒转脱**:偷懒懦弱不敢承担。儒,通"懦"。

9 **佞兑而不曲**:佞,善辩;兑,通"锐"。佞兑就是肆意争辩。不曲,直取。

10 **辟违**:辟,通"僻",邪僻;违,乖张。

11 **程役而不录**:程役,工程劳役。有的现代注解本注为"逞欲",与上下文意较合,但古人并没有这么用"程役"二字的。若注为"工程劳役",似乎与上下文意不甚合。若为"逞欲",则本句当为"纵欲而不自我检束";若为"工程劳役",则本句当为"做事马马虎虎而无所谓"。不录,不自我检束。

12 **弃**:唾弃。

原文

行而供冀[1],非渍淖[2]也;行而俯项,非击戾[3]也;偶视而先俯,非恐惧也。然夫士欲独修其身,不以得罪于比俗[4]之人也。

译文

行走时恭敬谨慎,并非是担心掉到泥沼里去;行走时低头俯视,并非是害怕碰到羁绊;两人对视时先低下头,并非是惧怕对方。这样看来,士君子独自修养身心,也并不是害怕得罪世俗之人。

注释

1 **供冀**:恭敬谨慎。供,通"恭";冀,当为"翼"。这是说行走时恭敬谨慎是走路的要求,并非是担心陷阱。

2 **渍淖**(zì nào):渍,陷入水中;淖,泥沼。

3 **击戾**:击,触碰;戾,本指违背,违反。这里指走路时遇到的羁绊。

4 **比俗**:世俗。士君子修身养性,乃人之为人的要求,并非基于外在的功利考虑。荀子这里指出,修身乃自律的义务,非他律之功利盘算。

原文

夫骥一日而千里,驽马十驾则亦及之矣。将以穷无穷,逐无极[1]与?其折骨绝筋,终身不可以相及也。将有所止[2]之,则千里虽远,亦或迟或速,或先或后,胡为乎其不可以相及也?不识步道者,将以穷无穷逐无极与,意亦有所止之与?[3]夫"坚白"[4]"同异"[5]"有厚无厚"之察[6],非不察也,然而君子不辩,止之也。倚魁之行[7],非不难也,然而君子不行,止之也。故学[8]曰:"迟[9],彼止而待我,我行而就之,则亦或迟或速,或先或后,胡为乎其不可以同至也?"故蹞

译文

骏马一日千里,劣马跑十天也能到达。你想穷尽无穷远的路程,追逐无目的的目标吗?那么,就算折断筋骨,终生也不能到达。如果你有明确的目的地,那么,就算千里之远,或快或慢,或先或后,为什么不可以到达呢?不知道走路的人,是希望走无限的、没有目标的路程呢,还是希望走有明确目标的路程?坚白、同异、有厚无厚的名理辩说,并非析理不明,但君子不从事这种辩说,因为他知道为学的目标在哪里。偏邪狂妄的行为,并非容易做,但君子依然不做,因为他知道做事的目标是什么。所以,有学者说:"我落后了,他停下来等我,我赶上去,那么,或快或慢,或先或后,为什么不能与他同时到达呢?"所以,半步半步地永不停歇,崴了脚的乌龟也能走千里之遥;堆土而不

步而不休，跛鳖千里；累土而不辍，丘山崇[10]成；厌[11]其源，开其渎[12]，江河可竭；一进一退，一左一右，六骥不致。彼人之才性之相县[13]也，岂若跛鳖之与六骥足哉？然而跛鳖致之，六骥不致，是无他故焉，或为之，或不为尔[14]。

停歇，山丘最终也能堆成；堵塞源头，开渠放水，长江、黄河也会枯竭；一会儿前进，一会儿后退，一会儿向左，一会儿向右，即使六匹骏马也不能到达目的地。人与人之间才能禀赋的差别，哪有崴了脚的乌龟与骏马那样大呢？然而，崴了脚的乌龟到达了，而六匹骏马却不能够到达，这没有别的原因，只是一个去做，一个不做罢了。

注释

1 **穷无穷，逐无极**：穷尽无尽的路程，追逐没有终点的目标。

2 **止**：目标，终点。

3 **不识步道者，将以穷无穷逐无极与，意亦有所止之与**：不知行走的人，是希望走一个无尽的路程呢，还是希望走一个有终点有目标的路程？荀子的意思很清楚，当然是希望走一个有终点有目标的路程。荀子希望以此比况，做人当以士君子乃至圣人为目标，不能没有目标地好治怪说，“坚白”“同异”“有厚无厚”之说，都属于这一类。这正是荀子所猛烈批评的。

4 **坚白**：即“坚白论”，战国时名辩家公孙龙的学说。他认为，“坚白石”的概念是不能成立的，只能有“坚石”或“白石”。因为用手去摸的时候不能感知其白，故只能称“坚石”；用眼去看的时候不能感知其坚，故只能称“白石”。因此，“坚白石”不可能同时在感觉中出现，故“坚白离”。“离”就是不能同时出现、共存。

5 **同异**：战国时名辩家惠施所主张的观点，他希望通过“合同异”，即泯灭万物之间的差别而达到“泛爱万物，天地一体”的目标。《庄子·天下》记载了惠施这种主张的十个命题，是了解惠施思想的基本材料。

6 **“有厚无厚”之察**：“无厚”据说是春秋后期名辩家邓析的思想，但因文献阙如,不得而知。惠施也有一说,其原文是:“无厚,不可积也,其大千里。”其大意是:一个现实中的平面总存在于一个具体的体中,这个平面的面积是限定的,且这个体亦有厚薄。然而作为形式概念的面却无厚薄,“其大千里”,即表示其大不可限定。察,对名理的考究与辨析。荀子认为,“坚白”“同异”等学说,对于名理并非没有考究与辨析,在名理的立场上,是很精审的理论,但这与做人的目标依然相去甚远。若一个人一辈子仅在此有所作为,表明他尚不知人生的真正目标,就如走无尽而无目标的路程一样,再辛苦亦是白费。

7 **倚魁之行**:偏僻狂妄之行。倚,偏而不正;魁,大,狂妄。

8 **学**:学者。

9 **迟**:落后。

10 **祟**:通“终”。

11 **厌**:堵塞。

12 **渎**:水沟,小渠。

13 **才性之相县**:才性,人天生的才能禀赋。每个人都有得之于天的才能禀赋,且这种才能禀赋有差别。我们讲人与人之间的差别,正是在此处讲。当然,这种天生的才能禀赋通过修养也是可以改变的,意志力强的人改变大,意志力弱的人改变小。县,同“悬”,差别。

14 **尔**:罢了。

原文

道虽迩[1],不行不至;事虽小,不为不成。其为人也多暇日者,其出入[2]不远矣。好法而行,士也;笃志而体[3],君子也;齐明[4]而不竭,圣人也。人无法,则伥伥然[5];有法而无志其

译文

路途虽近,但若不行走就不能到达;事情虽小,但若不去做,就不会成功。那些闲暇时间很多的人,其超出平常人也不会很远。爱好礼法且能践行的,就是士人;意志坚定且能身体力行的,就是君子;思虑敏捷且永不衰竭的,就是圣人。人无礼法,就会不知所措;有礼法但不能

义[6]，则渠渠然[7]；依乎法而又深其类[8]，然后温温然[9]。

识其大义，就会局促不安；遵循礼法且又融会贯通，就显得温润且悠然自若。

注释

1 **迩**：近。

2 **出入**：应为"出人"。指高出别人。

3 **体**：身体力行。

4 **齐明**：思虑敏捷。

5 **依依然**：不知所措的样子。

6 **有法而无志其义**：志，识。有法而不能识其精神与大义，就徒知其表而不能浸润其内，往往急促而不能融会贯通。

7 **渠渠然**：局促不安的样子。

8 **深其类**：融会贯通。

9 **温温然**：舒缓柔和、悠然自若的样子。

原文

礼者，所以正身也；师者，所以正礼也。无礼何以正身？无师，吾安知礼之为是[1]也？礼然[2]而然，则是情安礼也；师云而云，则是知若师也。情安礼，知若师，则是圣人也。故非[3]礼，是无法也；非师，是无师也。不是[4]师法而好自用，譬之是犹以盲辨色、以聋辨声也，舍乱妄无为[5]也。故学也者，礼法也。

译文

礼仪，是用来端正人的身心的；老师，是用来端正人的礼法的。没有礼仪，怎么端正身心？没有老师，我怎么知道礼仪是如此这般的呢？礼仪要求这样就这样做，就是性情安于礼仪；老师这么说就这么做，就是智慧如同老师。性情安于礼仪，智慧如同老师，就是圣人。所以，违背礼仪，就如没有法度；违背老师，就如没有老师。不遵循老师、礼仪的要求而自以为是，就如同让瞎子去辨别颜色，让聋子去辨别声音，除了昏乱妄为外，什么也做不成。因此，学习就是学习

夫师，以身为正仪而贵自安[6]者也。《诗》云："不识不知，顺帝之则。"[7]此之谓也。

礼法。老师，就是身为表率且以安心如此为贵的人。《诗经》说："不标榜不显示，只是顺从天道的法则。"说的就是这个意思。

注释

1 **为是**：应当是这样。

2 **然**：这样。

3 **非**：否定，违背。

4 **是**：依据，遵循。

5 **舍乱妄无为**：除了昏乱妄为外什么都做不了。舍，除了。

6 **身为正仪而贵自安**：身为表率且以安心如此为贵。贵，并非一种社会的价值要求，而是天道的原则。也就是说，老师身为表率且安心如此乃是作为老师的天然的要求。

7 本句引自《诗经·大雅·皇矣》。此诗歌颂了周王先祖的功德，其主旨是说明周之王业乃基于天道，周之先祖都能依天道而行。依天道而行表明不是人的自我主张，其功皆在天道，人只是顺之而行。"不识不知"就是不标榜、不显示自己的功劳，功劳皆在天。帝之则，天道。

原文

端悫顺弟[1]，则可谓善少者[2]矣；加好学逊敏[3]焉，则有钧无上[4]，可以为君子者矣。偷儒惮事，无廉耻而嗜乎饮食，则可谓恶少者矣；加惕[5]悍而不顺，险贼[6]而不弟焉，则可谓不详[7]少者矣，虽陷刑戮可

译文

人有端正、诚实、顺从、敬长之德，就可算是好少年了；再加上好学、谦逊、敏捷之行，那最多只能与他齐同而没有超过他的可能了，这样，便可以成为君子了。若懒惰、懦弱、怕事，无廉耻且贪图享受，就可算是坏少年了；再加上放荡、凶悍且不顺从礼法，阴险、害人且不敬长辈，就是不祥少年，即使是受刑法杀戮也

也。老老[8]而壮者归焉，不穷穷而通者积[9]焉，行乎冥冥而施乎无报[10]，而贤不肖一[11]焉。人有此三行，虽有大过[12]，天其不遂[13]乎！

未尝不可。爱护老人，青壮年就会归附他；不使贫穷的人走投无路，显达的人就会归附过来；做善事不求人知，施舍不求回报，贤能与无能之辈都会赞誉他。若一个人有此三种德行，即使有大的灾祸，上天也不会使它成为祸害！

注释

1 **弟**：同"悌"，尊敬长辈。

2 **善少(shào)者**：好少年。后文"恶少者"，坏少年。

3 **逊敏**：谦逊，敏捷。

4 **有钧无上**：钧，通"均"，相等，齐同；无上，没有超过的。

5 **愓(dàng)**：放荡。

6 **贼**：害人。

7 **详**：通"祥"。

8 **老老**：以老者为老而尊敬爱护之。

9 **不穷穷而通者积**：穷穷，使穷者愈加穷，即使穷者走投无路。积，归附，聚拢。

10 **行乎冥冥而施乎无报**：做善事的时候不求人知，施舍的时候不求回报。

11 **一**：同慕而归之。

12 **过**：繁体为"過"，通"祸"。

13 **遂**：成。

原文

君子之求利也略[1]，其远害也早[2]，其避辱也惧[3]，其行道理也勇。君子贫穷而志广，富贵而体恭，安燕[4]而血气不惰，劳倦而容貌不

译文

君子对于追求利益是淡泊的，对于远离灾害是有预见性的，对于避开羞辱是惶恐的，对于践行道义是勇敢的。君子贫穷但志向远大，富贵但体貌恭敬，闲暇但精神不惰，疲倦但容貌端正，发

枯[5]，怒不过夺[6]，喜不过予[7]。君子贫穷而志广，隆[8]仁也；富贵而体恭，杀埶[9]也；安燕而血气不惰，柬[10]理也；劳倦而容貌不枯，好交[11]也；怒不过夺，喜不过予，是法胜私也。《书》[12]曰："无有作好，遵王之道。无有作恶，遵王之路。"[13]此言君子之能以公义胜私欲也。

怒时不过分处罚，高兴时不过度赏赐。君子贫穷但志向远大，是为了推崇仁道；富贵但体貌恭敬，是为了减弱威权；闲暇但精神不惰，是为了按照礼义去做；疲倦但容貌端正，是为了注重礼节；发怒时不过分处罚，高兴时不过度赏赐，是为了以礼法战胜私情。《尚书》说："不要有偏好，遵守圣王的正道；不要有憎恶，遵守圣王的正路。"这是说明君子能以公义战胜私欲。

注释

1 **略**：简略，不斤斤计较，引申为淡泊。

2 **早**：早早地避开祸害。这里指预见性。

3 **惧**：惶恐。

4 **安燕**：闲暇。

5 **枯**：指容貌苟且，不端正。

6 **夺**：处罚。

7 **予**：赏赐。

8 **隆**：推崇。

9 **埶**(shì)：通"势"，威权。

10 **柬**：选择。

11 **交**：当作"文"，指礼节。

12 **《书》**：指《尚书》。

13 此句引自《尚书·洪范》。本文是箕子向周武王陈述治理国家的九条大法，故曰"洪范"。好，偏好。

不苟

导读

本篇以“不苟”作为篇名，乃在说明：君子就应该做到“不苟”，而小人却恰恰处处苟且。二者时时对照，凸显了君子不苟的高尚品格。总览全篇，君子不苟的品格表现在：第一，行不苟难，言不苟辩，名不苟传；第二，无论有能无能，君子总能在与别人的交往中表现出好的品格；第三，君子扬人之美不谄媚，举人之过非诋毁；第四，君子在喜忧穷通中都能保持高尚的德行。

荀子在本篇中还论述了君子在品行上要做到不苟，当要养心，而养心的关键在“诚”。“诚”是立身之基，政事之本。而致“诚”的方法就是：“唯仁之为守，唯义之为行。”同时，君子还应多思考，避免片面性。君子在治理国家上要做到不苟，除“诚”以外，还要掌握适当的方法，那就是“推礼义之统，分是非之分”。

最后，荀子还区分了通士、公士、直士、悫士及小人的不同品格，对欺世盗名之徒进行了猛烈抨击。

原文

君子行不贵苟[1]难，说不贵苟察，名不贵苟传，唯其当之为贵。故怀负石而赴河，是行之难为者也，而申徒狄[2]能之；然

译文

君子的行为不以无助于礼义之难能为可贵，辩说不以无助于礼义之明察为可贵，名声不以无助于礼义之流传为可贵，唯有符合礼义的才可贵。所以，怀抱石头投河而死，的确是难以做到的，但申

而君子不贵者，非礼义之中[3]也。“山渊平，天地比”[4]“齐秦袭”[5]“入乎耳，出乎口”[6]“钩有须”[7]“卵有毛”[8]，是说之难持[9]者也，而惠施[10]、邓析[11]能之；然而君子不贵者，非礼义之中也。盗跖吟口[12]，名声若日月，与舜[13]、禹俱传而不息；然而君子不贵者，非礼义之中也。故曰：君子行不贵苟难，说不贵苟察，名不贵苟传，唯其当之为贵。《诗》曰：“物其有矣，惟其时矣。”[14]此之谓也。

徒狄却能；然而，君子却不以之为可贵，因为它不符合礼义的标准。“山渊平，天地比”“齐秦袭”“入乎耳，出乎口”“钩有须”“卵有毛”，这些论题都是难以言之成理的，但惠施、邓析之徒却可以；然而君子并不以此为贵，因为它不符合礼义的标准。盗跖总是在人们的口里传说，其名声像日月一样著名，同舜、禹等圣王一样流传不息；但君子却不以之为贵，因为它不符合礼义的标准。所以说：君子的行为不以无助于礼义之难能为可贵，辩说不以无助于礼义之明察为可贵，名声不以无助于礼义之流传为可贵，唯有符合礼义的才可贵。《诗经》说：“物虽然有了，更要得其时宜。”说的就是这个道理。

注释

1 **苟**：苟且，引申为无助于礼义。

2 **申徒狄**：殷末时人，因恨道之不行，负石投河而死。

3 **中**：中的，标准。

4 **山渊平，天地比**：比，也是平之意。这是惠施的论题，原为“天与地卑，山与泽平”。其大意为：高低、平行等词语，都是二物比较之后的结果。比较必立一标准，而标准之立是主观的，原无定性，因此比较而显之上下、高低是虚而不实的概念，不是任何一物自身的属性。“天与地卑，山与泽平”意在表明天地本无所谓高下之分，山与泽亦无所谓平与不平。

5 **齐秦袭**：当时名辩家之言，不知出自谁。袭，合。齐国与秦国隔着韩、赵、魏三国，相去甚远，本不相合，但不相合乃就国与国之区位看，若从整个宇宙空间来看，则亦在一个整体之内而不分离。

6 **入乎耳，出乎口**：此亦不知出自哪位先秦名辩家之言。就人而言，必先"出乎口"，然后可"入乎人之耳"。但为什么这里讲先"入乎耳"，再"出乎口"呢？一般以为这是针对山的回声而言。人站在山上呼喊，入乎山之"耳"，然后山再回应，出乎山之"口"。

7 **钩有须**：此说颇难解。有一解为，钩，疑为"姁(xǔ)"，妇女。女性本没有胡须，但其所生的儿子可长胡须，说明其有长胡须之基因，故曰"钩有须"。

8 **卵有毛**：《庄子·天下》中记载的辩者之言。卵虽无毛，但卵孵化而为禽，则必长毛，说明卵有长毛之基因，故曰"卵有毛"。

9 **难持**：难以说之成理。

10 **惠施**：战国时之名辩家，与庄子相友善，其基本观点是"合同异"，最后达到"泛爱万物，天地一体"。他的著作在《庄子·天下》中保留有残篇。

11 **邓析**：春秋时期郑国的名辩家，与子产同时，是名辩学派的创始人。善诉讼，且招揽门徒，聚众讲学。后被子产处死。其主要观点是"两可"与"无厚"。其主要著作为《邓析子》，但可能已亡佚，今本《邓析子》乃后人伪造。

12 **吟口**：在人们口里传颂。有人认为，"吟口"本作"贪凶"，"吟口"乃误。

13 **舜**：上古五帝之一。姚姓，名重华。因治水有功，尧帝不但把两个女儿都嫁给了他，且禅天子位与他，是古代圣王之一。

14 此句引自《诗经·小雅·鱼丽》。此诗写古代宗庙祭祀，君主宴饮群臣的情景。诗歌赞颂了宴会的物品鲜美，祈求来年丰收。"物其有矣，惟其时矣。"原诗本来是赞美宴会物品丰盛，且得其时宜。荀子这里指君子的行为、辩说、名声等不但要有，更要得"礼义"这个"宜"。

原文

君子易知[1]而难狎[2]，易惧[3]而难胁，畏患[4]而

译文

君子容易结交但难以狎侮，容易使其敬畏却难以被胁迫，畏惧祸患却甘愿为

不避义死，欲利而不为所非，交亲而不比[5]，言辩而不辞[6]。荡荡[7]乎，其有以殊于世也。

正义而死，希望得到利益却不做非道义之事，交往亲密却不结党营私，言谈善辩却不玩弄辞藻。坦坦荡荡，与世俗之人确实不同。

注释

1 **知**：接近，结交。

2 **狎**(xiá)：亲近而不庄重。

3 **惧**：敬畏。

4 **畏患**：畏惧祸患。

5 **比**：结党营私。

6 **辞**：玩弄辞藻以显示辩才。

7 **荡荡**：取“君子坦荡荡”之意。

原文

君子能亦好[1]，不能亦好；小人能亦丑，不能亦丑。君子能则宽容易直[2]以开道人，不能则恭敬繜绌[3]以畏事人；小人能则倨傲僻违以骄溢人[4]，不能则妒嫉怨诽以倾覆人[5]。故曰：君子能则人荣学焉，不能则人乐告之；小人能则人贱学焉，不能则人羞告之。是君子小人之分也。

译文

君子有才能其德行美好，没有才能其德行也美好；小人有才能其德行丑恶，没有才能其德行也丑恶。君子有才能就宽容、和蔼、诚实地开导别人，没有才能就恭敬、谦让地学习别人；小人有才能就傲慢、邪恶以凌辱别人，没有才能就嫉妒、诽谤以败坏别人。所以说：君子有才能，人们就以向他学习为荣，没有才能人们也乐意帮助他；小人有才能，人们就以向他学习为可耻，没有才能人们也羞于帮助他。这就是君子与小人的差别。

注释

1 **好**:德行美好。

2 **易直**:平易正直。这里指和蔼且真诚。

3 **繜绌**(zǔn chù):谦虚退让。繜,通“撙”;绌,通“黜”。

4 **倨傲僻违以骄溢人**:倨傲僻违,傲慢邪恶。违,违背仁爱之道。骄溢,瞧不起,凌辱。

5 **妒嫉怨诽以倾覆人**:妒嫉,即“嫉妒”;倾覆,败坏,让人干不成事。

原文

君子宽而不僈[1],廉而不刿[2],辩而不争[3],察而不激[4],寡立而不胜[5],坚强而不暴[6],柔从而不流[7],恭敬谨慎而容[8],夫是之谓至文[9]。《诗》曰:“温温恭人,惟德之基。”[10]此之谓矣。

译文

君子宽容而不怠惰,方正而不伤人,善辩而不争吵,明察而不偏激,正直独立而不盛气凌人,坚强刚毅而不凶暴蛮悍,柔和顺从而不随波逐流,恭敬谨慎而从容不迫,这就是最高的威仪。《诗经》说:“温和谦恭的人啊,乃是道德的根基。”说的就是君子的作用。

注释

1 **僈**(màn):通“慢”,怠惰。

2 **廉而不刿**(guì):廉,本义为“堂屋的侧边”。比喻人有棱角,这里指“方正”。刿,以刀伤人。

3 **争**:争吵。

4 **激**:偏激。

5 **寡立而不胜**:寡立,当作“直立”,正直独立。不胜,不盛气凌人。

6 **不暴**:不凶暴蛮悍。

7 **不流**:不随波逐流。

8 **容**:从容不迫。

9 **至文**:最高的威仪。文,德之见于外者。《论语·公冶长》有子贡之言:“夫子之文章,可得而闻也,夫子之言性与天道,不可得而闻也。”文章,朱熹解释为:“德之见乎外者,威仪、文辞皆是也。”

10 此句引自《诗经·大雅·抑》。本诗劝诫周平王以德治民,并以此自警自勉。荀子以此句来说明,这样的君子正是人们学习的榜样,是社会的道德根基。

原文

君子崇人之德,扬人之美,非谄谀也;正义[1]直指,举人之过,非毁疵[2]也;言己之光美,拟于舜、禹,参于天地,非夸诞也;与时屈伸,柔从若蒲苇,非慑怯也;刚强猛毅,靡所不信[3],非骄暴也;以义变应,知当曲直故也。《诗》曰:“左之左之,君子宜之;右之右之,君子有之。”[4]此言君子能以义屈信变应故也。

译文

君子推崇别人的美德,颂扬别人的优长,并不是阿谀谄媚;公道正直地议论、指陈别人的过错,并不是诋毁污蔑;称说自己的美好,可比拟于舜、禹,乃至德参天地,也并不是狂妄、荒诞;依据时势或屈或伸,柔顺得像蒲苇一样,也不是胆怯怕事;刚强勇猛,没有什么不敢伸张的,并不是骄横残暴;只不过以道义随机应变,懂得应当曲直变化罢了。《诗经》说:“该左就左,君子在左无不宜;该右就右,君子在右无不有。”说的正是君子能以道义来屈伸应变。

注释

1 **义**:通“议”,议论。

2 **疵**:污蔑。

3 **信**:同“伸”。

4 此句引自《诗经·小雅·裳裳者华》。本诗写一个女子对于她所钟爱的贵族青年怎么看都觉得合适可爱,情到深处无所不宜。荀子这里喻指君子善于应变,怎样做都是适宜的,都不会丧失君子的品格。有,此指君子的品格。

原文

君子，小人之反[1]也。君子大心则天而道[2]，小心则畏义而节[3]；知则明通而类[4]，愚则端悫而法[5]；见由则恭而止[6]，见闭则敬而齐[7]；喜则和而理[8]，忧则静而理；通则文而明[9]，穷则约而详[10]。小人则不然，大心则慢而暴，小心则淫而倾[11]；知则攫盗而渐[12]，愚则毒贼而乱[13]；见由则兑[14]而倨，见闭则怨而险；喜则轻而翾[15]，忧则挫而慑；通则骄而偏，穷则弃而儑[16]。《传》曰："君子两进，小人两废。"此之谓也。

译文

君子，是小人的反面。君子之心往大的方面用的时候则敬天而遵道，往小的方面用的时候则畏义而有节制；智慧的时候明睿通达且触类旁通，愚钝的时候端正诚实而守礼法；被任用时恭敬而有礼，不被任用时敬畏而戒惧；高兴的时候平和地去治理，忧愁的时候冷静地去思考；显达的时候礼义彰明，穷困的时候约束守礼。小人就不是这样，心往大的方面用就会轻慢而凶暴，往小的方面用就会邪僻而倾轧；聪明时巧取豪夺而欺诈，愚钝时恶毒凶残而无所忌讳；被任用就兴奋而傲慢，不被任用就怨愤而阴险；高兴时轻佻而浮躁，忧愁时垂头丧气而怕事；显达时骄横使气而偏颇不平，穷困时自暴自弃而心灰意冷。古书上说："君子在两种情况下总是进步，小人在两种情况下总是堕落。"说的就是这个道理。

注释

1 **反**：反面。

2 **天而道**：当为"敬天而道"。敬畏天而顺从道。

3 **小心则畏义而节**：小心，与"大心"相对，往小的方面用心。节，节制。

4 **明通而类**：明睿通达且触类旁通。

5 **端悫而法**：端正诚实而守礼法。

6 **见由则恭而止**：由，用；止，有礼，不放纵。

7 **见闭则敬而齐**(zhāi)：闭，不被任用。齐，通"斋"，斋戒。

8 **和而理**：当为"和而治"。平和地去统治。

9 **文而明**:合于礼义且彰明,即成为道德的楷模。
10 **约而详**:约束而守礼,即决不因贫困而放纵自己。
11 **淫而倾**:邪僻而相互倾轧。
12 **攫盗而渐**:攫盗,盗取;渐,欺诈。
13 **毒贼而乱**:乱,无忌讳。
14 **兑**:通"悦",高兴。
15 **翾**:通"儇(xuān)",轻佻,浮躁。
16 **儑(àn)**:心灰意冷。

原文

君子治治[1],非治乱也。曷谓邪?曰:礼义之谓治,非礼义之谓乱也。故君子者,治礼义者也,非治非礼义者也。然则国乱将弗治与?曰:国乱而治之者,非案[2]乱而治之之谓也,去乱而被之以治。人污而修之者,非案污而修之之谓也,去污而易之以修。故去乱而非治乱也,去污而非修污也。治之为名,犹曰君子为治而不为乱,为修而不为污也。

译文

君子治理平治的国家,不治理混乱的国家。这是什么意思呢?回答是:符合礼义就叫平治,不符合礼义就叫混乱。所以,君子治理符合礼义的国家,不治理不符合礼义的国家。那么,国家混乱了就放任不管吗?回答是:国家混乱而去治理它,不是依据混乱的样子去治理它的意思,而是去掉原来的混乱而加上礼义以治理。人的品行污秽需要修养,并不是依据污秽的样子去修养的意思,而是去掉污秽而以美好的品行去修养。因此,是去掉混乱而不是治理混乱,是去掉污秽而不是修养污秽。治理作为一个名词,其意思就好像君子治理平治的国家不治理混乱的国家,做修身之事不做污秽之事一样。

注释

1 **治治**:第一个"治"是动词,治理;第二个"治"是名词,治理得好的国家。
2 **案**:通"按",依据。

原文

君子洁其辩[1]而同焉者合矣，善其言而类焉者应矣。故马鸣而马应之，（牛鸣而牛应之[2]，）非知也，其埶然也。故新浴者振其衣，新沐者弹其冠[3]，人之情也。其谁能以己之潐潐[4]，受人之掝掝[5]者哉！

译文

君子洁身自好，志同道合的人就会聚集而来；言谈美好，持论相同的人就会闻风响应。所以，马鸣叫的时候马会响应，（牛鸣叫的时候牛会响应，）这并不是它们聪明，而是（同类相应）的客观形势就是如此。因此，刚洗过澡的人会抖一抖自己的衣服，刚洗过头的人会弹一弹自己的帽子，这是人之常情。谁愿意以自己的明察去蒙受别人的昏昧呢？

注释

1 **辩**：当为"身"。

2 **牛鸣而牛应之**：此句脱落，但依据句式与文法，当应有此六字。

3 **新浴者振其衣，新沐者弹其冠**：之所以这样做，就是为了防止衣帽中原有的污物弄脏刚洗浴的身体。

4 **潐**(jiào)**潐**：清白，明察。

5 **掝**(huò)**掝**：不明，昏乱。

原文

君子养心莫善于诚[1]，致诚则无它事矣，唯仁之为守，唯义之为行。诚心守仁则形，形则神，神则能化矣；诚心行义则理，理则明，明则能变矣。[2]变化[3]代兴，谓之天德[4]。天不言而人

译文

君子养心没有比"诚"更好的了，做到"诚"没有别的事，持守仁爱，践行道义而已。真诚地持守仁爱就会表现在行动上，仁爱表现在行动上人的威仪就会显得神圣，威仪神圣就能感化人；真诚地践行道义就可通达天理，通达天理就显得明达，明达就可以改变人。改变与感化更迭兴起，这就是天的德行。上天不依靠语言

推高焉，地不言而人推厚焉，四时不言而百姓期[5]焉。夫此有常，以至其诚者也。君子至德，嘿[6]然而喻，未施而亲，不怒而威：夫此顺命，以慎其独者也。

而人们仰慕其高远，大地不依靠语言而人们仰慕其博厚，四季不依靠语言而百姓可预期其更替。因为它们有各自的规律，所以能至诚不爽。君子最高的德行，默不作声人们也可被感化，没有施舍人们却来亲近，没有发怒自然有威严：这是因为他顺从天命，独自一人也能做到"诚"的缘故。

注释

1 **诚**：一般的注译本注为"真诚"，但"诚"作为儒家的一种基本修身功夫，显然不仅仅是"真诚"义，《中庸》里有专讲，其义甚高。因此，这里不作进一步的翻译，只以儒学的专有名词"诚"表示。

2 **形**：德行见于四肢与行动。**神**：威仪神圣。**化**：感化人。

3 **变化**：变，改其旧习为变；化，驯致于善为化。天地阴阳运行，四时更替，此为变；在运行与更替中，万物各正性命，此为化。

4 **天德**：喻君子之德同于天地。

5 **期**：可预期。

6 **嘿**(mò)：同"默"。

原文

善之为道者，不诚则不独，不独则不形，不形则虽作于心，见于色，出于言，民犹若未从也，虽从必疑。天地为大矣，不诚则不能化万物；圣人为知矣，不诚则不能化万民；父子为

译文

为善之道是这样的：如果做不到"诚"，就不能慎独；不能慎独，道义就不能见于行动，道义不能见诸行动，即使它发自内心，形于脸色，出于言说，人们还是不会顺从，即使顺从也会怀疑。天地虽然很大，但若不"诚"就不能化育万物；圣人尽管有智慧，但若不"诚"也不能感化万民；父子之间虽然很亲近，若不"诚"就会疏远；君上虽然尊

亲矣，不诚则疏；君上为尊矣，不诚则卑。夫诚者，君子之所守也，而政事之本也。唯所居以其类至[1]，操之则得之，舍之则失之。操而得之则轻[2]，轻则独行，独行而不舍则济矣。济而材尽[3]，长迁而不反其初[4]则化矣。

贵，若不"诚"就不会受到尊敬。"诚"，是君子所要坚守的东西，也是政事的根本所在。唯有坚守"诚"，（君子的）同类才会聚集，坚守了就会得到同类，不坚守就会失去同类。因坚守得到同类，君子感化他们就容易了，感化容易了慎独之风就会流行，慎独之风流行不息，"诚"就养成了。"诚"养成了，人的材质之性就被彻底改造，永远向善而不会返回到最初恶的本性中了，教化最终得以完成。

注释

1 **唯所居以其类至**：居，坚守；类，指君子的同类。

2 **轻**：指易被感化。

3 **材尽**：指材质之性被彻底改造。材质之性就是荀子所讲的性恶之性。

4 **初**：指性恶的本性。

原文

君子位尊而志恭，心小而道大，所听视者近而所闻见者远。是何邪？则操术[1]然也。故千人万人之情，一人之情是也。天地始者，今日是也。百王之道，后王是也。君子审后王之道而论于百王之前，若端拜而议。推礼义之统[2]，分是非之分[3]，

译文

君子地位尊贵但态度谦恭，身心虽小但理想远大，能听到的、能看到的虽然近，但听到、看到的东西却依然很远。这是为什么呢？是他掌握的方法使然。所以，千万人的性情，同于一人的性情。天地开辟的样子，就是现在的样子。百代帝王之道，与后代帝王之道是一样的。君子审视后代帝王之道再去评论百代帝王之道，就像端坐拱手发议论一样从容不迫。推究礼义的纲领，区分是非的界限，总揽天下

总天下之要[4]，治海内之众，若使一人。故操弥约而事弥大。五寸之矩，尽天下之方也。故君子不下室堂而海内之情举积此者，则操术然也。

的枢纽，治理海内的大众，就好像役使一个人一样简单。所以，掌握的方法越简单，成就的事反而越大。五寸的尺子，能画出天下所有的方形。因此，君子不出朝堂而天下所有的情况都能汇集起来，是因为他使用方法（有效）的缘故。

注释

1 **术**：方法。这里指礼法和人的是非之心。在荀子看来，礼法总是适合于先王与后世的治国方法，而人的是非之心也是一样的。“推礼义之统，分是非之分”，说明了“术”主要是指这两点。

2 **统**：纲领。

3 **分**：界限。

4 **要**：枢纽。

原文

有通士者，有公士者，有直士者，有悫士者，有小人者。上则能尊君，下则能爱民，物至而应，事起而辨[1]，若是，则可谓通士矣。不下比以暗[2]上，不上同以疾下，分争于中[3]，不以私害之，若是，则可谓公士矣。身之所长，上虽不知，不以悖[4]君；身之所短，上虽不知，不以取赏；长短不饰，以情自竭[5]，若是，则可谓直

译文

有通达之士，有公正之士，有耿直之士，有忠厚之士，还有斗筲小人。对上能尊重君主，对下能仁爱民众，事情来了能够应付，情况发生了能够处理，这样的人，就可称通达之士。不结党以欺骗君主，不苟同君主以欺侮下民，争论中保持公正，不以私害公，这样的人，就可称公正之士。自己的优点，君主虽然不知道，但不因此而怨恨；自己的缺点，君主虽然不知道，但不以此而取赏；优点、缺点毫不掩饰，全部如实地展现，这样的人，就可称耿直之士。

士矣。庸言必信之，庸行必慎之，畏法流俗而不敢以其所独甚[6]，若是，则可谓悫士矣。言无常信，行无常贞，唯利所在，无所不倾[7]，若是，则可谓小人矣。

日常的言论必诚实可信，日常的行动必谨慎小心，不效仿流俗但也不敢独立自适，这样的人，就可称忠厚之士。说话经常无信用，行为经常无忠贞，只要有利可图，就无所不为，这样的人，就可称斗筲小人。

注释

1 **辨**：治。

2 **暗**：愚弄，欺骗。

3 **中**：保持公正。

4 **悖**：怨恨。

5 **自竭**：全部如实表现。

6 **畏法流俗而不敢以其所独甚**：法，效仿；甚，当为“是”。

7 **倾**：倾倒，这里指没有坚守，无所不为。

原文

公生明，偏生暗[1]，端悫生通，诈伪生塞[2]，诚信生神[3]，夸诞生惑。此六生者，君子慎之，而禹、桀所以分也。

译文

公正引生明睿，偏私引生昏昧，端正忠厚引生通达，奸诈虚伪引生闭塞，真诚可信引生神明，矜夸荒诞引生迷惑。这六种情况君子要慎重对待，而大禹、夏桀的区分就在这里。

注释

1 **暗**：昏昧。

2 **塞**：闭塞。

3 **神**：神明。

原文

欲恶取舍之权[1]:见其可欲也,则必前后虑其可恶也者;见其可利也,则必前后虑其可害也者;而兼权之,孰[2]计之,然后定其欲恶取舍。如是,则常不失陷矣。凡人之患,偏[3]伤之也。见其可欲也,则不虑其可恶也者;见其可利也,则不顾其可害也者。是以动则必陷,为则必辱,是偏伤之患也。

译文

喜爱、厌恶与获取、舍弃的衡量标准是:看到喜爱的东西,就一定要前后考虑其可恶的一面;看见有利的事情,就一定要前后考虑其有害的一面;两相计较,深思熟虑,然后再决定喜爱还是厌恶,获取还是舍弃。这样,往往就不会失误。大凡人的祸患,往往是片面性伤害了他们。见到喜爱的东西,就不考虑其可恶的一面;见到有利的事情,就不顾及其有害的一面。这样,行动就必然招致失误,做事就必然引来羞辱,正是片面性造成的祸患啊。

注释

1 **权**:秤砣。这里指衡量的标准。

2 **孰**:“熟”的古字,深思熟虑。

3 **偏**:片面,考虑不周全。

原文

人之所恶者,吾亦恶之。夫富贵者则类[1]傲之,夫贫贱者则求柔[2]之,是非仁人之情也,是奸人将以盗名于暗世者也,险莫大焉。故曰:盗名不如盗货。田仲[3]、史鰌[4]不如盗也。

译文

别人厌恶的,我也厌恶。对于富贵的人一概蔑视,对于贫贱的人则一味屈就,这并不是仁者的情怀,而是奸诈之人在乱世盗取名誉的手段,用心没有比这更险恶的了。所以说:欺世盗名还不如盗取财货。田仲、史鰌连盗贼都不如。

注释

1 **类**:率,皆。

2 **求柔**:求,务必;柔,屈就。

3 **田仲**:即陈仲子。他因见其兄食禄万钟,以为不义,故避兄离母而隐居,不受齐、楚之任用,终日为人灌园,终饥饿而死。一般以为陈仲子是道义廉洁的化身,但儒家未必赞同,孟子在《孟子·滕文公下》曾与其学生匡章有过讨论,对陈仲子提出了批评。

4 **史鳝**(qiū):卫国的大夫史鱼,多次劝诫卫灵公不要任用奸佞的弥子瑕,而应任用正直的蘧(qú)伯玉,但卫灵公不听。不得已,他快死的时候,让他儿子将尸首暴露于外,不要入殓,后人称之为"尸谏"。孔子曾称赞曰:"直哉史鱼!邦有道,如矢;邦无道,如矢。"荀子在此乃是要说明,以这种极端方式获取名誉并不可取。

荣辱

导读

本篇荀子论述了人的荣辱问题，因为无论是君子还是小人都关心个人的荣辱。首先，荣与辱有一个根本原则的区别，即“先义而后利者荣，先利而后义者辱”。其次，在这一根本原则的基础之上，遵循礼法，遵从师教以践行，则君子与小人自分。再次，基于性恶论的基本认知，所谓“人之生固小人”，荀子一再强调先王之道、仁义之统，与《诗》《书》《礼》《乐》之教之于个人荣辱及社会和谐的意义。最后，荀子以大量的篇幅论述了逞一时之气对于人生带来的祸害。他认为，这样的人不可理解，猪狗不如，他极端地鄙视这种人。基于此，他区分了狗彘之勇、贾盗之勇、小人之勇与士君子之勇。同时，他告诫人们要友好交往，特别是“与人善言，暖于布帛；伤人之言，深于矛戟”一句，值得每个人反省与践行。最后，荀子认为，一个社会要长治久安，等级秩序与社会分工是必要的，人们必须要安于各自的职守。当然，仁人在君位是一个基本条件。

原文

憍泄[1]者，人之殃也；恭俭者，偋五兵[2]也。虽有戈矛之刺，不如恭俭之利也。故与人善言，暖于布帛；伤人之[3]言，深于矛戟。故薄薄[4]之地，不得

译文

骄泰与傲慢，乃人之祸患；恭敬与俭约，可以消除兵器的伤害。尽管有矛戈之锐利，但尚不及恭敬与俭约的利益大。所以，与别人说善意的言语，比布帛还要温暖；与别人说恶意的言语，比矛戟还要伤人。所以，广阔的大地，不能行走其上，

履之，非地不安也。危足[5]无所履者，凡在言[6]也。巨涂则让[7]，小涂则殆[8]，虽欲不谨，若云不使。

并不是地面不平。侧着脚都无立足之地，就是因为言语伤害了人。大道拥挤，小道危险，虽然想不谨慎，也好像有什么东西迫使其非谨慎不可。

注释

1 **憍(jiāo)泄**：憍，通“骄”，骄泰；泄，通“媟(xiè)”，傲慢。

2 **偋(bǐng)五兵**：偋，通“屏”，弃，却。五兵，指古代的五种兵器，说法颇不一。一般是指矛、戟、弓、剑，戈。

3 **之**：作“以”讲。

4 **薄薄**：广阔。

5 **危足**：侧着脚。

6 **凡在言**：因为语言伤害了人，使得自己无立足之地。

7 **让**：通“攘”，熙攘，拥挤。

8 **殆**：危险。

原文

快快[1]而亡者，怒也；察察[2]而残者，忮[3]也；博而穷者，訾[4]也；清之而俞[5]浊者，口也；豢之而俞瘠[6]者，交也；辩而不说[7]者，争也；直立而不见知者，胜也；廉而不见贵者，刿[8]也；勇而不见惮者，贪也；信而不见敬者，好剸[9]行也。此小人之所务而君子之所不为也。

译文

逞一时之快意而导致灭亡，是因为愤怒；明察一切却被伤害，是因为嫉妒；广见博识却陷入困境，是因为诋毁；想澄清却愈加浑浊，是因为闲言；供养别人交情却愈加淡薄，是因为以利相交；善于辩说却不被人喜欢，是因为爱争执；正直而不被人欣赏，是因为好胜；清廉而不被人敬重，是因为苛刻；勇敢却不被人畏惧，是因为贪婪；守信却不被人敬爱，是因为独断。这些都是小人爱做而君子不做的。

注释

1 **快快**：肆意。

2 **察察**：明察。

3 **忮**(zhì)：嫉妒。因为嫉妒心去明察一切，所以被伤害。

4 **訾**(zǐ)：诋毁。

5 **俞**：通"愈"。

6 **豢**(huàn)**之而俞瘠**：豢，供养；瘠，本指土地贫瘠，这里指感情淡薄。

7 **说**：同"悦"。

8 **刿**：本指伤人。这里指苛刻而不得中道。

9 **剸**(zhuān)：同"专"。

原文

斗者，忘其身者也，忘其亲者也，忘其君者也。行其少顷之怒而丧终身之躯，然且为之，是忘其身也；室家立残，亲戚不免乎刑戮，然且为之，是忘其亲也；君上之所恶也，刑法之所大禁也，然且为之，是忘其君也。忧忘其身，内忘其亲，上忘其君，是刑法之所不舍[1]也，圣王之所不畜[2]也。乳彘触虎[3]，乳狗不远游，不忘其亲也。人也，忧忘其身，内忘其亲，上忘其君，则是人也而曾狗彘之不若也?!

译文

斗殴的人，就是忘记了自己的身体，忘记了自己的亲人，忘记了自己的君主的人。发泄一时的怒气而丧失一生的身体，但是还是要去做，这就叫作忘身；家庭离散，亲戚也不免刑戮之灾，但是还是要去做，这就叫忘亲；君主所厌恶的，刑法所绝对禁止的，但是还是要去做，这就叫忘君。因忧患忘记自己的身体，在内忘记自己的亲人，在上忘记自己的君主，这是刑法也不能赦免，圣王所不能容许的。哺乳的母猪胆敢触犯老虎，哺乳的母狗不远游，这是因为不忘记亲人。人啊，因忧患忘记自己的身体，在内忘记自己的亲人，在上忘记自己的君主，难道人连猪狗都不如吗?!

注释

1 **舍**：通“赦”，赦免。

2 **畜**：容许。

3 **乳彘触虎**：哺乳的母猪触犯老虎，以保护自己的幼子。

原文

凡斗者，必自以为是而以人为非也。己诚是也，人诚非也，则是己君子而人小人也，以君子与小人相贼害也。忧以忘其身，内以忘其亲，上以忘其君，岂不过甚矣哉！是人也，所谓“以狐父之戈钃牛矢”[1]也。将以为智邪？则愚莫大焉。将以为利邪？则害莫大焉。将以为荣邪？则辱莫大焉。将以为安邪？则危莫大焉。人之有斗，何哉？我欲属[2]之狂惑疾病邪，则不可，圣王又诛之；我欲属之鸟鼠禽兽邪，则不可，其形体又人，而好恶多同。人之有斗，何哉？我甚丑[3]之。

译文

大凡斗殴，必然以为自己是正确的而别人是错误的。如果自己确实是正确的，别人确实是错误的，那么，自己就是君子别人就是小人，也就是以君子的身份与小人相残害。因忧患忘记自己的身体，在内忘记自己的亲人，在上忘记自己的君主，这难道不是大错特错了吗！这样的人，就是俗语说的“以狐父之戈去砍牛粪”。以为这是聪明吗？实则没有比这更愚蠢的了。以为这是有利吗？实则没有比这更有害的了。以为这很光荣吗？实则没有比这更耻辱的了。以为这很安全吗？实则没有比这更危险的了。人们之间的斗殴，是为什么？我想把他们看成是疯狂迷惑的精神病一类，似乎不可，因为圣人要诛杀他们；我想把他们看成是飞鸟、老鼠禽兽一类，似乎也不可，因为他们的形体明明是人，且好恶与一般的人又多相同。人们之间的斗殴，到底是为什么呢？我非常鄙视这种行为。

注释

1 **以狐父之戈钃(zhú)牛矢**:当时的俗语。狐父,地名,传说那里出产优质的戈。钃,砍。牛矢,即牛粪。

2 **属**:归于。

3 **丑**:鄙视,瞧不起。

原文

有狗彘之勇者,有贾[1]盗之勇者,有小人之勇者,有士君子之勇者。争饮食,无廉耻,不知是非,不辟[2]死伤,不畏众强,恈恈然[3]惟利饮食之见,是狗彘之勇也。为事利,争货财,无辞让,果敢而振[4],猛贪而戾,恈恈然唯利之见,是贾盗之勇也。轻死而暴,是小人之勇也。义之所在,不倾于权,不顾其利,举国而与之不为改视,重死持义而不桡[5],是士君子之勇也。

译文

有猪狗的勇敢,有商贾盗贼的勇敢,有小人的勇敢,有士君子的勇敢。争夺吃喝,没有廉耻,也不分是非,不管死伤,不怕众人的强大,只是贪婪地看到了吃喝之利,这就是猪狗的勇敢。做事贪图利益,争夺财货,毫无谦让,果敢而狠毒,凶猛贪多而残暴,贪婪地只看到利益,这就是商贾盗贼的勇敢。轻视死亡而残暴,这就是小人的勇敢。道义之所在,不屈从权势,不顾及利益,即使整个国家都给予他也不会改变态度,看重生命且坚持道义而不屈服,这就是士君子的勇敢。

注释

1 **贾(gǔ)**:商贾。

2 **辟**:同“避”。

3 **恈(móu)恈然**:恈,因喜爱而想得到。这里指非常贪婪的样子。

4 **振**:当为“很”,而“很”又通“狠”,狠毒。

5 **桡(náo)**:屈服。

原文

鲦鲦[1]者，浮阳之鱼也，胠[2]于沙而思水，则无逮矣。挂于患而欲谨，则无益矣。自知者不怨人，知命者不怨天，怨人者穷，怨天者无志[3]。失之己，反之人，岂不迂乎哉！

译文

鲦鱼，是一种喜欢浮在水面上享受阳光的鱼，若搁浅在沙滩上再想回到水里，则没有可能了。遭受了祸患而再去想谨慎从事，就没有什么用了。有自知之明者不怨恨别人，知晓命运的人不抱怨上天。总是怨恨别人的人就会陷入窘迫之中，总是抱怨上天的人是没有见识的。过错在于自己，却总是责怪别人，这难道不是迂腐吗！

注释

1 **鲦鲦**(tiáo qiáo)：一种美味的鱼。

2 **胠**：通"阹(qū)"，遮拦，搁浅。

3 **志**：见识。

原文

荣辱之大分，安危利害之常体[1]：先义而后利者荣，先利而后义者辱；荣者常通，辱者常穷；通者常制人，穷者常制于人，是荣辱之大分也。材[2]悫者常安利，荡悍者常危害；安利者常乐易，危害者常忧险；乐易者常寿长，忧险者常夭折，是安危利害之常体也。

译文

荣辱的根本区别，安危、利害的一般情形是：以道义为先而以利益为后的就是荣耀，以利益为先而以道义为后的就是耻辱；带来荣耀的人常显达，陷入耻辱的人常窘困；显达的人常常统治别人，窘困的人常常被别人统治，这就是荣辱的根本区别。纯朴诚实的人常常平安受益，放浪凶悍的人常常危险受害；平安受益的人往往快乐坦荡，危险受害的人往往忧愁不安；快乐坦荡的人一般长寿，忧愁不安的人一般短命，这是安危、利害的一般情形。

注释

1 **常体**:一般情形。

2 **材**:当为“朴”。

原文

夫天生蒸民,有所以取[1]之。志意致修,德行致厚,智虑致明,是天子之所以取天下也。政令法,举措时,听断公,上则能顺天子之命,下则能保百姓,是诸侯之所以取国家也。志行修,临官治,上则能顺上,下则能保其职,是士大夫之所以取田邑也。循法则、度量、刑辟、图籍,不知其义,谨守其数,慎不敢损益也;父子相传,以持王公,是故三代[2]虽亡,治法犹存,是官人百吏之所以取禄秩[3]也。孝弟原悫[4],軥[5]录疾力,以敦比[6]其事业而不敢怠傲,是庶人之所以取暖衣饱食,长生久视[7],以免于刑戮也。饰邪说,文奸言,为倚事,陶诞[8]、突盗[9],惕[10]、悍、憍、暴,以偷生反侧[11]于乱世之间,

译文

造化生众民,都有各尽其职守的原则。思想极其美好,德行极其宽厚,智虑极其英明,是天子取得天下的原则。政令合礼法,举措得时宜,处理事情公道,上能服从天子的命令,下能保护百姓的安危,是诸侯治理国家的原则。志向、行为美好,为官善于治理,对上能顺从,对下能尽其职守,是士大夫取得封邑的原则。遵循法则、度量、刑法、地图与户籍,虽不了解其意义,但依然严格遵守其规定,不敢随意增减,代代相传,用来辅助君王与公侯,所以,夏、商、周三代虽然灭亡了,它们的治国礼法依然存在,这是各级官吏获得俸禄品级的原则。孝顺父母、尊敬长辈,诚实忠厚、勤劳努力,来从事他们的产业而不敢有所怠慢,这是老百姓获得暖衣饱食,健康长寿,以免刑戮之祸的原则。粉饰异端学说,美化淫邪言论,做荒诞不经之事,招摇撞骗、巧取豪夺,放荡、凶悍、骄横、残暴,以此苟且偷生、惶恐不安于乱世之中,

是奸人之所以取危辱死刑也。其虑之不深，其择之不谨，其定取舍楛僈[12]，是其所以危也。

这是奸邪之人自取危险、羞辱、死亡与刑法的原则。他们考虑问题时不深入，做选择时不谨慎，定取舍时太轻率，这就是他们所以危险的原因。

注释

1 **取**：这里指各尽其职守的原则。

2 **三代**：指夏、商、周三代。

3 **秩**：古代官吏的职位品级。

4 **孝弟原悫**：弟，同“悌”；原，通“愿”，诚实。

5 **軥**：通“拘”。

6 **敦比**：比，通“庀(pǐ)”，治理，从事。

7 **长生久视**：语出自《老子》，指健康长寿。

8 **陶诞**：陶，通“謟”，可疑荒诞之意。

9 **突盗**：侵凌盗窃。

10 **愓**(dàng)：放荡。

11 **反侧**：翻来覆去，指不安。

12 **楛僈**：轻率。

原文

材性知能，君子小人一也。好荣恶辱，好利恶害，是君子小人之所同也，若其所以求之之道则异矣。小人也者，疾[1]为诞而欲人之信己也，疾为诈而欲人之亲己也，禽兽之行而欲人之善己也。虑之

译文

资质、秉性、智力和才能，君子与小人是一样的。喜好荣耀厌恶耻辱，祈求利益憎恨祸害，君子与小人是相同的，至于他们所求得的方式就不同了。小人，极力做荒诞的事却希望别人信任自己，极力做奸诈的事却希望别人来亲近自己，行为如禽兽却希望别人善待自己。考虑问题难以明智，行为难以安稳，

难知也，行之难安也，持之难立也，成[2]则必不得其所好，必遇其所恶焉。故君子者，信矣，而亦欲人之信己也；忠矣，而亦欲人之亲己也；修正治辨[3]矣，而亦欲人之善己也；虑之易知也，行之易安也，持之易立也，成则必得其所好，必不遇其所恶焉。是故穷则不隐[4]，通则大明，身死而名弥白[5]。

持论难以成立，（小人这样）最终必然得不到他们所喜好的东西，而必遭遇到他们所厌恶的东西。至于君子，对人诚实，也希望别人相信自己；对别人忠心，也希望别人亲近自己；品格正直处事得当，也希望别人善待自己；他们考虑问题容易明智，行为容易安稳，持论容易成立，（君子这样）最终必然会得到他们所喜好的东西，而必不会遭遇他们所厌恶的东西。这样，（君子）穷困时名声不会湮没，显达时则名声大噪，死后其名声会更显赫。

注释

1 **疾**：极力。
2 **成**：最终。
3 **治辨**：处理事情得宜。
4 **隐**：这里指名声湮没。
5 **白**：著名，显赫。

原文

小人莫不延颈举踵而愿曰："知虑材性，固有以贤人矣。"夫不知其与己无以异也，则君子注错[1]之当，而小人注错之过也。故孰察小人之知能，足以知其有余[2]，可以

译文

小人无不伸长脖子踮起脚跟羡慕说："（君子的）资质、秉性、智力和才能，本来就比一般人优秀。"其实，他们不知道君子与自己并无区别，只是君子行为举止得当，小人行为举止失当罢了。所以，仔细考察小人的智力与才能，就知道他们有足够的能力做到君子之所为。这就好

为君子之所为也。譬之越人安越，楚人安楚，君子安雅[3]，是非知能材性然也，是注错习俗之节异也。仁义德行，常安之术也，然而未必不危也；污僈突盗，常危之术也，然而未必不安也。故君子道其常而小人道其怪[4]。

像越国人习惯越人的习俗，楚国人习惯楚人的习俗，君子习惯华夏的习俗一样，这不是智力、才能、资质、秉性造成的，而是举止习俗不同的缘故。仁义德行，是常常带来安全的方法，但未必不带来危险；行为污秽、巧取豪夺，是常常带来危险的方法，但未必不带来安全。正因为如此，君子依然遵循常道，而小人却遵循诡异之道。

注释

1 **注错**：错，通"措"。注，也是"措"义。行为举止之意。

2 **有余**：有足够的能力做到君子之所为。

3 **雅**：通"夏"，指华夏中原地区。

4 **君子道其常而小人道其怪**：常，即使仁义德行可能带来危险，君子也依旧遵循，因为仁义德行是常道。怪，小人以侥幸之心理希望污僈突盗带来安全，即使污僈突盗带来安全，但依然不是常道。

原文

凡人有所一同：饥而欲食，寒而欲暖，劳而欲息，好利而恶害，是人之所生而有也，是无待而然者也，是禹、桀之所同也。目辨白黑美恶，耳辨音声[1]清浊，口辨酸咸甘苦，鼻辨芬芳腥臊，骨体肤理辨寒暑疾养[2]，是又人之所常生而

译文

凡人有一相同之处：饿了就想吃饭，冷了就想穿衣，累了就想休息，喜欢利益而厌恶祸害，这是人生来就有的本能，是不需要学习而自然就有的，也是大禹与夏桀相同之所在。眼睛能辨别白黑美丑，耳朵能辨别音声清浊，嘴巴能辨别酸咸甘苦，鼻子能辨别芳香腥臊，身体肌肤能辨别寒暑痛痒，这又是人人生来就有的本能，是不需要学习而自然

有也，是无待而然者也，是禹、桀之所同也。可以为尧、禹，可以为桀、跖，可以为工匠，可以为农贾，在埶注错习俗之所积[3]耳。是又人之所生而有也，是无待而然者也，是禹、桀之所同也。[4]为尧、禹则常安荣，为桀、跖则常危辱；为尧、禹则常愉佚，为工匠农贾则常烦劳。然而人力为此而寡为彼，何也？曰：陋[5]也。尧、禹者，非生而具者也，夫起于变故，成乎修修之[6]为，待尽[7]而后备者也。

就有的，也是大禹与夏桀相同之所在。人可以成为唐尧、大禹，可以成为夏桀、盗跖，可以成为工人与匠人，也可以成为农民与商人，这些都是在行为举止与生活习俗中长期积累磨炼而成的。成为唐尧、大禹常常安乐荣耀，成为夏桀、盗跖则常常危险屈辱；成为唐尧、大禹常常愉悦安逸，成为工匠、农贾则常常烦恼劳累。然而，人们大多成为了工匠、农贾却很少成为唐尧、大禹，这是为什么呢？回答是：由于他们浅陋无知。唐尧、大禹这样的圣人，并非生下来就具备圣贤的品格，而是磨炼于患难之际，成长于修身养性之中，穷尽物理而后才成就的。

注释

1 **音声**：一般声音并用，实则声与音不同。声主“张”，发处见；音主“敛”，歇处见。

2 **养**：通“痒”。

3 **埶注错习俗之所积**：埶，衍文；积，积累磨炼。

4 **是又人之所生而有也，是无待而然者也，是禹、桀之所同也**：此三句重复出现，应为衍文。

5 **陋**：荀子之所以说一般人浅陋无知，乃因为他们总认为唐尧、大禹是天生的圣贤，而不知尧、禹也是在学习中磨炼而成的。

6 **修之**：此二字为衍文。

7 **待尽**：此二字有两说：一为穷尽物理，一为去除原有的恶劣本性。似皆可，然以前说为佳，因为圣贤德若天地，不只是去除恶劣本性而已，须穷尽物理而后可。

原文

人之生固小人，无师无法则唯利之见耳。人之生固小人，又以遇乱世，得乱俗，是以小重小也，以乱得乱也。君子非得埶以临之，则无由得开内[1]焉。今是人之口腹，安知礼义？安知辞让？安知廉耻隅积[2]？亦呥呥而噍[3]，乡乡[4]而饱已矣。人无师无法，则其心正其口腹也。今使人生而未尝睹刍豢[5]稻粱也，惟菽藿糟糠[6]之为睹，则以至足为在此也。俄而粲然有秉刍豢稻粱而至者，则瞲然[7]视之曰："此何怪也？"彼臭之而无嗛[8]于鼻，尝之而甘于口，食之而安于体，则莫不弃此而取彼矣。

译文

从人的自然生命看，人本来就是小人，若没有老师、礼法的规导，就只会看到利益。人的自然生命本来就是小人，再加上遭遇了动乱的时世，接触了昏乱的风俗，这样就小之又小、乱之又乱了。君子若得不到权势来统治他们，那么，就没有办法开发他们内在的自觉(而向善)。现在若只认可人的口腹之欲，那么，(他们)哪里知道礼义？哪里知道辞让？哪里知道廉耻、事理与大道呢？只不过慢慢地咀嚼，香喷喷地吃饱而已。人若没有老师、礼法的规导，那么，他的心思就只用在口腹之上。假如人从来没有看见过谷类、肉类等美味佳肴，而只看见过菽藿糟糠之类的粗粮，那就会认为最可口的食物就是这些粗粮了。忽然有人端着谷类、肉类等美味佳肴闪亮登场，那么，他一定会惊奇地看着说："这是什么稀奇东西啊？"他闻着而快适满于鼻，尝着香甜满于口，吃着舒适溢于体，那么，就没有人会不舍弃粗粮而选择谷类、肉类等美味佳肴了。

注释

1 **开内**：打开内心向善之道，即让人自觉为善而不为小人。

2 **隅积**：隅，房屋之一隅，这里指一事一物之理；积，累积，这里指宇宙人生之大道。

3 **呥(rán)呥而噍(jiào)**:呥呥,咀嚼的样子;噍,咀嚼,吃东西。

4 **乡乡**:乡,通“香”,饱食甘美的样子。

5 **刍豢**:刍,吃草的家畜;豢,吃粮食的家畜。这里指美味佳肴。

6 **菽藿(shū huò)糟糠**:菽,豆;藿,豆类植物的叶子,这里指粗劣的食物;糟,酒糟;糠,米糠。

7 **瞲(xuè)然**:惊异的样子。

8 **无嗛(qiàn)**:“无”字为衍文。嗛,快适,满足。

原文

今以夫先王之道,仁义之统,以相群居,以相持养,以相藩饰[1],以相安固邪?以夫桀、跖之道?是其为相县[2]也,几直夫刍豢稻粱之县糟糠尔哉!然而人力为此,而寡为彼,何也?曰:陋也。陋也者,天下之公患也,人之大殃大害也。故曰:仁者好告示人。告之示之,靡之儇之[3],铅[4]之重之,则夫塞者俄且通也,陋者俄且僩[5]也,愚者俄且知也。是若不行,则汤、武在上曷益?桀、纣在上曷损?汤、武存则天下从而治,桀、纣存则天下从而乱。如是者,岂非人之

译文

现在是要以先王的道术,仁义的纲纪,使人们相互群居在一起,以便相互扶持生养,以便相互保护修饰,以便相互安全稳固呢,还是用夏桀、盗跖之道术呢?两者的差别,哪里是刍豢稻粱与糟糠之差别可比拟的!然而人们多行夏桀、盗跖之道而少行先王之道,这是为什么呢?回答是:浅陋无知。浅陋无知,是天下的公患,也是人的大灾大害。所以说:仁德的人喜欢把道理告诉别人,做榜样给别人看。先告知示范,然后让他们在积习中养成习惯,最后使他们遵循且不断地重复,这样,心智闭塞的人很快就豁然开朗了,浅陋狭隘的人很快就心胸开阔了,愚钝无知的人很快就聪慧明智了。如果不这样做,那么,商汤、武王作为统治者有什么好处呢?夏桀、商纣作为统治者又有什么坏处呢?然而,商汤、武王在,天下就随之太平;夏桀、商纣在,天下就随之暴乱。这样看来,难

情固可与如此，可与如彼也哉！

道不是人的性情本来就可以这样，也可以那样吗？

注释

1 **藩饰**：文饰。

2 **县**：同"悬"。

3 **靡之儇(xuān)之**：靡与儇俱为积习之意，即使人养成习惯。

4 **铅(yán)**：通"沿"，遵循。

5 **僩(xiàn)**：胸襟开阔。

原文

人之情，食欲有刍豢，衣欲有文绣，行欲有舆马，又欲夫余财蓄积之富也。然而穷年累世不知不足[1]，是人之情也。今人之生也，方知蓄鸡狗猪彘[2]，又蓄牛羊，然而食不敢有酒肉；余刀布[3]，有囷窌[4]，然而衣不敢有丝帛；约者有筐箧之藏[5]，然而行不敢有舆马。是何也？非不欲也，几不[6]长虑顾后而恐无以继之故也。于是又节用御欲，收敛蓄藏以继之也，是于己长虑顾后，幾[7]不甚善矣哉！今夫偷生浅知之属，曾此而不知也，粮食大[8]侈，不

译文

人的本性，吃饭希望有美味佳肴，穿衣希望有文采锦绣，走路希望有车马，又希望财富储积得很丰富，但是却一年到头，世世代代依然不觉得满足，这就是人之常情。现在，人活在世上，知道畜养鸡、狗、猪，又畜养牛、羊，然而吃饭的时候依然不敢有酒肉；有剩余的钱财，又储满谷仓、地窖，然而穿衣的时候依然不敢有丝帛；有贵重的物品储藏在箱子里，然而出行的时候依然不敢有车马。这是为什么呢？并不是不想，是为长远考虑而担心以后难以为继的缘故。于是，又省吃俭用，节制欲望，收藏积蓄以备后来之用，这对于自己从长远计虑，为以后打算，岂不是很好吗？现在，那些苟且偷生肤浅之辈，竟然不懂得这些，极端浪费粮食，不为以后考虑，

原文	译文
顾其后，俄则屈安[9]穷矣，是其所以不免于冻饿，操瓢囊为沟壑中瘠[10]者也。	很快就财物耗尽而陷入贫困之中，这就是他们之所以免不了受冻挨饿，手持瓢碗行囊而饿死在沟壑中啊。

注释

1 **不知不足**：当为“不知足”。

2 **猪彘**：都是指猪，但略有不同。按《说文解字》的解释：“豕而三毛丛居者。”“后蹄废谓之彘。”

3 **刀布**：古代的钱币。

4 **囷窌**(qūn jiào)：囷，圆形的谷仓；窌，地窖。

5 **约者有筐箧**(qiè)**之藏**：约，通“要”，即重要。筐箧，长形箱子。

6 **几不**：当为衍文。

7 **幾**：通“岂”。

8 **大**：同“太”。

9 **屈安**：屈，竭尽；安，助词，无义。

10 **瘠**：通“胔(zì)”，未完全腐烂的尸体。

原文	译文
况夫先王之道、仁义之统、《诗》《书》《礼》《乐》之分乎！彼固为天下之大虑也，将为天下生民之属长虑顾后而保万世也，其沠[1]长矣，其温[2]厚矣，其功盛姚远[3]矣，非孰[4]修为之君子莫之能知也。故曰：短绠[5]不可以汲深井之泉，知不几者不可与及圣人之	更何况先王的大道、仁义的纲领、《诗》《书》《礼》《乐》的教义呢！这些本来是对于天下的深思熟虑，为天下百姓长远计虑乃至永保万世而设计的，它们源远流长，蕴含丰厚，丰功伟绩可至于千秋万代，若不是谨慎熟练、修养有为的君子是不可能懂得的。所以说：绳子短了不可能汲取深井中的泉水，智慧达不到的人不可能与他谈论圣人之言。《诗》《书》《礼》《乐》的教义，本来就

言。夫《诗》《书》《礼》《乐》之分,固非庸人之所知也。故曰:一之而可再也,有之而可久也,广之而可通也,虑之而可安也,反[6]铅察之而俞可好也。以治情则利,以为名则荣,以群则和,以独则足,乐[7]意者其是邪!

不是一般人所能够知晓的。所以说:精通其一,才可能精通其二,掌握了它才可能运用它,推行了它才可能触类旁通,深思熟虑后才可能安乐于其中,反复实践辩察才可能更喜欢它。用它来陶冶性情会有益,用它来获得名声会荣耀,用它来协调群众就会和谐,用它来独善其身也会满足快乐,想必就是这样吧。

注释

1 **汼**:古文"流"。

2 **温**:通"蕴",蕴藉。

3 **功盛姚远**:盛,通"成";姚,通"遥"。

4 **孰**:"熟"的古字。"孰"字前脱落一个"顺"字。"顺孰",意为谨慎熟练。

5 **绠**:汲水用的绳子。

6 **反**:反复,多次。

7 **乐**:"乐"字有断为上句的。这样,就成为了"以独则足乐,意者其是邪!"

原文

夫贵为天子,富有天下,是人情之所同欲也;然则从人之欲,则埶不能容,物不能赡也。故先王案为之制礼义以分之,使有贵贱之等,长幼之差,知愚、能不能之分,皆使人载其事而各得其宜,然后使悫[1]

译文

贵为天子,富有天下,这是人情所共同追求的;然而,若顺从每个人的欲望,形势上必不能容许,物质上也不能满足。所以,先王依据这种情况制定了礼义法度加以区分,使人们有贵贱的等级,长幼的差别,聪明愚蠢、有能无能的不同,这些都是使人根据自己的才能各司其职,然后使谷物俸禄的厚薄与之相称,这是

禄多少厚薄之称，是夫群居和一之道也。故仁人在上，则农以力尽田，贾以察[2]尽财，百工以巧尽械器，士大夫以上至于公侯，莫不以仁厚知能尽官职，夫是之谓至平。故或禄天下而不自以为多，或监门、御旅、抱关、击柝[3]而不自以为寡。故曰：“斩[4]而齐，枉而顺，不同而一。”夫是之谓人伦。《诗》曰：“受小共大共，为下国骏蒙。”[5]此之谓也。

使人们和谐群居齐一的大道。所以，若仁人处在君位上，那么，农民就会把自己的力量全部用在耕田上，商人就会把自己的精明全部用在生意上，各行各业的工匠就会把自己的技巧全部用在器械上，士大夫以至于公侯，没有人不把仁厚、智慧、才能全部用在官职上以尽职尽责的，这就是太平盛世。因此，有的人拥有天下也不自以为多，有的人看守城门、迎接宾客、守卫关卡、巡夜打更也不自以为少。所以说：“有不齐才能有齐，有弯曲才能有顺畅，有不同才能统一。”这就是人伦。《诗经》说：“颁布大法小法，庇护各国安天下。”说的就是这个道理。

注释

1 **悫**(què)：当为“縠(谷)”字之误。

2 **察**：察其盈虚。这里指精于生意。

3 **柝**：打更用的梆子。

4 **斩**：通“儳(chán)”，不齐。

5 此句引自《诗经·商颂·长发》。此诗写商人祫(xiá)祭的情景。祫祭就是把祖先集中于太庙，合在一起祭祀。受，通“授”，授予，颁布；共，“拱”的本字，法度；骏蒙，马瑞辰认为当理解为“恂蒙”，即“庇护”。

仲尼

导读

本文开篇提出了一个值得深思的问题:为什么在孔子的门下,五尺高的童仆都耻于谈论五霸呢?由此,荀子引出了王道与霸道的区分。像齐桓公这样的君主,内则杀兄、淫乐,外则欺小袭邻,灭国无数,可以说品德极其低下,但为什么没有灭亡反而称霸呢?乃因为齐桓公有雄才大略。这种雄才大略足以使其称霸一时,但这毕竟不是平定天下,安抚人民的王道,而是获一时之成功的霸道。这样,孔子之门下当然不称道这种君王,因为它不能成为万世法。相反,王道一定以教化为主,非任武力,且一定要确立客观的政治法度,足以为万世法。此外,本文还论述了得到君王尊宠,立高位于不败之地且无祸患的方法,以及一个人通行天下须遵循的原则。

原文

仲尼之门人[1],五尺之竖子[2],言羞称乎五伯[3]。是何也?曰:然!彼诚可羞称也。齐桓[4],五伯之盛者也,前事则杀兄而争国[5];内行则姑姊妹[6]之不嫁者七人,闺门之内,般乐奢汏[7],以齐之分奉之而不足;外事则诈邾[8],袭莒[9],并国三十五。

译文

孔子的门下,五尺高的童仆都耻于谈论五霸。这是为什么呢?回答说:是这样的。五霸那些人确实让人耻于谈论。齐桓公,是五霸中最负盛名的一个,开始时他杀死兄长而夺得君位;后来家庭之中姑表姐妹有七个人没有出嫁,在宫廷之内,淫乐骄奢,以齐国赋税的一半分给他享乐还不足;对外欺诈邾国,偷袭莒国,吞并诸侯国三十五个。他的

其事行也若是其险污淫汏也，彼固曷足称乎大君子之门哉！

行为如此之阴险、龌龊、淫逸、骄奢，他本来就没有资格在大君子孔子门下被谈论。

注释

1 **人**：衍文。

2 **竖子**：童仆。

3 **五伯**：即春秋五霸。《荀子·王霸》篇中以齐桓公、晋文公、楚庄王、吴王阖闾、越王勾践为"五霸"。

4 **齐桓**：即齐桓公。姜姓，名小白。齐国君主，任用管仲为相，推行改革，使得齐国成为春秋时期第一个霸主。

5 **杀兄而争国**：这是指公子小白（齐桓公）与公子纠争夺齐国君位一事。齐襄公时，国政混乱，管仲保护公子纠出奔鲁国，鲍叔牙保护公子小白出奔莒国。襄公十二年（公元前686年），公孙无知杀襄公，自立为君。次年，公孙无知为群臣所杀，谋立新君。公子小白设计，使管仲误以为小白为其所杀。小白则快马加鞭先于公子纠回到齐国，登上君位。尔后，赦管仲，并任为相，又逼迫鲁国杀死公子纠。

6 **姑姊妹**：姑表姊妹。

7 **般**(pán)**乐奢汏**(tài)：般，大也。汏，同"汰"，骄奢。

8 **邾**(zhū)：国名，故址在今山东邹城一带，战国时为楚所灭。

9 **莒**(jǔ)：国名，故址在今山东莒县一带，后为楚国所灭。

原文

若是而不亡，乃霸，何也？曰：於乎[1]！夫齐桓公有天下之大节[2]焉，夫孰能亡之？倓然见管仲[3]之能足以托国也，是天下之大知也。安忘其怒，出忘其仇[4]，

译文

像这样不但没有灭亡，反而称霸于诸侯，这是什么道理？回答是：没有办法啊！因为齐桓公有称霸天下的雄才大略，谁能够灭亡齐国呢？毫不怀疑管仲的才能并把治理国家的重任交给他，这是天下少有的大智慧。不计较愤

遂立以为仲父[5]，是天下之大决也。立以为仲父，而贵戚莫之敢妒也；与之高、国之位[6]，而本朝之臣莫之敢恶也；与之书社[7]三百，而富人莫之敢距[8]也；贵贱长少，秩秩焉[9]莫不从桓公而贵敬之，是天下之大节也。诸侯有一节如是，则莫之能亡也；桓公兼此数节者而尽有之，夫又何可亡也！其霸也，宜哉！非幸也，数[10]也。

怒，忘记了旧恨，且能够事之如父，这是天下少有的大决断。尊管仲为仲父，贵戚们没有一个敢嫉妒他；给予管仲如高氏、国氏那么高的地位，朝廷大臣没有一个敢怨恨；给管仲三百社的封地，富人们没有一个能与之匹敌；无论贵贱长少，都能顺从齐桓公的意思而去尊敬管仲，这是天下少有的大气度。诸侯王能做到其中的一点，就没有人能灭亡他；齐桓公却以上诸点都做到了，又怎么可能灭亡呢？他称霸天下不是理所当然的吗！这并非侥幸，而是有其必然的道理啊。

注释

1 **於(wū)乎**：同“呜呼”。

2 **大节**：这里指以霸道治理天下的原则。掌握了这些原则足以使国家强大称霸，但即使如此，也不是孔门所称道的王道，故孔门羞于谈论。

3 **倓(tán)然见管仲**：倓，安然不疑。管仲，名夷吾，字仲。起先辅佐公子纠，公子纠被杀后，经鲍叔牙推荐任齐桓公国相，是成就齐桓公霸业的关键人物。同时，管仲也是春秋时期的政治家、思想家，法家学派的先驱人物。《管子》一书的主要思想即源自管仲。

4 **安忘其怒，出忘其仇**：安，语助词；出，衍文。怒与仇是指管仲侍奉公子纠时，曾在半路上拦住公子小白，阻止他回齐国争大位，并用箭射杀小白，小白倒下装死逃脱，后回国登上君位。登上君位后的齐桓公不但不记仇，而且还委任管仲为国相。

5 **仲父**：事管仲如父。这与“父之弟曰仲父”之“仲父”不同。

6 **高、国之位**：高氏、国氏均为齐国世袭的上卿贵族。

7 **书社**：书，登记社内人口、土地入册。社，古代的居民单位，二十五家为一社。

8 **距**:通“拒”,抗衡,匹敌。

9 **秩秩焉**:有顺序的样子。

10 **数**:有定数,即有必然的道理。

原文

然而仲尼之门人,五尺之竖子言羞称乎五伯,是何也?曰:然。彼非本政教也,非致隆高[1]也,非綦[2]文理也,非服人之心也。乡[3]方略,审劳佚[4],畜积修斗而能颠倒其敌者也。诈心以胜矣。彼以让饰争,依乎仁而蹈利者也,小人之杰也,彼固曷足称乎大君子之门哉!

译文

然而仲尼的门下,五尺的童仆都耻于谈论五霸,这是为什么呢?回答说:是这样的。他们的霸业不是根基于政治教化,没有达到以礼为重、以义为高之程度,没有把制度作为最高原则,没有使人心悦诚服。他们只是推崇谋略,注意劳逸结合,积蓄物质加强战备因而能战胜消灭敌手罢了。他们以欺诈之心来取胜而已。于是,以谦让来掩饰其争夺之野心,扛着仁义之大旗而谋利益之实,这是小人中的杰出者,他们哪里有资格在大君子门下被谈论呢?

注释

1 **致隆高**:致,达到;隆高,以礼为重,以义为高。

2 **綦**(qí):极,最高原则。

3 **乡**:通“向”,崇尚。

4 **佚**:通“逸”。

原文

彼王者则不然。致贤而能以救不肖,致强而能以宽弱,战必能殆之而羞与之斗,委然[1]成文以

译文

那些王者就不是这样。自己贤能却能帮助那些不贤能的人,自己强大却能容受那些弱小的人,若打仗一定能战胜却羞于与之战,制礼作乐以昭示天下,这

示之天下，而暴国安自化矣，有灾缪[2]者然后诛之。故圣王之诛也，綦[3]省矣。文王诛四[4]，武王诛二[5]，周公卒业[6]，至于成王则安以无诛矣。故道岂不行矣哉？文王载百里地而天下一，桀、纣舍之，厚于有天下之埶而不得以匹夫老。故善用之，则百里之国足以独立矣；不善用之，则楚六千里而为仇人役。故人主不务得道而广有其埶，是其所以危也。

样，暴乱的国家自然转化，若还有那些有祸害谬误的国家再加以剿灭。所以，圣王的诛杀，是极其少的。文王只灭掉了四个国家，武王仅灭掉了两个国家，等到周公完成平定天下的大业，到了成王时就没有可诛灭的了。因此，治理天下的大道怎么能不实行呢？文王仅凭百里之地就平定了天下，夏桀、商纣舍弃大道，即使拥有统治天下的权势却依然不能像百姓一样终老。所以，善于利用治国的大道，即使百里之地亦可独立生存；不善于利用治国的大道，即使有六千里之大的楚国也会被仇人所统治。所以君主不追求治国的大道而仅扩大其势力，这是他所以危险的原因。

注释

1 **委然**：有文采的样子。

2 **缪**：通“谬”，错误。

3 **綦**：非常，很。

4 **文王诛四**：指周文王灭掉的四个小国，即密、阮、共、崇。

5 **武王诛二**：指周武王灭掉的商朝与奄国。

6 **周公卒业**：指周公辅助武王灭商，辅佐成王执政，平定管蔡之乱，又制礼作乐，使得周朝进入礼乐之治。

原文

持宠处位终身不厌之术：主尊贵之，则恭敬而僔[1]；主信爱之，则谨慎而嗛[2]；主专任之，则拘守而详[3]；主安近之，则慎比[4]而不邪；主疏远之，则全一而不倍；主损绌[5]之，则恐惧而不怨。贵而不为夸[6]，信而不处谦[7]，任重而不敢专；财利至则善而不及也，必将尽辞让之义然后受；福事至则和而理，祸事至则静而理；富则施广，贫则用节；可贵可贱也，可富可贫也，可杀而不可使为奸也。是持宠处位终身不厌之术也。虽在贫穷徒处之埶，亦取象于是矣。夫是之谓吉人。《诗》云："媚兹一人，应侯顺德。永言孝思，昭哉嗣服。"[8]此之谓也。

译文

（人臣）保持尊崇，守住职位且终生不被厌弃的方法：君主尊重你，就当恭敬而谦逊；君主信任爱护你，就要谨慎而不自满；君主把大权交给你，就要忠于职守而使法度详细明确；君主亲近你，就要顺从亲附但不乘势作恶；君主疏远你，就当忠心如一而不背叛；君主罢免你，就要怀恐惧之心而不怨恨。富贵时不奢侈，得到信任时也能够避免嫌疑，大权在握而不专断；财富利益来临，自己功绩尚不足以拥有它，就必须辞让之后才能接受；好事降临能平和对待，坏事降临能冷静对待；富有就广泛施舍，贫穷就用度节约；可以身处富贵也可身处卑贱，可富有也可贫穷，可以被杀头但不能被迫使去做奸邪之事。这就是保持尊崇，守住职位且终生不被厌弃的方法。虽然身处贫穷孤独的地位，也依据这种方法去做，这样的人就是吉祥之人。《诗经》说："多么可爱的武王啊，有温顺之德。永怀先王的法则，诏告子孙代代相传。"说的就是这种人。

注释

1 **僔**(zǔn)：谦逊。

2 **嗛**：通"谦"。

3 **详**:使……详细明确。

4 **慎比**:顺从。慎,顺。

5 **绌**:通"黜",罢免。

6 **夸**:奢侈。

7 **谦**:通"嫌",嫌疑。

8 此句引自《诗经·大雅·下武》。这是一篇祭祀周成王的乐歌。媚,爱;一人,指武王;应,当;侯,维,语助词;昭,诏;嗣,继;服,事。

原文

求善处大重[1],理[2]任大事,擅宠于万乘之国,必无后患之术:莫若好同之,援贤博施,除怨而无妨害人。能耐任之,则慎行此道也;能而不耐任,且恐失宠,则莫若早同之,推贤让能而安随其后。如是,有宠则必荣,失宠则必无罪。是事君者之宝而必无后患之术也。故知者之举事也,满则虑嗛,平则虑险,安则虑危,曲重[3]其豫,犹恐及其祸,是以百举而不陷也。孔子曰:"巧而好度必节,勇而好同必胜,知而好谦必贤。"此之谓也。

译文

谋求高位,掌握大权,在万乘之国被尊宠且无祸患的方法是:没有比与君主同心同德更好的,推荐贤能,广施恩惠,消弭怨恨又不妨害别人。有能力胜任这种职位,就谨慎地遵循此道;没有能力胜任这种职位,又恐怕失去尊宠,那就不如早点摸清君主的想法,把这个位置让给贤能的人而心甘情愿地跟随在其后。如果能够这样,被尊宠的时候一定荣耀,失宠的时候也必然无罪。这是侍奉君主的法宝而又没有祸患的方法。所以,智慧的人做事,盈满的时候考虑其不足,容易的时候考虑其艰难,安全的时候考虑其危险,多方面做好准备,还是担心遭受祸患,这样就百事顺利而没有差错了。孔子说:"灵巧而遵守法度就必然能做到恰到好处,勇敢且善于与人合作就必然能够战无不胜,智慧且喜好谦虚、忍让就必然贤德。"说的就是这个道理。

注释

1 **大重**:大位。

2 **理**:衍文。

3 **曲重**:指做好多方面准备。

原文

愚者反是:处重擅权,则好专事而妒贤能,抑有功而挤有罪,志骄盈而轻旧怨,以悋啬[1]而不行施,道[2]乎上为重,招权于下以妨害人,虽欲无危,得乎哉! 是以位尊则必危,任重则必废,擅宠则必辱,可立而待也,可炊而傹[3]也。是何也? 则堕之者众而持之者寡矣。

译文

愚蠢的人正好相反:处在高位而独揽大权之时,就喜欢专横独断且妒忌贤能的人,压制有功的人且排挤有一点罪过的人,志气骄横自满且不在乎自己所结下的旧怨,吝啬而不施恩惠,以揣摩君主的心思为重,在下招揽权术而妨害人之作为,这样,即使想没有危险,可能吗! 所以,(愚蠢的人)职位高贵就必然危险,权力重大就必然遭废黜,独享恩宠就必然惹来耻辱,这种结果片刻就会到来,终食之间就会发生。这是为什么呢? 这是因为损毁他的人多而扶持他的人少啊。

注释

1 **悋啬**:悋,同"吝",即"吝啬"。

2 **道**:导,依循。即揣摩君主的心思。

3 **炊而傹**:傹,同"竟"。终食之间。

原文

天下之行术:以事君则必通,以为仁[1]则必圣,立隆[2]而勿贰也。然后恭

译文

通行于天下的方法:用它来侍奉君主就必然通达,用它来做人就必然圣明,确立礼法作为最高原则而不动摇。然后

敬以先之，忠信以统之，慎谨以行之，端悫以守之，顿穷则从之疾力以申重之。君虽不知，无怨疾之心；功虽甚大，无伐德之色；省求，多功，爱敬不倦[3]。如是，则常无不顺矣。以事君则必通，以为仁则必圣，夫是之谓天下之行术。

恭敬地以之为表率，忠信地统领它，谨慎地实行它，诚实地守护它，困顿之时也要竭力遵守且反复重申它的重要性。君主虽然不了解你，没有抱怨痛恨之心；功劳即使很大，也没有夸耀的神情；少提要求，多干实事，且把这一要求贯彻到底不知倦怠。这样，就不会经常遭遇不顺遂的事情了。用它来侍奉君主就必然通达，用它来做人就必然圣明，这是能够通行于天下的方法。

注释

1 **仁**：通"人"。

2 **立隆**：确立礼法为最高原则。

3 **爱敬不倦**：有的译者以为是对君主"爱敬不倦"，但本书以为应是对"省求，多功"这一要求"爱敬不倦"。

原文

少事长，贱事贵，不肖事贤，是天下之通义也。有人也，埶不在人上而羞为人下，是奸人之心也。志不免乎奸心，行不免乎奸道，而求有君子圣人之名，辟之是犹伏而咶天[1]，救经[2]而引其足也。说必不行矣，俞[3]务而俞

译文

年少的侍奉年长的，卑贱的侍奉尊贵的，无能的侍奉贤能的，这是天下通行的原则。有的人，地位本不在别人之上，却以处在别人之下为耻，这是奸邪之人的心理。志向上免不了奸邪之心，行为上免不了奸邪之事，而想谋求君子圣人的名声，这就好像趴在地上去舔天，解救上吊的人却去拉他的脚一样。这种想法是行不通的，会愈走愈远。所以，君子需要向别人

远。故君子时诎[4]则诎，时伸则伸也。

学习的时候应去向别人学习，到了能够施展才能的时候再去施展。

注释

1 **辟之是犹伏而咶**(shì)**天**：辟，犹“譬如”；咶，通“舐”，舔。

2 **经**：缢死，上吊。

3 **俞**：通“愈”。

4 **诎**：屈服，忍耐。这里指向长者、贵者、贤者学习。

儒效

导读

所谓“儒效”就是儒者的作用。本篇论述了大儒的作用,并强调了学习与法度的重要性。荀子以周公与孔子为例,说明了“儒者在本朝则美政,在下位则美俗”的重要作用。对于一般的人,荀子特别提到了“中”的意义与价值。所谓“中”就是依礼法而行,这是平实且人人可行之道。而依礼法而行又意味着人人应该学习礼法,通过对礼法的学习,人的愚蠢、低贱、贫困都是可以改变的,人人可以为士君子,乃至圣人。荀子指出,圣人也不过是善于学习,以强大的毅力与弘忍之精神让自己尽善尽美而已。所以,对于一般人而言,师法就显得尤为重要,老师与礼法是人去除恶习、约束本性、不为世俗所染的根本保证,君子与小人之分正从这里体现。荀子还区分了俗人、俗儒、雅儒、大儒的不同品格,他们之于国家的作用是不同的。最后,荀子指出人的言语要有一定的界限,行为要有一定的标准,人生在世应对道有所尊崇。

原文

大儒之效:武王崩,成王幼,周公屏成王而及武王以属天下[1],恶天下之倍周也。履天子之籍[2],听天下之断,偃然如固有之,而天下不称贪焉;杀管

译文

大儒的效用:武王去世,成王年幼,周公辅佐成王而继承武王之位暂时行使统治天下的大权,因为怕天下人背叛周王朝。(周公)行使天子的权力,处理天下的大事,自如得好像自己本来就拥有这一权力一样,而天下的人也不认为他

叔，虚殷国[3]，而天下不称戾焉；兼制天下，立七十一国，姬姓独居五十三人，而天下不称偏焉。教诲开导成王，使谕于道，而能掩[4]迹于文、武。周公归周，反籍于成王，而天下不辍事周，然而周公北面而朝之。天子也者，不可以少当也，不可以假摄为也。能则天下归之，不能则天下去之，是以周公屏成王而及武王以属天下，恶天下之离周也。成王冠[5]，成人，周公归周反籍焉，明不灭主之义也。周公无天下矣，乡有天下，今无天下，非擅[6]也；成王乡无天下，今有天下，非夺也，变埶次序节然也。故以枝[7]代主而非越也，以弟诛兄而非暴也，君臣易位而非不顺也。因天下之和，遂文、武之业，明枝主之义，抑亦变化矣，天下厌然[8]犹一也。非圣人莫之能为，夫是之谓大儒之效。

贪权；诛杀管叔，迁走殷国遗民使殷都废弃，而天下的人不以为他残暴；掌控天下，分封七十一个诸侯国，仅姬姓就占了五十三席，而天下的人也不认为他偏私。教诲开导成王，使他知晓治国的大道，能够承袭文王、武王的业绩。周公返还统治周朝的大权，还政于成王，而天下诸侯继续臣服于周，周公也北面称臣而朝拜成王。天子这个职位，不能由年幼的人担当，也不能由别人代为行使。能把天下治理好天下人就归服，不能把天下治理好天下人就离去，所以，周公辅佐成王而继承武王之位暂时行使统治天下之大权，是怕天下人背叛周王朝。成王行冠礼，成人了，周公就还政于成王，表明不能丧失国主正宗之大义。于是，周公没有统治天下的权力了，以前有，现在没有了，但这不是禅让；成王以前没有统治天下的权力，现在有了，但不是篡夺，这是地位秩序变化的缘故。所以，以旁支代理正宗行使统治权并不是僭越，以弟弟的身份诛杀兄长也不是暴虐，君臣之间的关系互换也并非篡逆。这造就了天下和平的局面，成就了文王、武王的业绩，彰显了旁支与正宗的大义，虽然其间也有一些曲折变化，但天下平和安稳。若不是圣人是没有人能做到的，这就是大儒的效用。

注释

1 **屏**:庇护,辅佐。**及**:兄终弟及。**属**:统属。

2 **籍**:位。

3 **杀管叔,虚殷国**:管叔,周文王第三子,周武王之弟,周公旦之兄,被封于管(今河南郑州一带),世称管叔。周武王死后,周公旦为摄政王辅佐周成王,管叔不服,怀疑周公篡位,联合蔡叔、霍叔策动商纣王的儿子武庚带领殷国遗民造反,史称“三监之乱”。后来,周公兴师平叛,诛杀管叔与武庚,流放蔡叔,将霍叔贬为庶民,且将殷遗民迁到洛邑,使殷都废弃。

4 **掩**:承袭。

5 **冠**(guàn):古代男子二十岁行加冠赐字之礼,表示成人。

6 **擅**:通“禅”,禅让。

7 **枝**:旁支。在古代,嫡长子那一系称为正宗,其余的皆为旁支。周公非嫡长子,故为旁支。

8 **厌然**:安然稳定。

原文

秦昭王[1]问孙卿子[2]曰:“儒无益于人之国?”孙卿子曰:“儒者法先王,隆礼义,谨乎臣子而致[3]贵其上者也。人主用之,则埶在本朝而宜;不用,则退编百姓而悫,必为顺下矣。虽穷困冻餧[4],必不以邪道为贪;无置锥之地而明于持社稷之大义;呜呼而莫之能应,然而通乎财

译文

秦昭王问荀子道:“儒者对于国家来说没有什么益处吧?”荀子说:“儒者效法先王,推崇礼义,谨慎地做臣子且极其尊敬其君主。君主任用他,就会在朝廷做一个合格的臣子;君主不任用他,就退居乡野做诚实的百姓,且一定是一个顺民。虽然穷困受冻挨饿,也不会用歪门邪道去贪求钱财;无立锥之地,也能明白维护国家社稷的大义;即使他的呼吁没有人响应,他依然通晓管理万物、养育百姓的纲纪。若地位在人之上,就是君王、

万物、养百姓之经纪。埶在人上则王公之材也，在人下则社稷之臣，国君之宝也。虽隐于穷阎漏屋[5]，人莫不贵之，道诚存也。仲尼将为司寇[6]，沈犹氏不敢朝饮其羊，公慎氏出其妻，慎溃氏逾境而徙，鲁之粥牛马者不豫贾[7]，必蚤[8]正以待之也。居于阙党[9]，阙党之子弟罔不[10]分，有亲者取多，孝弟以化之也。儒者在本朝则美政，在下位则美俗，儒之为人下如是矣。”

诸侯的材料；若地位在人之下，就是扶持社稷的大臣，国君的栋梁。虽然隐居在穷巷陋屋，没有人不尊敬他，因为治国之道就在他那里。孔子将要出任鲁国司寇的时候，沈犹氏早晨不给要售卖的羊灌水了，公慎氏休掉了他淫荡的妻子，慎溃氏越境逃走了，鲁国卖牛马的人也不哄抬价格了，他们早早地改正了其错误行为以待孔子的到来。孔子居住在阙里，阙里的子弟将捕获的鱼兽分配时，有父母兄弟的人一定多取一些，这是孔子的孝悌之道感化了他们。儒者在庙堂做官就会使政治美好，在乡野为百姓就会使民风淳朴，儒者位居人下就是这样啊。”

注释

1 **秦昭王**：又称秦昭襄王，秦惠文王之子，公元前306—前251年在位，是中国历史上在位时间最长的国君之一。

2 **孙卿子**：即荀子。汉代为了避汉宣帝（名询）之讳，刘向编录时改“荀”为“孙”。

3 **致**：极其。

4 **餧**(něi)：同“馁”，饥饿。

5 **穷阎漏屋**：阎，里巷；漏，通“陋”。

6 **司寇**：古代官名，掌管刑狱、纠察等事。

7《孔子家语·相鲁》记载：“初，鲁之贩羊有沈犹氏者，常朝饮其羊以诈市人；有公慎氏者，妻淫不制；有慎溃氏，奢侈逾法；鲁之鬻六畜者，饰之以储价。”指的就是这里所说的四件事。沈犹氏常给要售卖的羊灌水，公慎氏的妻子淫乱而不能制止，慎溃氏生活奢侈超越礼制，鲁国买家畜的人哄抬物价。粥，同“鬻”，买卖；豫，欺诳，豫贾一词常连用；贾，价格。

8 **蚤**：通“早”。

9 **阙党**：又称阙里，孔子故居。

10 **罔不**：罔，网，捕鱼的工具；不，当为“罘(fú)”，捕兽的工具。

原文

王曰：“然则其为人上何如？”孙卿曰：“其为人上也广大矣：志意定乎内，礼节修乎朝，法则、度量正乎官，忠、信、爱、利形乎下。行 ·不义，杀一无罪而得天下，不为也。此君义[1]信乎人矣，通于四海，则天下应之如讙[2]。是何也？则贵名白而天下治[3]也。故近者歌讴而乐之，远者竭蹶[4]而趋之，四海之内若一家，通达之属莫不从服。夫是之谓人师。《诗》曰：‘自西自东，自南自北，无思不服。’[5]此之谓也。夫其为人下也如彼，其为人上也如此，何谓其无益于人之国也？”昭王曰：“善。”

译文

秦昭王问道：“那儒者位居人上又如何呢？”荀子回答说：“若儒者位居人上，其作用就更大了：他内心有坚定的意志，能使礼节之风兴于朝廷，各级官员能以规章制度办事，忠诚、诚信、仁爱、利他的品德流行于百姓之中。即使只做一件不义的事情，杀一个无辜的人就可以得到天下，也不会去做。以这样的大义取信于民，传遍四海，则天下人就会异口同声地响应。这是为什么呢？因为他尊贵的名声显赫天下，人人都仰慕。所以，近处的人就会讴歌欢迎他，远处的人就会竭尽全力追随他，四海之内好像一家一样，车马可通达的地方没有不跟从悦服的。这样的人就是人之师表。《诗经》说：‘从西到东，从南到北，没有不心悦诚服的。’说的就是这个意思。儒者位居人下就是那样，位居人上就是这样，怎么能够说他无益于国家呢？”秦昭王说：“太好了。”

注释

1 **此君义**:君,当为“若”,即“此若义”,也即“此义”。

2 **讙**(huān):喧,齐声回答。

3 **治**:当为“愿”。

4 **竭蹶**(jué):形容竭尽全力,行步匆忙。

5 此句引自《诗经·大雅·文王有声》。此诗歌颂了文王迁都丰、武王迁都镐京的功业,表现了天下人对周王的心悦诚服之情。

原文

先王之道,仁之隆也,比[1]中而行之。曷谓中[2]?曰:礼义是也。道者,非天之道,非地之道,人之所以道也,君子之所道也。君子之所谓贤者,非能遍能人之所能之谓也;君子之所谓知者,非能遍知人之所知之谓也;君子之所谓辩者,非能遍辩人之所辩之谓也;君子之所谓察者,非能遍察人之所察之谓也:有所正[3]矣。

译文

先王的治国之道,是仁道的最高表现,是依据中道的标准制定的。何谓中道?回答是:礼义就是中道。道,并不是天之道,也不是地之道,是人可以践行的道,是君子可以践行的道。君子所说的贤能,并不是指能做到人们所能做到的一切;君子所说的智慧,并不是指知晓人们所能知晓的一切;君子所说的善辩,并不是指能争辩人们所能辩论的一切;君子所说的明察,并不是指能明察人们所能明察的一切:因为君子是有所止的。

注释

1 **比**:顺从,依从。

2 **中**:这里的“中”并非《中庸》里的“中”。《中庸》里的“中”从“天命之谓性”讲下来,有形而上学义,但荀子这里所讲的“中”就是不偏离礼义,遵循礼义。“中”也意味着平实,人人可以践行,不是高不可攀,所以说“非天之道,非地之道,人之所以道也”。

3 **正**:当为“止”。

原文

相高下，视垸肥，序五种[1]，君子不如农人；通财货，相美恶，辩贵贱，君子不如贾人；设规矩，陈绳墨，便备用，君子不如工人；不恤是非然不然之情，以相荐撙[2]，以相耻怍，君子不若惠施、邓析。若夫谪[3]德而定次，量能而授官，使贤不肖皆得其位，能不能皆得其官，万物得其宜，事变得其应，慎、墨不得进其谈，惠施、邓析不敢窜其察，言必当理，事必当务，是然后君子之所长也。

译文

察看地势的高下，识别土地的肥沃与贫瘠，分辨五谷(耕种的)时序，君子不如农民；流通钱财货物，辨别商品好坏，鉴定价格高低，君子不如商人；设置规矩，陈列绳墨，制造便捷的器械，君子不如工匠；不顾是非对错，相互贬抑讥讽，相互羞辱，君子不如惠施、邓析之流。若是依据德行制定等级秩序，衡量人的才能授予官职，使得贤能与不贤能的人各得其位，有能力与没有能力的人各自得到相应的官职，万物都能得到恰当的利用，万事都能得到适度的处理，慎到、墨子之徒的言论无用武之机会，惠施、邓析之流的诡辩无可乘之机，言论合乎道理，做事适于时务，这些才是君子所擅长的。

注释

1 **相高下，视垸肥，序五种**：高下，旱地与水田；垸，贫瘠的土壤；序，不失农时；五种，黍、稷、豆、麦、麻。

2 **荐撙**：贬抑，讥讽。

3 **谪**：当为“谲”，通“决”，裁决。

原文

凡事行，有益于理者立之，无益于理者废之，夫是之谓中事。凡知说，有益于理者为之，无益于理

译文

大凡做事，有益于道义的就去做，无益于道义的就废止，这就叫正确的事情。大凡学说，有益于道义的就去研究，无益于道义的就废止，这就叫正确的学说。

者舍之，夫是之谓中说。事行失中谓之奸事，知说失中谓之奸道。奸事奸道，治世之所弃，而乱世之所从服也。若夫充虚之相施易[1]也，“坚白”“同异”之分隔也，是聪耳之所不能听也，明目之所不能见也，辩士之所不能言也，虽有圣人之知，未能偻[2]指也。不知无害为君子，知之无损为小人。工匠不知无害为巧，君子不知无害为治。王公好之则乱法，百姓好之则乱事。而狂惑、戆[3]陋之人，乃始率其群徒，辩其谈说，明其辟[4]称，老身长子，不知恶也。夫是之谓上愚，曾不如相鸡狗之可以为名也。《诗》曰：“为鬼为蜮，则不可得。有靦面目，视人罔极。作此好歌，以极反侧。”[5]此之谓也。

做事不正确就是奸邪的事情，学说不正确就是奸邪的学说。奸邪的事情与学说为安定的社会所遗弃，而混乱的社会所热衷。至于虚实的相互转化，“坚白”“同异”的分别，就算聪明的耳朵也不能听懂，明亮的眼睛也不能分辨，善于辩论的人也无法讨论，虽然有圣人的智慧，也不能迅速说清楚。不知这些东西无害于人成为君子，知道这些东西也不能说他不是小人。工匠不知这些东西无害于其技巧，君子不知这些东西无害于其治国。王公喜欢这些东西就会败乱礼法，百姓喜欢这些东西就会扰乱事情。但那些狂妄、糊涂、愚蠢、浅陋的人，竟率领其门徒，申辩他们的学说，阐明他们的譬喻，直到身老儿壮，尚不知改悔。这样的人就是第一等的愚人，还不如那些鉴别鸡犬优劣的人名声好。《诗经》说：“你若是那无形的鬼怪，人们自然就无法看清。但你丑陋邪恶的面容清晰可见，却总是表现出一副让人看不清的样子。作这首善意的诗歌，来揭露你邪恶的嘴脸。”说的就是这种人。

注释

1 **充虚之相施易**：充，实；相施易，相互转化。

2 **偻**(lǚ)：迅速。

3 **戆**(gàng):鲁莽,愚蠢。

4 **辟**:通“譬”,比喻。

5 此句引自《诗经·小雅·何人斯》。此诗表现了女子对情人变心的愤怒与谴责。蜮(yù),一种害人的怪物;靦(tiǎn),面目。

原文

我欲贱而贵,愚而智,贫而富,可乎?曰:其唯学乎。彼学者,行之,曰士也;敦慕[1]焉,君子也;知[2]之,圣人也。上为圣人,下为士君子,孰禁我哉!乡也,混然涂之人也,俄而并乎尧、禹,岂不贱而贵矣哉!乡也,效门室之辨[3],混然曾不能决也,俄而原仁义,分是非,图回[4]天下于掌上而辩白黑,岂不愚而知矣哉!乡也,胥靡[5]之人,俄而治天下之大器举在此,岂不贫而富矣哉!

译文

我希望由卑贱变得尊贵,愚蠢变得智慧,贫穷变得富裕,有可能吗?回答说:只有靠学习啊!那些学习的人,能付诸实践的,就是士;不但能践行且勉励不怠的,就是君子;能通晓大义,会于心且安于行的,就是圣人。上可以为圣人,下可以为士君子,谁能阻止我呢?以前,还是一个浑浑噩噩的普通人,忽然间与尧、禹齐名了,难道不是由卑贱变为尊贵了吗!以前,连门内门外的礼节不同,尚不能知晓其差异,忽然间可以推原仁义,分辨是非,谋划天下之事于手掌之中就如辨别黑白一样容易,难道不是由愚蠢变得智慧了吗!以前,是空无所有的人,忽然间治理天下的大道就在你那里,难道不是由贫穷变得富裕了吗!

注释

1 **敦慕**:勉励。君子进于士的地方是,士是行之,君子在行之外,尚勉励而不怠。

2 **知**:通晓其大义。仅能行之,是懵懂不自觉的行为,这是士;勉励不怠而行之,亦有外力强制之苦,这是君子;唯通晓其大义,深谙其道理,则了然会心，无强制而安行，这就是圣人。故此处之“知”必含此义，仅言“知晓”，焉能谓圣人。

3 **门室之辨**：门内与门外礼节不同。

4 **图回**：谋划。

5 **胥靡**：空无所有。胥，空疏；靡，无。

原文

今有人于此，屑然藏千溢之宝[1]，虽行貣[2]而食，人谓之富矣。彼宝也者，衣之不可衣也，食之不可食也，卖之不可偻售也，然而人谓之富，何也？岂不大富之器诚在此也？是杅杅[3]亦富人已，岂不贫而富矣哉！故君子无爵而贵，无禄而富，不言而信，不怒而威，穷处而荣，独居而乐！岂不至尊、至富、至重、至严之情举积此哉！

译文

现在有这样一个人，零碎地拥有价值千镒的宝贝，却过着乞讨的生活，但人们依然觉得他富有。宝贝这种东西，不能当衣服穿，不能当饭吃，想卖也不能马上卖出去，但人们依然认为那是财富，为什么呢？难道不是因为值钱的东西在那里吗？同理，学有所得也是富人，难道不是由贫穷变得富有了吗！所以，君子没有爵位却依然高贵，没有俸禄却依然富有，不说话依然有诚信，不发怒依然有威严，处境穷困依然荣耀，居处孤寂依然欢乐，难道不是最尊贵、最富有、最庄重、最威严的东西都来自于学习吗！

注释

1 **屑然藏千溢之宝**：屑然，琐碎的样子；溢，通“镒”，古代重量单位，合二十两。

2 **行貣**(tè)：乞讨。

3 **杅杅**：指学者器识广大，学有所得。杅，通“于”；杅杅，广大的样子。

原文

故曰：贵名不可以比周[1]争也，不可以夸诞有也，不可以埶重胁也，必将诚此然后就也。争之则失，让之则至；遵道[2]则积，夸诞则虚。故君子务修其内而让之于外，务积德于身而处之以遵道。如是，则贵名起如日月，天下应之如雷霆。故曰：君子隐而显，微而明，辞让而胜。《诗》曰："鹤鸣于九皋，声闻于天。"[3]此之谓也。鄙夫反是。比周而誉俞少，鄙争而名俞辱，烦劳以求安利，其身俞危。《诗》曰："民之无良，相怨一方，受爵不让，至于已斯亡。"[4]此之谓也。

译文

所以说：尊贵的名声不是通过拉帮结派的方式争来的，不是通过吹嘘夸饰得来的，不是通过位高权重胁迫来的，必须通过诚实的学习然后才能得到。争夺就会失去，礼让反而得到；谦虚退让就有可能（得到名声），吹嘘夸饰一定落空。因此，君子应当修养于心而谦让于外，还应当自身积德却处之以谦虚。这样，尊贵的名声就像日月，天下响应就如雷霆。所以说：君子的地位虽然隐微，其名声却显著；权势虽低下，其作用却明显；态度虽谦让，却能战无不胜。《诗经》说："鹤在沼泽鸣叫，声音响彻云霄。"说的就是君子这样的人。小人正好相反。结党以要誉而荣誉愈来愈少，卑劣以求名而名声愈来愈臭，厌弃劳苦，希求安逸，自身却愈来愈危险。《诗经》说："有的人自己不良善，却总是抱怨别人。为了利益毫不谦让妥协，直至自己灭亡。"说的就是这样的小人。

注释

1 **比周**：出自《论语·为政》"君子周而不比，小人比而不周"。这里指拉帮结派，结党营私。

2 **遵道**：当为"遵遁"，即"逡巡"，谦虚退让。下文之"遵道"亦同。

3 此句引自《诗经·小雅·鹤鸣》。此诗描写田园之美，表达了古人对自然山水的审美体验。九皋，曲折的沼泽。

4 此句引自《诗经·小雅·角弓》。此诗劝诫周王要树立德行的榜样，不要争权夺利，使宗族与邦国离析。

原文

故能小而事大，辟之是犹力之少而任重也，舍粹折[1]无适也。身不肖而诬贤[2]，是犹伛伸[3]而好升高也，指其顶者愈众。故明主谲德而序[4]位，所以为不乱也；忠臣诚能然后敢受职，所以为不穷也。分不乱于上，能不穷于下，治辩之极也。《诗》曰："平平左右，亦是率从。"[5]是言上下之交不相乱也。

译文

能力小却想干大事，就像力气小而欲挑重担一样，除了断骨折腰以外，没有别的下场。自身不贤能却自诩贤能，就像身体佝偻的人却喜欢爬高一样，指着他的头讥笑的人一定很多。所以，英明的君主依据德行安排职位，是为了防止混乱；忠诚的臣子确实有才能然后才敢接受任命，就是为了不陷入窘困。在上分配官职不混乱，在下依能受职不窘困，这是治国的最高境界。《诗经》说："任用左右的人公正，人民就会很顺从。"说的就是这种上下关系很顺畅的现象。

注释

1 **粹折**：即"碎折"。

2 **诬贤**：不贤能而自诩为贤能。

3 **伛伸**：伛，驼背；伸，当为"身"字。

4 **序**：排序，安排。

5 此句引自《诗经·小雅·采菽》。此诗写诸侯来京朝拜天子，受到丰厚的赏赐，于是诗人作诗以歌颂。平平，公正无偏的样子。

原文

以从俗为善，以货财为宝，以养生为己至道，

译文

以依从习俗为美德，把钱财货物当珍宝，以养生长寿作为自己的最高原则，

是民德也。行法至坚，不以私欲乱所闻，如是，则可谓劲士矣。行法至坚，好修正其所闻以桥[1]饰其情性，其言多当矣而未谕也，其行多当矣而未安也，其知虑多当矣而未周密也，上则能大其所隆[2]，下则能开道[3]不己若者，如是，则可谓笃厚君子矣。修百王之法若辨白黑，应当时之变若数一二，行礼要节而安之若生四枝[4]，要时立功之巧若诏四时，平正和民之善，亿万之众而博[5]若一人，如是，则可谓圣人矣。

这是一般百姓的德行。行为合乎法度且意志坚定，不因为私欲而曲解其所学，这样的人，可谓是刚劲正直的人了。行为合乎法度且意志坚定，喜欢以其所学修身进而矫正其性情，言语多半恰当但未能明白其大义，行为多半合礼但未能安然自如，思考多半适当但未能周密无懈，对上能光大自己所尊崇的道义，对下能开导不如自己的人，这样的人，可谓是诚实忠厚的君子了。修习历代帝王的法度就像辨别黑白那样清晰，应付时势变化就像数一、二那样容易，行礼合乎礼节就像四肢一样行动自如，依时立功的技巧就像预告四时更替那样准确，能够稳定政局，安定百姓，以此使亿万之众团结得就像一个人一样，这样的人，可谓圣人了。

注释

1 **桥**：通“矫”。

2 **隆**：尊崇，指自己所尊崇的学问与道义。

3 **开道**：开导。

4 **枝**：通“肢”。

5 **博**：“抟”字之误，抟，通“专”。

原文

井井[1]兮其有理也，严严兮其能敬己也，分分[2]兮

译文

井然有序啊，他做事有条有理；庄敬威严啊，他严格要求自己；坚定如一

其有终始也，猒猒[3]兮其能长久也，乐乐兮其执道不殆也，照照兮其用知之明也，修修兮其用[4]统类之行也，绥绥兮其有文章[5]也，熙熙兮其乐人之臧[6]也，隐隐[7]兮其恐人之不当也，如是，则可谓圣人矣[8]。此其道出乎一。曷谓一？曰：执神而固。曷谓神？曰：尽善挟治[9]之谓神。万物莫足以倾之之谓固[10]。神固之谓圣人。

啊，他有始有终；安然自足啊，他凡事能长久；乐以忘忧啊，他行道而不倦；照彻寰宇啊，他用智而英明；从容不迫啊，他依礼法而行；安泰徐和啊，他是那样的有德行；和乐依依啊，他喜欢别人的美好；忧心忡忡啊，他担心别人的过错。他的品德与境界出于专一。什么是专一？回答说：执持神明坚定。什么是神明？回答说：用最好的方法治理国家就是神明。（什么是坚定？回答说：）没有什么事情可以将他倾覆就是坚定。神明且坚定的人就是圣人。

注释

1 **井井**：有条理的样子。

2 **分分**：当为“介介”，坚固的样子。

3 **猒猒**(yàn)：安然自足的样子。

4 **用**：衍文。

5 **绥绥兮其有文章**：绥绥，安泰徐和的样子；文章，依朱熹的解释，乃德行见于外者。

6 **熙熙兮其乐人之臧**(zāng)：熙熙，和乐的样子；臧，美好。

7 **隐隐**：忧戚的样子。

8 **如是，则可谓圣人矣**：此句与上文重复，乃衍文。从“井井”到“隐隐”，乃是承上文进一步解释圣人的品行与境界，故此处不当再有“如是，则可谓圣人矣”。况且比喻圣人的这十句话，我们只能意会，的确无法用现代汉语准确地加以翻译。

9 **挟**(jiā)**治**：当为“浃治”，周洽而治。

10 **万物莫足以倾之之谓固**：此句之前，当有“何谓固？曰”四字，以与上文文气句式相统一。

原文

圣人也者，道之管[1]也：天下之道管是矣，百王之道一是矣。故《诗》《书》《礼》《乐》之归[2]是矣。《诗》言是，其志也；《书》言是，其事也；《礼》言是，其行也；《乐》言是，其和也；《春秋》言是，其微[3]也。故《风》之所以为不逐者[4]，取是以节之也；《小雅》之所以为《小雅》者，取是而文之也；《大雅》之所以为《大雅》者，取是而光之也；《颂》之所以为至[5]者，取是而通之也：天下之道毕是矣。乡是者臧，倍是者亡；乡是如不臧，倍是如不亡者，自古及今，未尝有也。

译文

圣人，就是大道的枢纽：天下之道都集中在圣人那里，百王之法也统一在圣人那里。所以，《诗》《书》《礼》《乐》所讲之道也最终会归在圣人那里。《诗》所说的是圣人的意志，《书》所说的是圣人的事，《礼》所说的是圣人的行为，《乐》所说的是圣人的和谐，《春秋》所说的是圣人的微言大义。所以，《国风》之所以不放荡，乃因圣人之道节制的缘故；《小雅》之所以为《小雅》，乃因圣人之道加以文饰的缘故；《大雅》之所以为《大雅》，乃因圣人之道加以光大的缘故；《颂》之所以能达于神明，乃因为圣人之道贯通的缘故：天下之道全部集中在圣人那里。依从它就会美好，违背它就会灭亡；依从它而不美好，违背它而不灭亡，自古到今，从来没有过。

注释

1 **管**：枢纽。

2 **归**：依据文气与句式，“归”字前脱一“道”字。

3 **微**：微言大义。

4 **《风》之所以为不逐者**：《风》，即《诗经》中的《国风》，主要是各地的民歌，共十五国风。《诗经》分为《风》《雅》《颂》。《雅》，指朝廷中的正声雅乐，分《大雅》与《小雅》。《颂》，是祭祀宗教时的颂歌。逐，放荡。

5 至：这里指达于神明。

原文

客有道曰："孔子曰：'周公其盛乎！身贵而愈恭，家富而愈俭，胜敌而愈戒。'"应之曰："是殆非周公之行，非孔子之言也。武王崩，成王幼，周公屏成王而及武王，履天子之籍，负扆而坐[1]，诸侯趋走堂下。当是时也，夫又谁为恭矣哉！兼制天下立七十一国，姬姓独居五十三人焉，周之子孙苟不狂惑者，莫不为天下之显诸侯，孰谓周公俭哉！武王之诛纣也，行之日以兵忌，东面而迎太岁[2]，至汜[3]而泛，至怀[4]而坏，至共头而山隧[5]。霍叔[6]惧曰：'出三日而五灾至，无乃不可乎？'周公曰：'刳比干而囚箕子[7]，飞廉、恶来知政[8]，夫又恶有不可焉！'遂选[9]马而进，朝食于戚[10]，暮宿于百泉，厌旦于牧之野[11]。鼓

译文

有客人说："孔子曾说：'周公真是伟大啊！他地位高贵却愈加恭敬，家庭富有却愈加俭约，战胜了敌人却愈加注意戒备。'"答道："这恐怕不是周公的行为，也不是孔子的观点吧。武王去世，成王年幼，周公为了保护成王而继承了武王的权力，履行天子的职责，倚屏风而立，诸侯们在朝堂下小步奔走朝拜。那个时候，他对谁恭敬呢！统治天下，立诸侯国七十一个，姬姓诸侯就有五十三人，周王的子孙只要不狂乱、愚惑，没有一个不被封为显贵的诸侯，谁能说周公俭约呢！武王讨伐纣王的时候，出师那天正好是用兵的忌日，东面进兵又刚好犯太岁，行军到汜水时遭遇洪水，到达怀城时城墙坍塌，路过共头山时遇山体滑坡。霍叔惊恐地说：'出师三日竟遭遇五次灾祸，是不是伐纣不宜？'周公说：'将比干挖心而囚禁箕子，飞廉、恶来这样的奸佞执政，又有什么不可以讨伐的呢？'于是，齐马进发，在戚用早餐，百泉夜宿，第二天黎明兵临牧野。刚一开战纣王的士卒就反

之而纣卒易乡，遂乘殷人而诛纣。盖杀者非周人，因殷人也。故无首虏之获，无蹈难之赏，反而定三革[12]，偃五兵[13]，合天下，立声乐，于是《武》《象》起而《韶》《护》废[14]矣。四海之内，莫不变心易虑以化顺之，故外阖不闭，跨天下而无蕲[15]。当是时也，夫又谁为戒矣哉！”

戈相向，于是凭借殷人的力量杀掉了纣王。可见，杀死纣王的不是周人，而是殷人。所以，周朝军队并没有斩首与俘虏的收获，也没有冲锋陷阵的奖赏，班师以后即收藏了兵甲武器，一统天下，设立音乐，于是，《武》《象》兴起而《韶》《护》废止。四海之内，没有一个不改变思想而归顺周朝的，所以，国门不关闭，走遍天下都没有疆界。那个时候，谁还需要戒备呢！”

注释

1 **负扆(yǐ)而坐**：扆，古代宫殿内陈设在门与窗之间的大屏风；坐，当为“立”字。

2 **迎太岁**：迎，逆；太岁，中国古代的民间信仰，冲犯太岁的人会遭殃。

3 **汜(sì)**：汜水，在今河南汜水。

4 **怀**：古地名，今河南武陟西南。

5 **共(gōng)头而山隧**：共头，即共首山，在河南辉县。隧，通“坠”。

6 **霍叔**：武王的弟弟，后在“三监之乱”中被周公降为庶民。

7 **刳(kū)比干而囚箕子**：比干，商朝帝王太丁的儿子，帝乙的弟弟，帝辛(即商纣王)的叔叔，因劝诫商纣王行仁政而被挖心；箕子，也是商纣王的叔叔，因见纣王无道，佯装疯癫，纣王遂将其囚禁起来。

8 **飞廉、恶来知政**：飞廉、恶来是一对父子，俱为商纣王宠臣。《史记·秦本纪》载：“蜚廉生恶来。恶来有力，蜚廉善走，父子俱以材力事殷纣。”可见，这对父子有一定才能但奸佞而不辨是非。同时，他们也是秦的祖先。知，掌管。

9 **选**：整齐。

10 **戚**：古地名。下文“百泉”亦为古地名。

11 **厌旦于牧之野**:厌旦,当为“旦厌”,即早晨兵临牧之野。牧,古地名,今河南淇县附近。

12 **三革**:三种防备的武器,甲、胄、盾。

13 **五兵**:五种进攻的武器。

14 **《武》《象》起而《韶》《护》废**:《武》《象》,为周武王克殷后的乐名;《韶》《护》,为殷时乐名。

15 **蕲**:通“圻(qí)”,疆界。

原文

造父[1]者,天下之善御者也,无舆马则无所见其能。羿[2]者,天下之善射者也,无弓矢则无所见其巧。大儒者,善调一天下者也,无百里之地则无所见其功。舆固马选矣,而不能以至远一日而千里,则非造父也。弓调矢直矣,而不能以射远中微,则非羿也。用百里之地,而不能以调一天下,制强暴,则非大儒也。

译文

造父,是天下最善于驾驭的人,但若没有车马他的才能就无法施展。后羿,是天下最善于射箭的人,但若没有弓矢他的技巧就无法展现。大儒,是最善于使天下和谐的人,但若没有百里之土地就无法显示其功绩。如果车子坚固、马匹精良,但不能一日千里,那就不是造父。弓调好了,矢矫正了,但不能射中远处微小的目标,那就不是后羿。拥有百里的土地,但不能使天下和谐,制止强暴,那就不是大儒。

注释

1 **造父**:周穆王时期善于驾驭马车的人。《史记·赵世家》记载造父驾驭之功:“徐偃王反,缪王日驰千里马,攻徐偃王,大破之。”

2 **羿**:又称“后羿”“夷羿”。夏朝时期东夷族有穷氏首领,射术高超。他曾驱逐夏王自任国王,后为家臣所杀。

原文

彼大儒者，虽隐于穷阎漏屋，无置锥之地，而王公不能与之争名；在一大夫之位，则一君不能独畜，一国不能独容，成名况乎诸侯，莫不愿得以为臣；用百里之地而千里之国莫能与之争胜，笞棰[1]暴国，齐一天下，而莫能倾也。是大儒之征也。其言有类，其行有礼，其举事无悔，其持险、应变曲当。与时迁徙，与世偃仰，千举万变，其道一也。是大儒之稽[2]也。其穷也，俗儒笑之；其通也，英杰化之，嵬琐[3]逃之，邪说畏之，众人愧[4]之。通则一天下，穷则独立贵名，天不能死，地不能埋，桀、跖之世不能污，非大儒莫之能立，仲尼、子弓是也。

译文

那些大儒，虽然身处穷巷陋屋，没有立锥之地，但王公大人们却不能与之争名声；虽然身处大夫之位，但一国之君主却不能独自任用，一个国家也容纳不下；盛名远播于诸侯，没有一个诸侯不愿意他们作为臣子；虽然只管辖着百里之地但千里之国却没有一个能与它匹敌，打击强暴的国家，使天下和谐，却没有人能阻挡。这是大儒的效验。他的言语有法度，他的行为合礼节，做事不后悔，处理危险、应付突变精确恰当。与时俱进，随世应变，虽千变万化，但道术却始终如一。这是大儒的风范。他困顿失意之时，庸俗的儒者讥笑他；他通达得意之时，英雄豪杰被感化，奸诈猥琐之人逃避他，主张邪僻学说的人害怕他，众庶庸民都愧对他。通达之时就能使天下和谐，困顿之时也能独自树起高贵的名声，天不能让他死，地不能将他埋，即使在夏桀、盗跖的世界也不能将其污染，不是大儒是不能这样立身处世的，仲尼、子弓就是这样。

注释

1 **笞棰**(chī chuí)：鞭打，打击。

2 **稽**：指可稽考的标准，这里指典范、风范。

3 **嵬琐**:险诈奸邪。

4 **愧**:众人因境界低下,自觉愧对大儒。

原文

故有俗人者,有俗儒者,有雅儒者,有大儒者。不学问,无正义,以富利为隆,是俗人者也。逢衣浅带,解果其冠[1],略法先王而足乱世术,缪学杂举,不知法后王而一制度,不知隆礼义而杀《诗》《书》;其衣冠行伪[2]已同于世俗矣,然而不知恶者[3];其言议谈说已无以异于墨子矣,然而明不能别;呼先王以欺愚者而求衣食焉;得委积足以掩其口则扬扬如也[4];随其长子,事其便辟[5],举其上客,億然[6]若终身之虏而不敢有他志:是俗儒者也。法后王,一制度,隆礼义而杀《诗》《书》;其言行已有大法矣,然而明不能齐法教之所不及,闻见之所未至,则知不能类也;知之曰知之,不知曰不知,内不自以诬,外不自以欺,以

译文

所以,有俗人,有俗儒,有雅儒,有大儒。没有学问,没有正义,以富贵利益为最高追求,这就是俗人。衣服宽大而腰带宽松,帽子中间高而两边低,略知效法先王而足以扰乱当世的道术,学说荒谬而行为杂乱,不知道效法后王而统一制度,不知道推崇礼义而轻视《诗》《书》;他们的衣冠、行为与世俗之人已没有什么区别了,却不觉得恶心;他们的议论言谈已与墨子没有什么区别了,却不能辨别;称道先王之道以欺骗愚蠢的人以求得温饱,由此赚钱养家糊口且洋洋自得;跟随君王的世子,侍奉他的宠臣,巴结他的座上客,心安理得地做他终生的奴仆而不敢有别的志向:这就是俗儒。效法后王,统一制度,推崇礼义而轻视《诗》《书》;他的言行已经合乎法度,然而,他的智慧却不能见及法律与教化没有涉及的地方,他的视听不能触及的地方,就不能触类旁通;知道就说知道,不知道就说不知道,对内不自吹,对外不欺骗,依据此种品格去尊重贤能敬畏礼法且不敢有丝毫怠慢:这

是尊贤畏法而不敢怠傲：是雅儒者也。法先王，统礼义，一制度；以浅持博，以古持今，以一持万；苟仁义之类也，虽在鸟兽之中，若别白黑；倚[7]物怪变，所未尝闻也，所未尝见也，卒[8]然起一方，则举统类而应之，无所儗怍[9]，张法而度之，则晻然若合符节[10]：是大儒者也。故人主用俗人则万乘之国亡，用俗儒则万乘之国存，用雅儒则千乘之国安，用大儒则百里之地久，而后三年，天下为一，诸侯为臣，用万乘之国则举错[11]而定，一朝而伯[12]。

就是雅儒。效法先王，总括礼义，统一制度；以浅近把握广博，以远古把握当今，以一本把握万用；如果是合乎仁义的东西，即使在禽兽之中，也能像分辨黑白那样容易地辨认出来；离奇的事物，怪诞的变化，从未听说过，从未看到过，突然在一个地方出现，也可以用礼法纲纪加以应对，没有任何疑惑不安，以法度去应变，就像符节一样相合无间：这就是大儒。所以，君主任用俗人就会使万乘之国灭亡，任用俗儒只能使万乘之国苟存，任用雅儒则可以使千乘之国平安，任用大儒却可以使百里之地长久，三年以后，一统天下，诸侯臣服，若大儒在万乘之国被任用，那么，他一行动就可平定天下，一个早晨就可以名扬四海。

注释

1 **逢衣浅带，解(xiè)果其冠**：逢，大；浅，宽松；解果，又作“蟹螺”，狭小的高地。这里指中间高两旁低的帽子。

2 **伪**：通“为”。

3 **者**：衍文。后文“然而明不能别”无“者”字，此一“者”字亦当无。

4 **得委积足以掩其口则扬扬如也**：委积，泛指财物，货财；扬扬，自我满足；如也，句末语气词，相当于“……的样子”。

5 **便辟**(pián pì)：能说会道，善于逢迎的宠臣。

6 **僡然**：心安理得的样子。僡，当作“亿”。

7 **倚**：通“奇”。

8 **卒**:作“猝”。

9 **儗怎**:儗,疑;怎,同“怍”,不安。

10 **晻(yǎn)然若合符节**:晻然,相合的样子;符节,古代符信之一种,以金玉竹木等制成,上刻文字,分为两半,使用时以两半相合为验。

11 **错**:通“措”。

12 **伯**:通“白”,名声显耀于天下。

原文

不闻不若闻之,闻之不若见之,见之不若知之,知之不若行之,学至于行之而止矣。行之,明也,明之为圣人。圣人也者,本仁义,当是非,齐言行,不失豪[1]厘,无它道焉,已乎行之矣。故闻之而不见,虽博必谬;见之而不知,虽识必妄;知之而不行,虽敦必困[2];不闻不见,则虽当,非仁也[3]。其道百举而百陷也。

译文

没有听说过不如听说过,听说过不如见到过,见过不如知晓,知晓不如践行,学问至于践行就完成了。践行了学问就通透明白了,通透明白了就是圣人。圣人,之所以能本于仁义,于是非恰当,言行一致,不失毫厘,没有别的窍门,就是能把学问付之于践行。所以,听说过却没有见过,虽然听闻广博也必然荒谬;见过但不了解,虽然认识也必然虚妄;知晓了却不践行,虽所知甚多也必然陷入困顿;不能广闻博识,虽然所行恰当,也不是仁道。以以上的方式做事一百次就会失败一百次。

注释

1 **豪**:通“毫”。

2 **知之而不行,虽敦必困**:敦,厚,指所知广博。此句相当于《弟子规》所说:“不力行,但学文,长浮华,成何人。”知识仅成就人之浮华,这是“困”的原因。

3 **不闻不见,则虽当,非仁也**:此句相当于《弟子规》所说“但力行,不学文，任己见，昧理真”。这是“偶济”而不是依理而行的仁道，也是“非仁”的原因。

原文

故人无师无法而知则必为盗，勇则必为贼，云能[1]则必为乱，察则必为怪，辩则必为诞。人有师有法而知则速通，勇则速威，云能则速成，察则速尽，辩则速论[2]。故有师法者，人之大宝也；无师法者，人之大殃也。人无师法则隆性矣，有师法则隆积矣，而师法者，所得乎情[3]，非所受乎性，不足以独立而治[4]。性也者，吾所不能为也，然而可化也。情也者，非吾所有也，然而可为也。注错[5]习俗，所以化性也；并一而不二[6]，所以成积也。习俗移志，安久移质，并一而不二则通于神明，参于天地矣。

译文

所以，人若没有老师的教导不懂礼法的规范却很聪明，就必然会做强盗，若勇敢就必然会去抢劫，若有才能就必然会作乱，若善于明察就必然会有怪论，若善于辩论就必然会有诡辩。人若有老师的教导懂得礼法的规范而且聪明，就会很快通晓事理，若勇敢就会立即树立威严，若有才能就会很快成功，若善于明察就会很快穷尽事理，若善于辩论就会很快决断对错。所以，有老师与礼法，是人的大财富；没有老师与礼法，是人的大祸患。人没有老师与礼法就会任性而为，有老师与礼法就会重视学习积累，而老师与礼法，也是通过学习得来的，不是从本性中直接禀受的，本性，是不可以独立自我完善的。本性，不是人为造成的，但后天可以转化。学习中的东西，不是人本性先天固有的，但可以通过努力后天拥有。行为习俗，可以转化人的性情；使性情与所学的合一不二，就是积累。习惯与风俗可以改变人的志向，长久积习于此就会改变人的气质，使积习与气质合一就会通于神明，与天地相参同了。

注释

1 **云能**:有才能。

2 **论**:在辩论中决断对错。

3 **情**:当为“积”字。下文“情也者”当为“积也者”。若云“情非吾所有”则根本不通。故“情”字为“积”字之误。

4 **不足以独立而治**:“不”字之前少了一“性”字,本句为“性不足以独立而治”。荀子以为,人性就是人天生的生物性的本能,是不可能自我完善的,但可以依据外在的学习加以转化,这就是“化性起伪”。

5 **注错**:措置,行为。

6 **并一而不二**:“二”是指人之性与师法,人性乃天所生,师法由外在的学习而得,二者合一,就是“积”,亦即以师法之大义改变天然之本性,也就是“化”。“化”就是“一”,也就是“积”的效果。有学者译为“专心一致”,实误。若此,应为“专一而不二”,云“并”者,必不是一般的心态,必有二物之所指。

原文

故积土而为山,积水而为海,旦暮积谓之岁;至高谓之天,至下谓之地,宇中六指[1]谓之极;涂之人百姓,积善而全尽谓之圣人[2]。彼求之而后得,为之而后成,积之而后高,尽之而后圣。故圣人也者,人之所积也。人积耨[3]耕而为农夫,积斫削而为工匠,积反[4]货而为商贾,积礼义

译文

所以,堆积泥土就成为了山丘,积累水流就成为了江海,叠加旦暮之时日就成为了年岁;最高的就叫天,最低的就叫地,宇宙中的六个方位就叫极;路途中的行人就叫百姓,累积善行而至于性情完美就叫圣人。(圣人)那是要追求才能有所收获,践行才能有所成就,积累才能有所提高,达到完美才能成为的。所以圣人是普通人日积月累其善行达到的。人积累了耕种的经验就成为了农夫,积累了砍削的经验就成为了工匠,积累了贩卖货物的经验就成为了商人,积累了学习礼义的经验就成为了

而为君子。工匠之子莫不继事，而都国之民安习其服，居楚而楚，居越而越，居夏而夏，是非天性也，积靡使然也。

君子。工匠的儿子没有不承袭父亲的事业的，而国都中的百姓也都习惯了他们的习俗，居住在楚国就习惯于楚俗，居住在越国就习惯于越俗，居住在华夏就习惯于夏风，这不是天性使然，而是长期积累顺其积习使然。

注释

1 **六指**：上、下、东、南、西、北。

2 **涂之人百姓，积善而全尽谓之圣人**：若如此断句，则“涂之人百姓”似不可通；若断为“涂之人百姓积善而全尽谓之圣人”，则似乎不必要“百姓”二字，“涂之人积善而全尽谓之圣人”最为顺适。因此，此句可能为“涂之人谓之百姓，积善而全尽谓之圣人”，脱落了“谓之”二字。

3 **耨**(nòu)：锄草。

4 **反**：通“贩”，贩卖。

原文

故人知谨注错，慎习俗，大[1]积靡，则为君子矣；纵性情而不足问学，则为小人矣。为君子则常安荣矣，为小人则常危辱矣。凡人莫不欲安荣而恶危辱，故唯君子为能得其所好，小人则日徼[2]其所恶。《诗》曰：“维此良人，弗求弗迪；维彼忍心，是顾是复。民之贪乱，宁为荼毒。”[3]此之谓也。

译文

所以人们明智小心地对待行动，谨慎地对待风俗，重视学习熏染，这样的人就会成为君子；放任性情而不好好学习，这样的人就会成为小人。成为君子就会常安乐尊荣，成为小人就会常危险羞辱。每个人都喜好安乐尊荣而厌恶危险羞辱，所以只有君子才能得其所好，小人则每天招致其所厌恶的东西。《诗经》说：“那些善良的人，不被任用；那些贪戾的人，反而被顾念重视。天下贪戾暴乱，安然放任此恶行。”说的就是小人的这种行为。

注释

1 **大**:以……为大,重视之意。

2 **徼**:通“邀”,招致。

3 此句引自《诗经·大雅·桑柔》。此诗痛斥周厉王之乱世,百姓流离失所,但朝臣却为非作歹,贪恋权位。迪,进用。

原文

人论[1]:志不免于曲私而冀人之以己为公也,行不免于污漫而冀人之以己为修也,其[2]愚陋沟瞀而冀人之以己为知也,是众人也。志忍[3]私然后能公,行忍情性然后能修,知而好问然后能才,公修而才,可谓小儒矣。志安公,行安修,知通统类,如是则可谓大儒矣。大儒者,天子三公[4]也;小儒者,诸侯大夫士也;众人者,工农商贾也。礼者,人主之所以为群臣寸、尺、寻、丈[5]检式也,人伦尽矣。

译文

人的类别等级:思想上不免于偏私却希望别人以为自己公正,行为上不免于污秽却希望别人认为自己美好,甚为愚昧无知却希望别人认为自己智慧,这就是俗人。思想上能克服偏私而做到公正,行为上能修养性情而做到美好,聪明且喜欢向人请教,然后多才多艺,公正美好又有才干,这就是小儒。思想上安于公正无私,行为上安于修持,智慧能够通晓纲纪法度,这样就可谓大儒了。大儒,能当天子的三公;小儒,能够当诸侯的大夫或士;俗人,就只能为工农商贾了。礼,是君主用以衡量群臣才能的标准,人的类别等级无法逃于礼的裁定。

注释

1 **论**:通“伦”,人的德行智慧之类别等级。

2 **其**:当为“甚”。

3 **忍**:克制。

4 **三公**:辅助君主掌握军政大权的最高官员,各个朝代名称不同,周朝的三公为太师、太傅、太保。

5 **寸、尺、寻、丈**:俱为长度单位。寻,八尺为一寻。

原文

君子言有坛宇[1],行有防表[2],道有一隆。言道德[3]之求,不下于安存;言志意之求,不下于士;言道德之求,不二[4]后王。道过三代谓之荡,法二后王谓之不雅。高之下之,小之臣[5]之,不外是矣,是君子之所以骋志意于坛宇宫庭也。故诸侯问政不及安存,则不告也;匹夫问学不及为士,则不教[6]也;百家之说不及后王,则不听也。夫是之谓君子言有坛宇,行有防表也。

译文

君子说话有一定的界限,行为有一定的标准,对于道有一定的尊崇。说到政治的要求,不能低于国家安定,人民有基本的生存保障;说到思想的要求,不能低于士人的标准;说到道德的要求,不应该背离当代帝王。谈论为政之道超过三代就会流于荒诞不经,探求法度背离当代帝王就会陷入不正。人之高低小大,无非就是从这里看,这是君子驰骋其意志、展现其思想的场所。所以,诸侯请教政治而不涉及安定生存,就不必回答;匹夫请教学问而不牵涉如何做士人,就不必告知;百家的学说若不涉及当代政治的问题,就不必听闻。这就叫君子说话有一定的界限,行为有一定的标准。

注释

1 **坛宇**:喻指界限。坛,殿堂之基;宇,房屋之檐。

2 **防表**:防,堤防,喻指限度或标准。

3 **道德**:当为“政治”。下文复有“言道德之求”,可见此处为误写。

4 **二**:背离。

5 **臣**:当为“巨”。

6 **不教**:不告诉,卫灵公之问陈,樊迟之问稼,俱在不告不教之列。

王制

导读

本篇主要体现了荀子的治国思想。荀子以其儒者的胸怀对于理想的王者的各种建制进行了设计,重点论述了王者的政治制度:其一,举贤授能。贤能的根据就是看其是否"积文学""属于礼义",他认为"虽王公士大夫之子孙,不能属于礼义,则归之庶人。虽庶人之子孙也,积文学,正身行,能属于礼义,则归之卿相士大夫",这一思想破除了固定的身份等级,尤为可贵。其二,注重职位身份等级的差别。荀子提出了"分均则不偏,埶齐则不一,众齐则不使"的思想。国家的善治正是由不齐中的和谐而来,礼仪制度也正是要确保这种不齐中的和谐。其三,满足百姓的需求。荀子提出"君者,舟也;庶人者,水也。水则载舟,水则覆舟"的著名思想,认为王者治国的根本目标在"富民"。其四,要有一整套发展生产、管理经济、物资流通的制度。其五,确定各种官职的职责范围。为了说明王者政治的优越性,荀子还将王者与霸者、安存、危殆、灭亡等五种状况及其条件进行了对比,得出"善择之者王,不善择之者亡"的结论。

原文

请问为政?曰:贤能不待次而举,罢[1]不能不待须而废,元恶不待教而诛,中庸民不待

译文

请问如何治理国家?回答说:贤能的人不必依据次序可破格提拔,德才不能胜任的人不必依照程序可立即罢免,大恶之人不必教育直接杀掉,普通百姓不依靠行

政而化[2]。分未定也则有昭缪[3]。虽王公士大夫之子孙[4],不能属于礼义,则归之庶人。虽庶人之子孙也,积文学,正身行,能属于礼义,则归之卿相士大夫。故奸言、奸说、奸事、奸能、遁逃反侧[5]之民,职[6]而教之,须而待之;勉之以庆赏,惩之以刑罚;安职则畜[7],不安职则弃。五疾[8],上收而养之,材而事之,官施而衣食[9]之,兼覆无遗。才行反时者,死无赦。夫是之谓天德,王者之政也[10]。

政的力量即可被教化。朝臣名分未定之时应该像宗庙昭穆那样加以区别。即使是王公士大夫的子孙,若不能遵循礼义,也要归属于庶人之列。即使是庶人的子孙,如果具备了经典文献的知识,身心行为端正,能够遵循礼义,就可以归属于卿相士大夫之列。所以,那些散布邪恶言论、鼓吹邪恶学说、行邪僻之事、有邪僻才能、四处流窜且不顺服的人,就让他们做强制性的工作以便教化,等待他们慢慢转变;以庆赏来勉励他们,以刑罚去惩罚他们;安心工作的人就继续留用以教养,不安心工作的人就废此而改用他法。有五种残疾的人,国家收留并赡养他们,依据各自的才能安排工作,比照官府的俸禄供给他们衣食,要全面而不能遗漏。对那些以才能与行为反对现行制度的人,处死而不赦免。这就叫天德,是王者的政治措施。

注释

1 **罢**(pí):无能,这里指德才不能胜任。

2 **中庸民不待政而化**:上文之“元恶”与此处之“中庸”对应,故“民”为衍文。中庸,普通百姓。“不待政而化”就是“道之以德,齐之以礼,有耻且格”。

3 **昭缪**(mù):缪,通“穆”。古代宗庙制度,父亲为昭居左,儿子为穆居右。

4 此处脱落一“也”字,与下文“虽庶人之子孙也”对应。

5 **反侧**:不安分,不顺服。

6 **职**:安置工作,这里指让人做强制性的工作,相当于现代社会的劳动改造。

7 **畜**：饲养。

8 **五疾**：五种残疾之人，聋、哑、瘸、断臂与侏儒。

9 **衣食**：给……衣食。

10 **王者之政也**：此句句首脱落一"是"字。

原文

听政之大分：以善至者，待之以礼；以不善至者，待之以刑。两者分别，则贤不肖不杂，是非不乱。贤不肖不杂，则英杰至；是非不乱，则国家治。若是，名声日闻[1]，天下愿，令行禁止，王者之事毕矣。凡听，威严猛厉而不好假道[2]人，则下畏恐而不亲，周闭而不竭[3]，若是，则大事殆乎弛，小事殆乎遂[4]。和解调通，好假道人而无所凝止之，则奸言并至，尝试之说锋起[5]，若是，则听大事烦，是又伤之也。

译文

处理政事听取意见的要领：对于那些怀着善意而来的人要以礼相待，而对那些不怀好意而来的人就以刑相罚。两者有所区分就使得贤能与无能不会混杂，是非不会混乱。贤能与无能不相混杂，英杰人物就会到来；是非不相混乱，国家就会得到善治。如果这样，（君王就会）名声显赫，天下仰慕，有令必行，有禁必止，王者的事业就完成了。大凡听政，过于威严猛厉而不喜欢宽容顺从人，那么下面的人就会畏惧恐慌而不敢亲近，隐瞒而不会把实情全部说出来，如果这样，大事就近于废弛，小事就近于落空。（相反，）如果一味随和，喜欢宽容地顺从别人而没有持守，那么奸邪的言论就会一齐到来，试探性的说法就会蜂拥而至，如果这样，就会视听混杂而事情繁琐，这反而是对朝政的伤害。

注释

1 **名声日闻**：当为"名声白"，与"天下愿"形成对文。

2 **假道**：假，宽容；道，引导。

3 **周闭而不竭**:周闭,隐瞒;不竭,不敢说出全部实情。

4 **遂**:通“坠”,废弃。

5 **锋起**:即“蜂起”。锋,通“蜂”。

原文

故法法而不议[1],则法之所不至者必废;职而不通[2],则职之所不及者必队[3]。故法而议,职而通,无隐谋,无遗善,而百事无过,非君子莫能。故公平者,职之衡也;中和者,听之绳也。其有法者以法行,无法者以类举,听之尽也。偏党而无经[4],听之辟[5]也。故有良法而乱者,有之矣;有君子而乱者,自古及今,未尝闻也。《传》曰:“治生乎君子,乱生乎小人。”此之谓也。

译文

所以,使用法律而不讨论,那么法律条文规定不到的地方就会无法可依;掌握职权而不相互沟通,那么职权范围规定不到的地方就会无人去管。因此,法律加以讨论,职权相互沟通,就不会有未发现的谋划,也没有遗漏掉的善行,什么事情都不会犯错,不是君子是不能做到的。因此公平公正,是职权的要求;宽严适中,是听政的标准。其中有法可依的就依据法律处理,没有法律可依的依据事例类推解决,这是君主听政的最好方法。偏私而没有常道,是君子听政的邪路。所以,有好的法律而国家混乱,是存在的;有君子而混乱的情况,从古到今,从未听说过。古书上说:“平治产生于君子,混乱产生于小人。”说的就是这个道理。

注释

1 **议**:讲论。大凡法律总有不能周遍的地方,这就需要“议”,这表明法律是活的,不是死的条文。下文所说“无法者以类举”,正是“议”的方式。

2 **通**:沟通。各职位之间有一定的界限,不可越权,但如果职位之间的界限过于分明,有些事就必然会处在中间地带而不属于任何职位的范围。“通”就是要求各职位之间交流沟通。

3 **队**：同"坠"，落空。

4 **经**：常道。

5 **辟**：通"僻"，偏邪。

原文

分均则不偏[1]，埶齐则不一[2]，众齐则不使。有天有地而上下有差，明王始立而处国有制。夫两贵之不能相事，两贱之不能相使，是天数也。埶位齐而欲恶同，物不能澹[3]则必争；争则必乱，乱则穷矣。先王恶其乱也，故制礼义以分之，使有贫富贵贱之等，足以相兼临者，是养天下之本也。《书》曰："维齐非齐。"[4]此之谓也。

译文

身份等级相同就会没有统帅而混乱，权势职位相等就会没有统一而自为中心，人人平等就不能相互役使。造化有天有地就意味着有上下的天然差别，圣明的君王登基执政就要有等级制度。两个同样富贵的人不能相互侍奉，两个同样卑贱的人不能相互役使，这是很自然的道理。权势地位相同，喜欢的与厌恶的又相同，物力就不能满足则必然会引起争斗；争斗就会引起混乱，混乱就会使社会陷入困境。先王痛恨这种混乱，故制定礼义来加以区分，使得社会有富贵贫贱的等级差别，（这种差别）使得社会能够有效地被管理与统治，这是养育天下的根基。《尚书》中说："若要齐则必须不齐。"说的就是这个道理。

注释

1 **分均则不偏**：分，身份贵贱等级；偏，偏重。指若身份相等则不能有所偏重而造成一方领导另一方，这对于治国而言就混乱了。

2 **埶齐则不一**：若势位相等反而不能统一，因为每个人都以自己为中心。

3 **澹**：通"赡"，满足。

4 此句引文出自《尚书·吕刑》。荀子引用此句是为了说明，国家要得到善治，人民生活安定和谐，就必须有身份、等级、权势的不同，使得有人成为领导者，有人成为被领导者。

原文

马骇舆则君子不安舆，庶人骇政则君子不安位。马骇舆则莫若静之，庶人骇政则莫若惠之。选贤良，举笃敬，兴孝弟，收孤寡[1]，补贫穷，如是，则庶人安政矣。庶人安政，然后君子安位。《传》曰："君者，舟也；庶人者，水也。水则载舟，水则覆舟。"此之谓也。故君人者，欲安则莫若平政爱民矣，欲荣则莫若隆礼敬士矣，欲立功名则莫若尚贤使能矣，是君人者之大节[2]也。三节者当，则其余莫不当矣；三节者不当，则其余虽曲当，犹将无益也。孔子曰："大节是也，小节是也，上君也。大节是也，小节一出焉，一入焉，中君也。大节非也，小节虽是也，吾无观其余矣。"

译文

马拉车受惊吓了，君子就不能安稳地坐在车上；百姓因政治受惊吓了，君子就不能安稳地坐在其职位上了。马受惊吓了最好的办法是让其安静下来，百姓受惊吓了最好的办法是给他们恩惠。选用贤良的人，推举笃敬的人，提倡孝悌，收养孤寡，补给贫穷，这样，百姓就安于政治了。百姓安于政治，君子才能安于职位。古书上说："君主，就像船；百姓，就像水。水可以承载舟船，也可以倾覆舟船。"说的就是这个道理。所以，处在统治地位上的人若想安稳，没有比平政爱民更好的了；若想荣耀，没有比隆礼敬士更好的了；若想立功名，没有比赏贤使能更好的了，这是统治者的关键所在。这三点做得得当，其余的没有不得当的；这三点做得不得当，其余的虽然应变得当，也没有什么用处。孔子说："大节中正，小节也中正，这是上等君主。大节中正，小节有所出入，这是中等君主。大节偏邪，小节虽然中正，我也不用看其他方面了。"

注释

1 **孤寡**:少而无父者谓之孤,老而无夫者谓之寡。

2 **节**:关键。

原文

成侯、嗣公[1],聚敛计数之君也,未及取民也;子产[2],取民者也,未及为政也;管仲,为政者也,未及修礼也。故修礼者王[3],为政者强,取民者安,聚敛者亡。故王者富民,霸者富士,仅存之国富大夫,亡国富筐箧、实府库。筐箧已富,府库已实,而百姓贫,夫是之谓上溢而下漏。入不可以守,出不可以战,则倾覆灭亡可立而待也。故我聚之以亡,敌得之以强。聚敛者,召寇、肥敌、亡国、危身之道也,故明君不蹈也。

译文

成侯、嗣公是聚敛财富,精于计算的君主,未能取得民心;子产,取得了民心,但不懂得为政;管仲,懂得为政,但不能够遵守礼义。所以遵守礼义的人就会王天下,懂得为政的人可以(使国家)富强,取得民心的人可以(使国家)安定,聚敛财富的人必然使国家灭亡。因此,行王道的国家使人民富足,行霸道的国家使士人富足,勉强生存的国家使大夫富足,即将灭亡的国家使君主的箱子富足,充实了君主的仓库。箱子塞满了,仓库充实了,百姓却贫穷了,这就叫作上面溢出而下面漏空。这样的国家对内不可以防守,对外不可以战斗,那么倾覆灭亡立刻就会到来。所以,我聚敛这些财富最终导致了自己的灭亡,却使敌对的国家富强。(这样看来,)聚敛,是招致敌寇、使敌人富有、灭亡国家、危害自身的道路,圣明的君主是不会走的。

注释

1 **成侯、嗣公**:成侯,战国时卫国国君;嗣公,卫国国君,卫成侯之孙。

2 **子产**:姓公孙,名侨,字子产。春秋时期郑国大夫,著名的政治家,执政二十余年,不毁乡校,开放言路,使他赢得了政治声誉。但孟子对子产的政治水平颇不以为然,说子产“惠而不知为政”。荀子这里所说的与孟子意思相近。

3 王(wàng):称王,王天下。

原文

王夺之人[1],霸夺之与[2],强夺之地。夺之人者臣诸侯,夺之与者友诸侯,夺之地者敌诸侯。臣诸侯者王,友诸侯者霸,敌诸侯者危。用强者,人之城守,人之出[3]战,而我以力胜之也,则伤人之民必甚矣。伤人之民甚,则人之民恶我必甚矣;人之民恶我甚,则日欲与我斗。人之城守,人之出战,而我以力胜之,则伤吾民必甚矣。伤吾民甚,则吾民之恶我必甚矣;吾民之恶我甚,则日不欲为我斗。人之民日欲与我斗,吾民日不欲为我斗,是强者之所以反弱也。地来而民去,累多而功少,虽守者益,所以守者损,是以[4]大者之所以反削也。

译文

王者争夺民心,霸者争夺盟国,强者争夺土地。争夺民心者使诸侯臣服,争夺盟国者与诸侯友善,争夺土地者与诸侯为敌。使诸侯臣服的称王,与诸侯友善的称霸,与诸侯为敌的危险。使用武力争夺土地,人家的城池坚固,士兵战斗力强,而我欲以武力战胜他们,必然要使他们的民众死伤很多。人家的民众死伤很多,则他们的民众必然极端地仇恨我;既然如此仇恨我,必然每天想与我作战。人家的城池坚固,士兵战斗力强,而我欲以武力战胜他们,则自己的民众死伤一定很多。自己的民众死伤很多,则自己的民众必然极端地仇恨我;既然如此仇恨我,必然每天不想为我作战。人家的民众每天想与我作战,我自己的民众却不想为我作战,这是武力强大的国家反而被削弱的原因。土地争夺来了民心反而失去了,劳累太多而功劳却少,虽然守卫的土地增加了,用来守卫土地的民众却减少了,这是大国反而被削弱的原因。诸侯国没有一个不去结交那些心怀怨恨的国家,且不会忘记他们

诸侯莫不怀交接怨而不忘其敌，伺强大之间，承强大之敝，此强大之殆时也。

共同的敌人，窥伺强国的可乘之隙，趁着强国陷入困境来袭击，这就是强国的危险时刻。

注释

1 **人**：人民。争夺人民乃以民心为主导，故王者争取民心。

2 **与**：与国，盟国。

3 **出**：当为“士”。下同。

4 **以**：衍文。

原文

知强大[1]者不务强也，虑以王命[2]全其力，凝其德。力全则诸侯不能弱也，德凝则诸侯不能削也，天下无王霸主则常胜矣。是知强道者也。彼霸者不然，辟田野，实仓廪，便备用[3]，案谨募选阅材伎之士[4]，然后渐[5]庆赏以先之，严刑罚以纠之。存亡继绝[6]，卫弱禁暴，而无兼并之心，则诸侯亲之矣。修友敌[7]之道以敬接诸侯，则诸侯说[8]之矣。所以亲之者，以不并也，并之见[9]则诸侯疏矣；所以说

译文

知道强大之道的君主不会追求武力，而是考虑以王道来武装自己的力量，来凝聚自己的德行。这样的力量武装起来了诸侯就不能减弱它了，这样的德行凝聚起来了诸侯就不能削弱它了，天下就不可能有别的王者霸者可与之相争，故常取胜。这是懂得强大之道的人。那些霸者却不是这样，开辟田野，充实仓库，改进机械用具，谨慎地招募、选择、接纳有才能和有技巧的人，然后加重赏赐来引导他们，严苛刑罚来纠正他们。使将要灭亡的国家得以保存，使将要断绝的后代得以延续，保卫弱小，禁止强暴，却没有吞并他们的野心，这样，诸侯就会亲近。以友好平等的态度诚敬地与诸侯交往，诸侯就会悦服。之所以诸侯亲近，乃因为他没有吞并的野心，一旦吞并别人的野心显露，诸侯就会疏远；之所以诸侯

之者，以友敌也，臣之见则诸侯离矣。故明其不并之行，信其友敌之道，天下无王霸[10]主，则常胜矣。是知霸道者也。

悦服，乃因为他友好平等的态度，一旦臣服别人的野心显露，诸侯就会离散。所以，表明自己没有吞并的野心，信守友好平等的原则，若天下没有王者，那么，这样的霸者就常会取胜。这是懂得霸者之道的人。

注释

1 **强大**：当作“强道”。依上文“强大者”本欲以力胜，故“强大者不务强”本就矛盾。另，后文有“是知强道者也”，则可知“强大”应为“强道”。

2 **王命**：王者之道。荀子分治国为三个层次，王道（争民心）、霸道（争盟国）、强大（争土地），而王道的力量显然是最大的。这里荀子乃谓以王道来武装自己，凝聚德行，这样，就战无不胜了。

3 **便备用**：便，改进；备用，机械与用具。

4 **案谨募选阅材伎之士**：案，语助词；阅，接纳；材，才能；伎，同“技”。

5 **渐**：本为“浸染”，这里指加重。

6 **存亡继绝**：此语出自《论语·尧曰》：“兴灭国，继绝世，举逸民，天下之民归心焉。”古人以为灭人之国，绝人之嗣为大不义。

7 **友敌**：友好而平等。敌，匹敌，这里指平等。

8 **说**：同“悦”。

9 **见**(xiàn)：同“现”，指吞并的野心显露。

10 **霸**：衍文。

原文

闵王毁于五国[1]，桓公劫于鲁庄[2]，无它故焉，非其道而虑之以王也。彼王者不然，仁眇[3]天下，义眇天下，威眇天下。仁眇天下，故天下莫不亲也；

译文

齐湣王被五国联军摧毁，齐桓公被鲁庄公挟持，没有别的原因，他们实行的不是王道却欲以之王天下。那些真正的王者却不是这样，仁德高于天下，道义高于天下，威势高于天下。仁德高于天下，所以天下没有不亲近他的；道义高于天

义眇天下，故天下莫不贵也；威眇天下，故天下莫敢敌也。以不敌之威，辅服人之道，故不战而胜，不攻而得，甲兵不劳而天下服。是知王道者也。

知此三具[4]者，欲王而王，欲霸而霸，欲强而强矣。

下，所以天下没有不尊敬他的；威势高于天下，所以天下没有敢与他为敌的。以没有敌手的威势，再加上使人心悦诚服的道义，所以能不战而胜，不攻而得，不费一兵一甲天下就归服了。这是懂得王道的人。

知道了王者、霸者、强者各自的条件，（依此而行，）想称王就可以称王，想称霸就可以称霸，想强大就可以强大。

注释

1 **闵王毁于五国**：闵王，即齐闵王，亦称齐湣王。战国时期齐国（田齐）国君，为人好大喜功，与秦昭王并称东帝与西帝。公元前 284 年，燕国大将乐毅率领燕国、秦国、赵国、韩国、魏国五国联军攻齐，大破之，闵王出奔莒，后被楚所杀。

2 **桓公劫于鲁庄**：公元前 681 年，齐桓公与鲁庄公在柯（齐邑，位于今山东阳谷）订立盟约，庄公之臣曹沫以匕首胁迫齐桓公归还鲁国被齐国所侵占的领土汶阳之田（即汶水之北的土地），齐桓公无奈，只得许诺。

3 **眇**：高远。

4 **三具**：指王者、霸者、强者三者各自的条件。

原文

王者之人[1]：饰[2]动以礼义，听断以类，明振毫末，举措应变而不穷。夫是之谓有原。是王者之人也。

王者之制：道不过三代，法不贰后王。道过三

译文

辅佐王者的人：以礼义来端正自己的行为，用法律来决断掌管的政事，可以明察秋毫，举措随机应变而不会束手无策。这就叫把握了根本。这是辅佐王者的人。

王者的制度：治国之道不超过三

代谓之荡，法贰后王谓之不雅。衣服有制，宫室有度，人徒有数，丧祭械用皆有等宜[3]。声，则凡非雅声[4]者举废；色，则凡非旧文[5]者举息；械用，则凡非旧器者举毁[6]。夫是之谓复古[7]。是王者之制也。

代，法度不背离当代帝王。治国之道超过三代就会流于荒诞不经，法度背离当代帝王就会陷入不正。衣服有规制，宫室有标准，随从有定数，丧葬祭祀所用的器具都依等级规定。音乐，凡不是雅声的尽皆废止；颜色，凡不是正色的统统禁止；器具，凡不合旧制而资奇玩的全部销毁。这就叫作复古。这是王者的制度。

注释

1 **王者之人**：这里的"人"应该是指辅佐王者的人，而不是王者本人。因为王者本人应遵守的条件上面已经说了，这里再说辅佐王者的人应遵守的条件。

2 **饰**：通"饬"，端正。

3 **宜**：合宜。

4 **雅声**：雅正之乐。《礼记·乐记》里记载了子夏与魏文侯的一段对话，或许可以帮助我们理解为什么荀子要废止非雅正之乐。魏文侯问于子夏曰："吾端冕而听古乐，则唯恐卧；听郑卫之音，则不知倦。敢问：古乐之如彼何也？新乐之如此何也？"子夏对曰："今夫古乐，进旅退旅，和正以广。……君子于是语，于是道古，修身及家，平均天下。此古乐之发也。今夫新乐，进俯退俯，奸声以滥，溺而不止；及优侏儒，獶杂子女，不知父子。乐终不可以语，不可以道古。此新乐之发也。"雅声就是古乐，荀子欲废的正是新乐。

5 **旧文**：指青、黄、赤、白、黑五种颜色。古人将这五种颜色视为正色，而将诸如紫色、粉红色、绿色等色彩视为间色，间色易引起人们的欲望，故应废弃。《荀子·子道》篇孔子曾批评子路"盛服"而至"颜色充盈"，这与君子的德行是相左的。

6 **非旧器者举毁**：指珍奇玩物之类俱当损毁。

7 **复古**：荀子认为治国之道不应超过三代，因为三代之前无可稽考，但法度却应依据当代君王的时势而制定。在荀子看来，衣服、宫室、随从及丧葬祭祀之器用、音乐、颜色、器具等俱为治国之道，故应依三代之制，此为复古。但具体的法度却不能复古，必须适应当代君王。

原文

王者之论[1]：无德不贵，无能不官；无功不赏，无罪不罚；朝无幸位，民无幸生。尚贤使能而等位不遗，析愿[2]禁悍而刑罚不过。百姓晓然皆知夫为善于家而取赏于朝也，为不善于幽而蒙刑于显也。夫是之谓定论。是王者之论也。

译文

王者用人的原则：没有德行的人不让其尊贵，没有才能的人不使其当官；无功劳的人不奖赏，无罪过的人不惩罚；朝廷里没有（无德行才能）仅凭借幸运而得到职位的人，百姓中没有（游手好闲）唯依靠侥幸而获得生存的人。崇尚贤者，任用能人，授予与他们贤能相配的职位而没有疏漏；制裁狡诈，禁止凶暴，量刑适度而不超过其罪责。百姓都清楚地知道哪怕只在家里为善，却能在朝廷里获得奖赏；即使在暗地里为非作歹，也会在大庭广众之下受到惩罚。这是不可变易的原则。这是王者用人的原则。

注释

1 **论**：通“伦”，等级类别。这里指用人的原则。

2 **析愿**：析，当为“折”，制裁；愿，作“傆”，狡诈。

原文

王者之[1]：等赋[2]，政事[3]，财万物，所以养万民也。田野什一[4]，关市幾而不征[5]；山林泽梁[6]，以时禁发而不税。相地而

译文

王者的经济政策：依据等级收取赋税，处理好民事，管理好万物，这是养育万民必须要具备的。收取收成的十分之一的农田税，关卡集市管理稽查但不收税；山林湖泊依据时令季节关闭、开放，也不

衰政[7]，理[8]道之远近而致贡。通流财物粟米，无有滞留，使相归[9]移也。四海之内若一家，故近者不隐其能，远者不疾其劳，无幽闲[10]隐僻之国，莫不趋使而安乐之。夫是之谓人师。是王者之法也。

收税。按照土地的肥瘠不同征收赋税，区分道路的远近缴纳贡品。使财物粟米流通，不滞留积压，物资能够通过交易而互通有无。四海之内好像一家一样，所以，近处的人不隐瞒其才能，远处的人不怨恨劳苦，虽然边远偏隔的国家，也愉快安乐地赶来接受王者的驱使。这样的人就是天下的师表。这是王者奉行的经济法则。

注释

1 **王者之**："之"字后面脱落一"法"字，故本句当为"王者之法"，后文"是王者之法也"可以印证。这里的法是指具体的经济政策。

2 **等赋**：使赋税有等级，即依据等级收取赋税。

3 **政事**：政，通"正"，治理；事，指百姓的事务。

4 **什一**：按田亩征收十分之一的税。

5 **关市幾而不征**：关卡集市只管理，不收税。《孟子·梁惠王下》也说："关市讥而不征。"

6 **梁**：堤坝。

7 **衰(cuī)政**：衰，差等；政，通"征"，收税。

8 **理**：区分。

9 **归**：通"馈"。

10 **无幽闲**：无，犹"虽"，《韩诗外传》卷三第三十五章作"虽"；闲，相隔。

原文

北海[1]则有走马、吠犬焉，然而中国得而畜使之；南海则有羽翮、齿革、曾青、丹干[2]焉，然而中国得而财

译文

北方出产快马与猎犬，然而中原地区却可以得到并畜养役使它们；南方出产羽毛、象牙、犀牛皮、铜精、朱砂，然而中原地区却可以得到并利用它们；东方

之；东海则有紫、紶[3]、鱼、盐焉，然而中国得而衣食之；西海则有皮革、文旄[4]焉，然而中国得而用之。故泽人足乎木，山人足乎鱼，农夫不斫削、不陶冶而足械用，工贾不耕田而足菽粟。故虎豹为猛矣，然君子剥而用之。故天之所覆，地之所载，莫不尽其美，致[5]其用，上以饰[6]贤良，下以养百姓而乐安之。夫是之谓大神[7]。《诗》曰："天作高山，大王荒之；彼作矣，文王康之。"[8]此之谓也。

出产粗细麻布、鱼、盐，然而中原地区却可以用之制衣、食用；西方出产皮革和彩色的牦牛尾，然而中原地区却可以得到并使用它们。所以住在水边的人有足够的木材，山民有足够的鱼肉，农民不用砍削、烧制陶器也有足够的器械用具，工匠、商人不需耕田也有足够的粮食。虎豹已足够勇猛了，但君子却可剥其皮以供使用。因此上天所覆盖的，大地所承载的，没有一种不可以极尽其价值，竭尽其用途，在上可以作为贤能的人的装饰，在下可以养育百姓使其安居乐业。这就叫天下大治。《诗经》说："天造了这座山，太王开辟它。既已开辟根基，文王就在此安居建国。"说的就是这个意思。

注释

1 **北海**：这里泛指绝远之地，不必指具体的海。北海即北方边远的地区。下文的南海、东海、西海亦如是。

2 **羽翮**(hé)、**齿革**、**曾青**、**丹干**：羽翮，鸟羽；齿革，象牙与犀牛皮；曾青，又称铜精，即碳酸铜，可用于绘画；丹干，朱砂，即硫化汞。

3 **紫**、**紶**：紫，读作"絺(chī)"，细麻布；紶，当为"绤(xì)"，粗麻布。

4 **文旄**(máo)：染色的牦牛尾，旗杆上的饰物。

5 **致**：极、尽。

6 **饰**：装饰。

7 **大神**：这里指天下大治、百姓安乐的政治局面。

8 此句引文出自《诗经·周颂·天作》。此诗是周王祭祀周王朝的发祥地岐山的诗。大王，即太王，周文王的祖父古公亶(dǎn)父；荒，扩大，开辟。

原文

以类行杂，以一行万[1]，始则终，终则始，若环之无端也，舍是而天下以衰矣。天地者，生之始也；礼义者，治之始也；君子者，礼义之始也。为之，贯之，积重之，致好之者，君子之始也。故天地生君子，君子理天地。君子者，天地之参[2]也，万物之摠也，民之父母也。无君子则天地不理，礼义无统，上无君师，下无父子，夫是之谓至乱。君臣、父子、兄弟、夫妇，始则终，终则始，与天地同理，与万世同久，夫是之谓大本。故丧祭、朝聘、师旅一也[3]，贵贱、杀生、与夺一也，君君、臣臣、父父、子子、兄兄、弟弟一也，农农、士士、工工、商商一也。[4]

译文

以一贯的原理去治理复杂的情况，以统一的法则去统率变化的事态，由始而终，终而复始，就如圆环没有开端结束一样，舍弃了这个原则天下就会衰乱。天地，是生命得以滋养的根本；礼义，是国家得以治理的根本；君子，是礼义得以实现的根本。制定礼义，贯彻礼义，学习爱好礼义，完善礼义，是君子之为君子的根本。所以，天地孕育君子，君子治理天地。君子，化育天地，总揽万物，慈爱百姓。没有君子则天地不能治理，礼义无统绪，在上无君师之教，在下无父子之情，这就叫作至乱。君臣、父子、兄弟、夫妇之间的伦理原则，由始而终，终而复始，与天地有上下之分一样合理，与万世源远流长一样永恒，这就叫作最大的根本。所以，丧祭、朝聘、师旅，都是一个道理；贵与贱，生与杀，予与夺，都是一个道理；君要像君、臣要像臣、父要像父，子要像子、兄要像兄、弟要像弟，都是一个道理；农民就勤劳务农，士人就仁爱为官，工匠就精良做工，商人就诚实经商，都是一个道理。

注释

1 **以类行杂，以一行万**：类，统类。一，一贯的原则，指礼义。这两句皆表示以一定的原则贯穿于纷繁复杂的经验世界。

2 **参**:参与。

3 **丧祭、朝聘、师旅一也**:指丧祭、朝聘、师旅这些礼仪的设置其道理是一样的,就是为了使人们不任性而无礼。朝聘,朝是诸侯国君主朝见周王,聘是诸侯国之间的往来结交,彼此派遣卿大夫存问,朝见或聘问有一定仪式。

4 三个“一”分别是指,一于沮劝,即禁止或教化人的行为;一于恩义,即以恩义来协调人的关系;一于职业,即诚敬地对待各自的职业。

原文

水火有气[1]而无生,草木有生而无知,禽兽有知而无义;人有气、有生、有知,亦且有义,故最为天下贵也。力不若牛,走不若马,而牛马为用,何也?曰:人能群,彼不能群也。人何以能群?曰:分。分何以能行?曰:义。故义以分则和,和则一,一则多力,多力则强,强则胜物,故宫室可得而居也。故序四时,裁[2]万物,兼利天下,无它故焉,得之分义也。

译文

水火有气却没有生命,草木有生命却没有知觉,禽兽有知觉却无礼义;人有气息、有生命、有知觉,而且还有礼义,所以是天下最尊贵的存在。力气不如牛,奔跑不如马,但牛马却为人所用,为什么呢?回答说:人能组成社群,但牛马不能。人为什么能组成社群呢?回答说:因为等级区分。等级区分为什么能够维持、实行?回答说:因为有礼义。所以以礼义区分等级就和谐,和谐就能团结一致,团结一致就有力量,有力量就强大,强大就能战胜外物,所以就能够在宫室里安居止息。因此,顺应四时,成就万物,利益天下,没有别的原因,依据等级与礼义组成社群而已。

注释

1 **气**:中国古代思想中的一个基本哲学范畴,与“理”相对。“理”是形而上者,“气”是形而下者,是一种最基本的物质元素,相当于亚里士多德所说的“质料因”。古人认为，物质都是由“气”构成。但这里的“气”又有别于一般的空气、水蒸气这些具体的气态物质，它是物质的原始基质。

2 **裁**：犹“成”，成就。

原文

故人生不能无群，群而无分则争，争则乱，乱则离，离则弱，弱则不能胜物，故宫室不可得而居也，不可少顷舍礼义之谓也。能以事亲谓之孝，能以事兄谓之弟，能以事上谓之顺，能以使下谓之君。君者，善群也。群道当则万物皆得其宜，六畜[1]皆得其长，群生皆得其命。故养长时则六畜育，杀生[2]时则草木殖，政令时则百姓一，贤良服。

译文

所以人生在世不能没有群体，群体没有等级区分就会争斗，争斗就会混乱，混乱就会离散，离散就会削弱人的力量，人的力量弱小了就不能战胜外物，所以就不能有可供安居止息的宫室了，这意味着人片刻也不能离开礼义。能以礼义侍奉父母就叫孝，能以礼义侍奉兄长就叫悌，能以礼义侍奉君上就叫顺，能以礼义使唤臣下就叫君。所谓君，就是善于把人组成群体的人。若组成群体的道义得当，那么天地万物各得其宜，六畜都能得到生长，所有生物都能安享其天年。所以养育、生长适时，六畜就繁盛；砍伐、种植适时，草木就茂密；政令适时，百姓就会一心，贤良就会悦服。

注释

1 **六畜**：六种家畜，即猪、羊、牛、马、鸡、狗。

2 **杀生**：杀与生，即砍伐与种植。

原文

圣王之制也，草木荣华[1]滋硕之时则斧斤不入山林，不夭其生，不绝其长也；

译文

圣王的制度是，草木开花、生长、结果之时不要上山砍伐，以免生命夭折，断绝其生长；鼋鼍、鱼鳖、鳅鳣怀孕鼋鼍、鱼鳖、鳅鳣孕别[2]之时，罔罟[3]毒药不入泽，不夭其生，不绝其长也。春耕、夏耘、秋收、冬藏，四者不失时，故五谷不绝而百姓有余食也；污池、渊沼、川泽[4]，谨其时禁，故鱼鳖优多而百姓有余用也；斩伐养长不失其时，故山林不童[5]而百姓有余材也。圣王之用也，上察于天，下错[6]于地；塞备天地之间，加施万物之上；微而明，短而长，狭而广；神明博大以至约。故曰：一与一[7]，是为人者，谓之圣人。

生育之时，渔网、毒药不要投入湖泊，以免生命夭折，断绝其生长。春天耕种，夏天锄草，秋天收获，冬天储藏，这四件事不耽误时节，所以五谷就会丰收而百姓就会有吃不完的粮食；池塘、湖泊、河流严格执行一定的休渔期，所以鱼鳖就会繁多而百姓食用不完；砍伐、种植不失时节，所以山林就不会光秃而百姓就有用不完的木材。圣王的作用是，上察天时，下袭地利；精神充塞于天地之间，施诸万物之上；隐微而又显著，短暂而又悠长，狭小而又广大；神明博大而又清虚简要。所以说：以礼义统摄万物而为一，这样做的人，就叫圣人。

注释

1 **荣华**：草木茂盛，开花。

2 **鼋鼍**(yuán tuó)、**鱼鳖**、**鳅鳣**(shàn)**孕别**：鼋鼍，大鳖与扬子鳄；鳅鳣，泥鳅与鳝鱼；别，离开，这里指离开母体。

3 **罔罟**(gǔ)：渔网。

4 **污池**、**渊沼**、**川泽**：污，停积不流的水；污池，蓄水的池塘；渊，深水潭；沼，浅水塘；川，河流；泽，湖泊。

5 **童**：山丘、田地无草木。

6 **错**：通"措"。

7 **一与一**：与，即"举"；上"一"乃指"以一行万"之"一"，下"一"乃指"丧祭、朝聘、师旅一也"之"一"。

原文

序官：宰爵知宾客、祭祀、飨食、牺牲之牢数[1]，司徒[2]知百宗、城郭、立器之数，司马知师旅、甲兵、乘白[3]之数。修宪命，审诗商[4]，禁淫声，以时顺修，使夷俗邪音不敢乱雅，大师[5]之事也。修堤梁，通沟浍[6]，行水潦[7]，安水臧，以时决塞，岁虽凶败水旱，使民有所耘艾[8]，司空[9]之事也。相高下，视肥垸，序五种，省农功，谨蓄藏，以时顺修，使农夫朴力而寡能[10]，治田[11]之事也。

译文

论列官员的职责：宰爵掌管宾客、祭祀、宴饮及祭祀用的牺牲数量，司徒掌管宗族、城郭、陈设器用的数量，司马掌管军队、武器、车马及士兵的数量。制定政令，审查诗章，禁止淫邪的音乐，随时修理整顿，使夷风俗乐不敢侵犯雅正之声，这是太师的职责。修缮堤坝、桥梁，疏通田间水道，排除水涝，坚固水库，依据需要决定开放还是关闭，年岁虽然有荒灾水旱，但依然使百姓能耕种有收获，这是司空的职责。查看地势的高低，了解土地的肥瘠，依据时节播种农作物，检查农民生产，认真储藏，依据时势随时整顿，使农民用心耕作而没有才能从事其他技能，这是治田的职责。

注释

1 **宰爵知宾客、祭祀、飨食、牺牲之牢数**：宰爵，官名；知，掌管；飨食，宴饮；牺牲，祭祀用的猪、牛、羊；牢，祭祀时所用牺牲，有太牢（猪、牛、羊各一）与少牢（猪、羊各一）之别。

2 **司徒**：掌管民政的官员。

3 **司马知师旅、甲兵、乘白**：司马，掌管军队的官员；乘，四马拉一车为乘；白，通"伯"，古代军队编制单位，百人为伯。

4 **商**：通"章"，篇章。

5 **大师**：即太师，掌管乐教的官员。

6 **沟浍**(kuài)：田间水道。

7 **潦**(lǎo)：路上的积水。

8 **艾**(yì):通“刈”,收获。

9 **司空**:掌管土木工程的官员。

10 **朴力而寡能**:这是古代重农抑商思想的体现。朴力,只在农业上用力;寡能,没有其他才能。

11 **治田**:掌管农业的官员。

原文

修火宪,养山林薮泽草木鱼鳖百索[1],以时禁发,使国家足用而财物不屈,虞师[2]之事也。顺州里,定廛宅[3],养六畜,闲树艺[4],劝教化,趋[5]孝弟,以时顺修,使百姓顺命,安乐处乡,乡师[6]之事也。论百工,审时事,辨功苦[7],尚完利,便备用,使雕琢文采不敢专造于家,工师[8]之事也。

译文

制定防火的法令,养护山林、湖泊中的草木、鱼鳖及各种蔬菜,依据时令关闭或开放,使国家财物充足而不匮乏,这是虞师的职责。使州里和顺,规划商铺民居,饲养六畜,学习种植,劝导教化百姓,敦促孝悌之行,依据时势随时整顿,使百姓遵从法令,安居乡里,这是乡师的职责。评价各种工匠,检查他们的制作,辨别产品的优劣,提倡坚固耐用,改进器具以便使用,并使雕琢花纹色彩的器具不敢私自在家制造,这是工师的职责。

注释

1 **索**:通“素”,蔬菜。

2 **虞师**:掌管山泽的官员。

3 **定廛(chán)宅**:定,规定;廛宅,城邑百姓的住房。

4 **闲树艺**:闲,学习;树艺,种植。

5 **趋**:敦促。

6 **乡师**:州乡一级的地方官员,掌管当地的教化与政事。

7 **功苦**:功,器物之精良者;苦,器物之滥恶者。

8 **工师**:掌管手工业的官员。

原文

相阴阳，占祲[1]兆，钻龟陈卦[2]，主攘择五卜[3]，知其吉凶妖祥，伛巫跛击[4]之事也。修采清[5]，易道路，谨盗贼，平室律[6]，以时顺修，使宾旅安而货财通，治市[7]之事也。抃急[8]禁悍，防淫除邪，戮之以五刑[9]，使暴悍以变，奸邪不作，司寇[10]之事也。

译文

观察阴阳的变化，预测云气的吉凶，以龟甲占卜，以蓍草设卦，禳凶择吉，解征析兆，掌管吉凶妖祥的预测，这是女巫和男觋的职责。洒扫坟墓、厕所，维修道路，严禁盗贼，管理旅馆店铺，按时整治，使宾馆驿站安全且货财顺利流通，这是治市的职责。处罚奸诈禁止残暴，防止淫乱铲除邪恶，惩之以五刑，使残暴凶悍的人转变，奸诈邪恶的事不再发生，这是司寇的职责。

注释

1 **祲**(jìn)：阴阳二气相互作用所形成的一种现象，古人以此预测吉凶。

2 **钻龟陈卦**：钻龟，古代卜法，钻刺龟里甲，并以火灼，视其裂纹以断吉凶。陈卦，古代筮法，将蓍草按一定的方式计算，把得出的奇数偶数作为阴阳符号，排列成卦，以此来推断吉凶。

3 **攘择五卜**：攘，通"禳"，禳除不祥；择，选取吉事；五卜，指占卜时龟板上出现的五种龟甲裂纹，即雨兆、霁兆、蒙兆、驿兆、克兆。

4 **伛巫跛击**：巫，古代从事占卜活动的女人；击，同"觋(xí)"，古代从事占卜活动的男人。从事占卜活动的人一般是废疾之人，故称伛巫跛击。

5 **采清**：采，通"埰"，坟墓；清，作"圊(qīng)"，厕所。

6 **室律**：旅馆与店铺。律，当为"肆"，店铺。

7 **治市**：管理市场贸易的官员。

8 **抃**(biàn)**急**：当为"折愿"，制裁奸诈。

9 **五刑**：古代的五种刑罚，即墨(脸上刺字)、劓(割鼻子)、剕(断足)、宫(阉割)、大辟(砍头)。

10 **司寇**：掌管司法的官员。

原文

本政教，正法则，兼听而时稽之，度其功劳，论其庆赏，以时慎[1]修，使百吏免尽[2]而众庶不偷，冢宰[3]之事也。论礼乐，正身行，广教化，美风俗，兼覆而调一之，辟公[4]之事也。全道德，致隆高，綦文理，一天下，振毫末，使天下莫不顺比从服，天王之事也。故政事乱，则冢宰之罪也；国家失俗，则辟公之过也；天下不一，诸侯俗[5]反，则天王非其人也。

译文

以政治教化作为根本目标，修正法令规则，多方听取意见且经常考察研究，衡量功劳，评定奖赏，按时整治，使百官尽职尽责且百姓不苟且乱为，这是冢宰的职责。治国依据礼乐，端正身心行为，推广教化，使风俗变好，仁恩惠及每个人且以教化协调统一他们，这是诸侯的职责。完善道德，达到极高的境界，使礼义完备，一统天下，能使毫末之事振兴光大，天下人没有不顺从悦服的，这是天子的职责。所以，政事混乱，是冢宰的罪过；国家风俗败坏，是诸侯的罪过；天下不统一，诸侯想反叛，那是因为天子不是合适的人选。

注释

1 **慎**：当为“顺”。

2 **免尽**：尽职尽责。免，通“勉”。

3 **冢宰**：即太宰，掌管全国大事，相当于后来的宰相。

4 **辟公**：诸侯。

5 **俗**：通“欲”，想要。

原文

具具[1]而王，具具而霸，具具而存，具具而亡。用万乘之国者，威强之所以立也，名声之所以美也，

译文

具备了王者的条件就能称王，具备了霸者的条件就能称霸，具备了生存的条件就能生存，具备了灭亡的条件也一定会灭亡。治理万乘的大国，他的威强

敌人之所以屈也，国之所以安危臧否[2]也，制与[3]在此，亡乎人。王、霸、安存、危殆、灭亡，制与在我，亡乎人。夫威强未足以殆邻敌也，名声未足以县天下也，则是国未能独立也，岂渠[4]得免夫累乎！天下胁于暴国，而党[5]为吾所不欲于是者，日与桀同事同行，无害为尧，是非功名之所就也，非存亡安危之所堕[6]也。功名之所就，存亡安危之所堕，必将于愉殷[7]赤心之所。诚以其国为王者之所，亦王；以其国为危殆灭亡之所，亦危殆灭亡。

之所以树立，名声之所以美好，敌人之所以屈服，国家之所以安全繁荣，关键都在自己，而不在别人。（总而言之，）国家的王、霸、安存、危殆、灭亡，关键都在自己，而不在别人。如果威强还不足以使邻敌害怕，名声还没有远扬天下，那么，这个国家还没能做到耸立于天下，哪能够免除忧患呢！天下为强暴的国家所胁迫，倘若这不是我所愿意看到的，即使每天与夏桀这样的暴君共事，也不会妨害自己赢得尧那样的名声，但这不是成就功名的关键，也不是存亡安危之所在。成就功名的关键，造成国家存亡安危的原因，一定建立在国家强盛的时候你的诚心在哪里。如果诚心想把自己的国家建成奉行王道的场所，那么一定就可以称王；若想把自己的国家作为试验危殆灭亡的场所，那么，再强盛也一定会危殆灭亡。

注释

1 **具具**：前一个“具”是动词，具备；后一个“具”是名词，条件。前文有“知此三具者，欲王而王，欲霸而霸，欲强而强矣”。

2 **安危臧否**：偏义复词，“危”与“否”俱无义。

3 **与**：通“举”。

4 **渠**：通“讵”，岂能。

5 **党**：倘若。

6 **堕**：当为“随”。

7 **殷**：强盛。

原文

殷之日，案[1]以中立，无有所偏而为纵横之事[2]，偃然案[3]兵无动，以观夫暴国之相卒[4]也。案平政教，审节奏[5]，砥砺百姓，为是之日，而兵剸天下劲[6]矣；案然[7]修仁义，伉[8]隆高，正法则，选贤良，养百姓，为是之日，而名声剸天下之美矣。权者重之，兵者劲之，名声者美之。夫尧、舜者，一天下也，不能加毫末于是矣。

译文

国家强盛的时候，保持中立无所偏袒而去做合纵连横之事，悄然按兵不动，旁观残暴之国相互间的争斗。修明政治教化，审定礼仪制度，训练百姓，若做到这一点，兵力就是天下最强劲的；推行仁义，使政治达到极高的境界，修正法则，推选贤良，休养百姓，若做到这一点，名声就是天下最美好的。权势，使其举足轻重；军队，使其强劲有力；名声，使其美好无比。就是像尧舜这样的君主，一统天下，对此也不能增加一丝一毫了。

注释

1 **案**：语助词。下文的“案平政教”“案然修仁义”两个“案”字俱同。

2 **纵横之事**：指战国时期合纵连横的战略。合纵，战国时苏秦主张齐、楚、燕、韩、赵、魏六国结成联盟对抗秦国。由于六国在位置上成南北向，所以称“合纵”。连横，秦国为了对付“合纵”，采纳张仪的主张，与六国分别结成联盟，以便各个击破。由于秦国在六国的西面，东西联合，所以称“连横”。

3 **案**：通“按”。

4 **卒**：通“捽(zuó)”，冲突。

5 **节奏**：礼仪制度。

6 **剸天下劲**：剸，同“专”；“劲”之前脱落一“之”字。

7 **然**：衍文。

8 **伉**：至于极点。

原文

权谋倾覆之人退，则贤良知圣之士案自进矣；刑政平，百姓和，国俗节，则兵劲城固，敌国案自诎矣；务本事[1]，积财物，而勿忘栖迟薛越[2]也，是使群臣百姓皆以制度行，则财物积，国家案自富矣。三者体此[3]而天下服，暴国之君案自不能用其兵矣。何则？彼无与至也。彼其所与至者，必其民也；其民之亲我也欢若父母，好我芳若芝兰；反顾其上则若灼黥[4]，若仇雠。彼人之情性也虽桀、跖，岂有肯为其所恶贼其所好者哉！彼以[5]夺矣。故古之人有以一国取天下者，非往行之也，修政其所莫不愿，如是而可以诛暴禁悍矣。故周公南征而北国怨，曰："何独不来也？"东征而西国怨，曰："何独后我也？"[6]孰能有与是斗者与？安以其国为是者王。

译文

玩弄权术诡计、陷害倾轧的人废黜了，那么贤能善良、明智圣哲的人自然就会到来；刑罚政令公正，百姓和睦，国家风俗节俭，那么军队就有战斗力，城池就会坚固，敌国自然就退却了；致力于农业，积储财物，不要随便糟蹋浪费，使群臣百姓都能依据制度办事，财物积累了，国家就自然富裕了。三者都能做到，天下就自然悦服，喜欢暴力的君主自然就不能动用武力了。为什么呢？因为没有人跟他一起动用武力了。他之所以能动用武力，靠的是他的百姓，（现在）他的百姓亲近我就像亲近他的父母一样，喜欢我就像喜欢芝兰的芳香一样；反过来看看自己的君主就像受了墨刑的人一样可怕，就像仇人一样可恨。人的性情即使犹如夏桀、盗跖，但又哪里会为他所痛恨的人去残害他所喜欢的人呢！他的百姓已经被争取过来了。所以，古人有以一国取得天下的，但并非凭借武力，修明政治使得天下人没有不羡慕而欲归附的，这样就可以诛灭强暴禁止凶悍了。因此周公南征时北边的国家埋怨，说："为什么不到我这里来？"东征时西边的国家埋怨，说："为什么偏偏把我放在后面？"谁还能与周公这样的人争斗呢？把自己的国家治理成这样就自然是天下的王了。

注释

1 **本事**：指农业。古代以农耕为根本。《史记·货殖列传》："今治生不待危身取给，则贤人勉焉。是故本富为上，末富次之，奸富最下。"本富指农业，末富指工商业，奸富指违法致富。

2 **勿忘栖迟薛越**：忘，通"妄"；栖迟，遗弃；薛越，即"屑越"，散乱。

3 **三者体此**：三者都力行做到。体，力行。

4 **灼黥**：墨刑。灼，以刑器灼烧后烙犯人面额而留印记；黥，以墨涂于印记之上。

5 **以**：同"已"。

6 《尚书·商书·仲虺(huǐ)之诰》记载周公征伐时的情景："初征自葛，东征，西夷怨；南征，北狄怨，曰：'奚独后予？'"与这里所说的意思相同。

原文

殷之日，安以静兵息民，慈爱百姓，辟田野，实仓廪，便备用，安谨募选阅材伎之士，然后渐赏庆以先之，严刑罚以防之，择士之知事者使相率贯也，是以厌然畜积[1]修饰而物用之足也。兵革器械者，彼将日日暴露毁折之中原，我今将修饰之，拊循[2]之，掩盖之于府库；货财粟米者，彼将日日栖迟薛越之中野，我今将畜积并聚之于仓廪；材技股肱[3]、健勇爪牙之士，彼将日

译文

国家强盛的时候，停止战争，与民休养生息，慈爱百姓，开垦农田，充实仓库，改进器具，谨慎地招募、选取、接纳有才能和技巧的人，然后加重赏赐来引导他们，严苛刑罚来防止他们，选择其中通达事理的人来统率他们，这样他们就可以安心地蓄积财物、改良器具，而国家的财物器用也就充足了。武器装备之类，别的国家日日把它们丢弃、损毁在荒野之外，我们则修理、擦拭、保养于府库之中；财物粮食之类，别的国家日日浪费散落在田野之外，我们则蓄积储存在仓库之中；有才能、技艺的大臣和健壮勇敢的武士，别的国家日日让他

日挫顿竭之于仇敌，我今将来致之、并阅之、砥砺之于朝廷。如是，则彼日积敝，我日积完；彼日积贫，我日积富；彼日积劳，我日积佚。君臣上下之间者，彼将厉厉焉日日相离疾[4]也，我今将顿顿[5]焉日日相亲爱也，以是待其敝。安以其国为是者霸。

们在仇敌中遭受挫折、困顿，耗散他们的生命，我们则招揽他们，接纳他们，在朝廷里锻炼他们。这样，别的国家就会一天天衰败，我们就会一天天完好；别的国家一天天贫穷，我们就一天天富有；别的国家一天天疲劳，我们就一天天安逸。至于君臣上下之间，别的国家会一天天仇怨疏远，我们则一天天笃厚相爱，以此来等待它们的衰败。把国家治理成这样的君主就可以称霸。

注释

1 **厌然畜积**：厌然，安然；畜积，蓄积。

2 **拊(fǔ)循**：抚摸，擦拭，保养。

3 **股肱**：大腿和胳膊。这里指得力的大臣。

4 **厉厉焉日日相离疾**：厉厉，仇视的样子；离疾，疏远。

5 **顿顿**：诚恳笃厚的样子。顿，通“敦”。

原文

立身则从佣俗[1]，事行则遵佣故，进退贵贱则举佣士，之所以接下之人百姓者则庸宽惠，如是者则安存。立身则轻楛[2]，事行则蠲疑[3]，进退贵贱则举佞侻[4]，之所以接下之人百姓者则好取侵夺，如是者危殆。立身则憍暴，事行则倾覆，进退贵贱则举幽险诈故，

译文

做人随顺日常风俗，做事遵循既成惯例，举贤授能则喜欢庸常之人，对待下属、百姓可以做到宽容恩惠，这样的君主就能生存。做人轻佻恶劣，做事迟疑不决，举贤授能喜欢能说会道的小人，对待下属、百姓则巧取豪夺，这样的君主就会危险。做人骄横残暴，做事倾轧陷害，举贤授能喜欢阴险奸诈的人，对待下属、百姓

之所以接下之人百姓者，则好用其死力矣，而慢其功劳，好用其籍敛[5]矣，而忘其本务，如是者灭亡。此五等者，不可不善择也，王、霸、安存、危殆、灭亡之具也。善择者制人，不善择者人制之；善择之者王，不善择之者亡。夫王者之与亡者、制人之与人制之也，是其为相县也亦远矣。

则尽力让他们卖命而抹杀他们的功劳，只注重搜刮他们而不顾及他们的本务，这样的君主就会灭亡。这五种情况，不能不好好抉择，这是称王、称霸、安存、危险、灭亡的条件。善于抉择就可以制服别人，不善于抉择就会被别人制服；善于抉择就可以称王，不善于抉择就会灭亡。称王与灭亡之间，制服人与受制于人之间，两者的悬殊也太远了。

注释

1 **佣俗**:平常。

2 **轻楛**:轻，轻佻；楛，本指器物粗劣，这里指人的品德恶劣。

3 **蠲(juān)疑**:迟疑。

4 **佞倪**:倪，通“锐”。能说会道、口齿伶俐的小人。

5 **籍敛**:征税。

富国

导读

本篇中荀子提出了一系列使国家富足的措施。大致说来,可分为三类,即伦理上的,政治上的与经济上的。在伦理上,荀子提出“明分使群”的思想,这是国家富足的根本保证。人类社会若不能合群,就没有力量;但若群体中没有名分的差别,就会混乱而不能得到善治。所以,“明分使群”是国家富足最重要的伦理保障,这必须是在先的。在政治上,荀子提出了“裕民以政”“尚贤使能”“严明赏罚”等措施。在此,荀子批评了墨子纯以节用来解决物资不足的思想,主张仁政爱民,认为能做到上得天时、下得地利、中得人和,国家就自然富足了。同时,荀子强调,爱民并不是短期地讨好百姓,给予他们眼前的利益,而是要教民,且减轻刑罚与赋税。在经济上,荀子提出“强本抑末”“节流开源”的思想,以此调整生产、消费的合理结构,保证经济发展的良性运行。总之,荀子认为使国家富强不纯粹是一个经济发展的问题,更主要的是一个伦理政治问题。因此,他特别强调社会的伦理秩序及君主的德性修养,认为一个国家的治乱好坏、强弱贫富、存亡安危都在于此,而不在于经济的强大。由此篇可见先秦儒学关于富国之根本立场。

原文

万物同宇而异体,无宜而有用为人[1],数也。人伦并处,同求而异道,同欲而异知,生[2]也。皆

译文

万物同生于自然界但形体不同,用途各异但总适用于人,这是自然规律。人类共处,有相同的需求但每个人满足需求的方法不一样,有相同的欲望但每个人满足

有可也[3],知愚同;所可异也,知愚分。埶同[4]而知异,行私而无祸,纵欲而不穷,则民心奋而不可说[5]也。如是,则知者未得治也,知者未得治则功名未成也,功名未成则群众未县也,群众未县则君臣未立也。无君以制臣,无上以制下,天下害生纵欲。欲恶同物,欲多而物寡,寡则必争矣。故百技所成,所以养一人也。而能不能兼技,人不能兼官,离居不相待则穷,群而无分则争。穷者患也,争者祸也,救患除祸,则莫若明分使群矣。强胁弱也,知惧愚也,民下违上,少陵长,不以德为政,如是,则老弱有失养之忧,而壮者有分争之祸矣。事业[6]所恶也,功利所好也,职业无分,如是,则人有树事之患,而有争功之祸矣。男女之合、夫

欲望的智慧也不一样,这是人的本性。都追求尽欲遂意,聪明的与愚蠢的是一样的;尽欲遂意的方法不同,这是聪明与愚蠢的区别所在。若人的地位相同而智慧不同,谋私又无祸患,纵欲而不限制,那么民心就会奋争而不能悦服。这样,智慧的人就没有治理国家的机会,智慧的人没有治理国家的机会功名就不能成就,功名不能成就群众之间就不能有等级差别,群众之间不能有等级差别君臣的名分就不能确立。没有君主制服臣子,没有上级制服下民,天下就会残害生命放纵欲望。(人们大多)喜好与厌恶相同的事物,喜爱的人多而财物少,就必然引起争斗。所以,需要各行各业的产品用来养活一个人。但人不可能兼有多种技能,也不可能身兼数职,如果离群索居而不依靠别人就会穷困,群居而没有等级之分就会纷争。穷困是忧患,纷争则是灾祸,拯救忧患去除灾祸的方法,无非就是确立名分使人群居罢了。强大的胁迫弱小的,智慧的恐吓愚蠢的,下民违抗长官,年轻的欺凌年长的,不以仁德来治理国家,这样,老弱就会有无人赡养的忧患,而年壮的人也会有纷争的灾祸。劳役是每个人所厌恶的,功利是每个人所喜好的,如果职业没有分工,这样,人们就有难以成就事业的忧患,且有争夺功利的灾

妇之分，婚姻娉内送逆[7]无礼，如是，则人有失合之忧，而有争色之祸矣。故知者为之分也。

祸。男女的结合，夫妇的名分，若婚姻、聘纳、嫁娶不合礼义，这样，人们就会有丧失配偶的忧患，而有争夺美色的灾祸。所以，智者为此而确立了名分。

注释

1 **为人**：相当于“于人”。

2 **生**：同“性”，本性。

3 **皆有可也**：都追求尽欲遂意。下文“所可异也”意为尽欲遂意的方法不同。

4 **埶同**：地位相同。

5 **说**：通“悦”，悦服。

6 **事业**：指劳役之事。后文“树事”指成就事业。

7 **婚姻娉内送逆**：婚姻，妇之父为婚，婿之父为姻。娉内，娉，通“聘”，问名；内，“纳”的古字，纳币，即送彩礼。送逆，送与迎。

原文

足国之道：节用裕民而善臧[1]其余。节用以礼，裕民以政。彼裕民，故多余[2]，裕民则民富，民富则田肥以易[3]，田肥以易则出实百倍。上以法取焉，而下以礼节用之，余若丘山，不时焚烧，无所臧之，夫君子奚患乎无余？故知节用裕民，则必有仁义圣良之名，而且有富厚丘山之积矣。此无它故焉，

译文

富国的途径是：节约费用，富裕百姓，且妥善储藏多余的财物。依据礼制节约费用，制定政策富裕百姓。费用节约了，财物就有剩余；实行了富民的政策，百姓就会富裕；百姓富裕了，田地就会肥沃且得到治理；田地肥沃且得到了治理，产量就会增加百倍。君主依法收税，下民依礼制节约用度，那么，财物会累积得像山丘一样，即使时常焚烧，也没有地方储存，君子还有必要担心没有余粮吗？所以，知道节用富民，就不但会有仁义圣良的名声，而且还会有堆积如山的财物。这没有别

生于节用裕民也。不知节用裕民则民贫,民贫则田瘠以秽,田瘠以秽则出实不半。上虽好取侵夺,犹将寡获也,而或以无[4]礼节用之,则必有贪利纠譑[5]之名,而且有空虚穷乏之实矣。此无它故焉,不知节用裕民也。《康诰》曰:“弘覆乎天,若德,裕乃身。”[6]此之谓也。

的原因,因为懂得节用富民罢了。不知道节用富民,百姓就会贫穷,百姓贫穷就会使田地贫瘠荒芜,田地贫瘠荒芜就会使产量减少一半。君主虽然热衷于索取掠夺,但依然所获甚少,如果又不以礼制节约用度,那么必定会有贪婪搜刮的名声,而且会造成仓库空虚国力困乏的结果。这没有别的原因,不懂得节用富民罢了。《康诰》说:“宽广得像天覆庇万物一样,又顺从德行,那么你自己也会富裕。”说的就是这个道理。

注释

1 **臧**:“藏”的古字。

2 **彼裕民,故多余**:依据文意,本句应为“节用故多余”,以与“裕民则民富”相应。

3 **易**:治理。

4 **以无**:当为“无以”。

5 **纠譑**(jiǎo):纠,收;譑,通“挢”,取。

6 此句引自《尚书·周书·康诰》,原文少一“覆”字。若,顺;裕,本指“德润身”,这里指富裕;乃,你。这句话的意思相当于《论语》:“百姓足,君孰与不足? 百姓不足,君孰与足?”

原文

礼者,贵贱有等,长幼有差,贫富轻重皆有称[1]者也。故天子袾裷衣冕[2],诸侯玄[3]裷衣冕,大夫裨[4]冕,

译文

所谓礼,就是贵贱有等级,长幼有差别,贫富尊卑都有各自相应的规定。所以,天子穿红色礼服戴礼帽,诸侯穿黑色礼服戴礼帽,大夫穿裨衣戴礼帽,士人戴

士皮弁服[5]。德必称位，位必称禄，禄必称用。由士以上则必以礼乐节之，众庶百姓则必以法数制之。量地而立国，计利而畜民，度人力而授事；使民必胜事，事必出利，利足以生民，皆使衣食百用出入相掩，必时臧余，谓之称数。故自天子通于庶人，事无大小多少，由是推之。故[6]曰：朝无幸位，民无幸生。此之谓也。轻田野之税，平[7]关市之征，省商贾之数，罕兴力役，无夺农时，如是，则国富矣。夫是之谓以政裕民。

鹿皮白帽穿便服。德行必须与职位相称，职位必须与俸禄相称，俸禄必须与能力相称。从士以上必须以礼乐来节制，普通民众必须以法律去制约。丈量土地才去分封建国，计算收益才去蓄养人民，推算人的能力才去安排做事；使百姓一定胜任自己的事情，事情必然产生利益，利益又足以生养百姓，使衣食及各种用度收支平衡，要及时储藏多余的财物，这就叫合乎法度。因此，自天子以至于庶人，无论事情大小、多少，都依此类推。古书上说：朝廷没有依靠幸运而得到位置的臣子，民间也没有依靠运气而苟活的百姓。说的就是这个道理。减轻田亩的赋税，免除关卡集市的税收，减少商人的数量，少兴徭役，不要侵占农时，这样，国家就富裕了。这就叫以政策使民富裕。

注释

1 **轻重皆有称**(chèn)：轻重，尊卑；称，相称。

2 **袾**(zhū)**裷衣冕**：袾，赤色。裷，同“衮(gǔn)”，画龙的礼服。冕，礼帽。

3 **玄**：黑色。

4 **裨**(pí)：地位较低的礼服，诸侯以下的臣子穿。

5 **皮弁**(biàn)**服**：皮弁，用白鹿皮做的帽子；服，便服。

6 **故**：古书。

7 **平**：整治，这里指免除。

原文

人之生，不能无群，群而无分则争，争则乱，乱则穷矣。故无分者，人之大害也；有分者，天下之本利也；而人君者，所以管分之枢要也。故美之者，是美天下之本也；安之者，是安天下之本也；贵之者，是贵天下之本也。古者先王分割而等异之也，故使或美或恶，或厚或薄，或佚或乐，或劬或劳，非特以为淫泰夸丽之声，将以明仁之文，通仁之顺也。[1] 故为之雕琢、刻镂、黼黻、文章，使足以辨贵贱而已，不求其观；为之钟鼓、管磬[2]、琴瑟、竽笙，使足以辨吉凶、合欢定和而已，不求其余；为之宫室台榭[3]，使足以避燥湿、养德辨轻重而已，不求其外。《诗》曰："雕琢其章，金玉其相。亹亹我王，纲纪四方。"[4] 此之谓也。

译文

人生在世，不能没有群体，有群体没有名分等级就会有争斗，有争斗就会有动乱，有动乱就会穷困。所以，没有名分等级，是人生的大害；有名分等级，是天下的根本利益所在；君主，是掌管名分等级的关键。所以，赞美君主，是赞美天下的根本；维护君主，是维护天下的根本；尊重君主，是尊重天下的根本。古代君王以等级名分来区分群体中的人，使得他们有的人有美名有的人有恶名，有的人尊贵有的人卑贱，有的人安逸、快乐，有的人劳累、辛苦，并不是要故意制造奢侈、骄恣、华丽的名声，而是为了明确仁义制度，贯彻仁义的秩序。所以雕刻器物，装饰礼服，只是使其足以辨别贵贱而已，并不是追求美丽的外观；制作钟鼓、管磬、琴瑟、竽笙等乐器，只是使其足以分辨吉凶，使人们欢快、和谐而已，并不追求享乐；建筑宫室台榭，只是使其避免日晒雨淋、修养德性、分辨尊卑而已，并不追求华丽。《诗经》说："言行雕琢成文章，品质如金玉。勤勉的文王，治理着四方。"说的就是这个道理。

注释

1 **或佚或乐，或劬或劳**：当为“或佚乐或劬劳”，以与“或美或恶，或厚或薄”对称。

2 **磬**(qìng)：古代打击乐器，用玉、石、金属制成。

3 **台榭**：土筑的高地为台，在台上建木构的房子称榭。

4 此句引自《诗经·大雅·棫(yù)朴》，文字与原诗略有出入。棫朴，一种丛生的树木。本诗歌颂周文王祭祀以后征伐诸侯。亹(wěi)亹，勤勉的样子。

原文

若夫重色而衣之，重味而食之，重财物而制之，合天下而君之，非特以为淫泰也，固以为王天下[1]、治万变、材万物、养万民、兼制[2]天下者，为莫若仁人之善也夫！故其知虑足以治之，其仁厚足以安之，其德音足以化之，得之则治，失之则乱。百姓诚赖其知也，故相率而为之劳苦以务佚之，以养其知也；诚美其厚也，故为之出死断亡以覆救之，以养其厚也；诚美其德也，故为之雕琢、刻镂、黼黻、文章以藩饰之，以养其德也。故仁人在上，百姓贵之如帝，亲之如父

译文

至于让君主穿着色彩华丽的衣服，吃着美味佳肴，有大量财物供其使用，统一天下交给他统治，并非是要故意这样骄奢，只是因为统治天下、处理各种事务、使用万物、养育万民、利益天下，没有比仁人更好的了！所以，他的智慧足以治理天下，他的仁厚足以安定天下，他的道德声望足以感化天下，得到他天下就会太平，失去他天下就会大乱。百姓确实依赖他的智慧，所以争先恐后地劳苦而务必使他安逸，以护养其智慧；百姓诚心赞美他的仁厚，所以出生入死地保护他，以护养他的仁厚；百姓诚心赞美他的德行，所以雕刻各种图案于器物，装饰多彩花纹于衣服，由此来护养他的德行。因此，仁人在君位上，百姓就像尊重上帝一样尊重他，就像亲近父母一样亲近他，为他出生入死也

母，为之出死断亡而愉者，无它故焉，其所是焉诚美，其所得焉诚大，其所利焉诚多。[3]《诗》曰："我任我辇，我车我牛，我行既集，盖云归哉！"[4]此之谓也。

高兴，没有别的原因，因为他所肯定的确实好，他所取得的成就确实大，他所带来的好处确实多。《诗经》说："我挑担拉车，我驾车牵牛，我的任务已经完成，现在可以回家了！"说的就是这个道理。

注释

1 **王天下**：当为"一天下"。

2 **兼制**：当为"兼利"。

3 "诚美""诚大""诚多"后《群书治要》多一"也"字，有"也"字，语气缓和延长，似更佳。

4 此句引自《诗经·小雅·黍苗》。此诗歌颂了召伯率领士兵平定淮夷之乱的功劳，诗人尤其感戴其对士兵的关心。任，担荷；辇，人拉的车，这里指拉车；集，完成。

原文

故曰："君子以德，小人以力。力者，德之役也。"百姓之力，待之而后功；百姓之群，待之而后和；百姓之财，待之而后聚；百姓之埶，待之而后安；百姓之寿，待之而后长。父子不得不亲，兄弟不得不顺，男女不得不欢，少者以长，老者以养。故曰："天地生之，圣人成

译文

所以说："君子依靠德行，小人依靠力气。力气，是受德行役使的。"百姓的力量，依赖君子的道德教化才有功效；百姓的群体，依赖君子的道德教化才能和睦；百姓的钱财，依赖君子的道德教化才能聚集；百姓的地位，依赖君子的道德教化才能安定；百姓的寿命，依赖君子的道德教化才能长久。父子之间若不得君子的道德教化就不亲近，兄弟之间若不得君子的道德教化就不和顺，夫妇之间若不得君子的道德教化就不合欢，少者因之而得以成长，老者因之而

之。”此之谓也。今之世而不然：厚刀布[1]之敛以夺之财，重田野之税以夺之食，苛关市之征以难其事。不然而已矣，有掎挈伺诈[2]，权谋倾覆，以相颠倒，以靡敝之，百姓晓然皆知其污漫暴乱而将大危亡也。是以臣或弑其君，下或杀其上，粥[3]其城，倍[4]其节而不死其事者，无它故焉，人主自取之。《诗》曰：“无言不雠，无德不报。”[5]此之谓也。

得以赡养。所以说：“天地生育了他们，圣人成就了他们。”说的就是这个道理。当今之世却不是这样：加重财物的征敛以夺取百姓的财富，加重田亩的赋税以掠夺百姓的粮食，加重关卡集市的税收使交易难以为继。不仅如此，又百般挑剔伺机诬害，玩弄权术倾轧陷害，颠倒是非，败坏世道，百姓清楚地知道他们的污秽残暴将导致极大的危险与灭亡。于是，有的臣子杀死其君主，有的下级杀死他的上级，有的人出卖城池，违背气节而不为君主卖命，没有别的原因，君主咎由自取罢了。《诗经》说：“没有言语是得不到回应的，没有德行是得不到报答的。”说的就是这个道理。

注释

1 **刀布**：古代钱币，这里指钱财。

2 **有掎(jǐ)挈伺诈**：抓住对方的弱点，伺机诬害。有，同“又”。

3 **粥**：同“鬻”，出卖。

4 **倍**：通“背”，背叛。

5 此句引自《诗经·大雅·抑》。雠，回应。

原文

兼足天下之道在明分。掩地表亩[1]，刺中[2]殖谷，多粪肥田，是农夫众庶之事也。守时力民，进事长功，和齐百姓，使人不偷，

译文

使天下普遍富裕的方法是明确各自的职分。翻耕田地，划分界限，铲除杂草，种植谷物，多施粪使田地肥沃，这是农夫百姓的事。遵守农时，使农民努力种田，促进生产，增加效益，协调和睦百

是将率[3]之事也。高者不旱，下者不水，寒暑和节而五谷以时孰[4]，是天下[5]之事也。若夫兼而覆之，兼而爱之，兼而制之，岁虽凶败水旱，使百姓无冻馁之患，则是圣君贤相之事也。

姓，使他们不苟且偷生，这是将帅的事。高的地方不干旱，低的地方不水涝，寒暑交替合乎时节，五谷按时皆能成熟，这是天地的事。至于普遍地庇护百姓，普遍地爱护百姓，普遍地管理百姓，年岁即使饥荒旱涝，百姓也没有受冻挨饿的痛苦，这乃是圣君贤相的事。

注释

1 **掩地表亩**：掩地，使植被掩盖土地，这里指开垦耕种；表亩，立标记划分界限，使不相侵犯。

2 **屮**(cǎo)："草"的古字。

3 **将率**：古时将帅无战事时即是地方长官，主管州县行政。率，同"帅"。

4 **孰**："熟"的古字。

5 **天下**：当为"天地"。因这一句话涉及天时、地利问题。

原文

墨子之言[1]，昭昭然[2]为天下忧不足。夫不足，非天下之公患也，特墨子之私忧过计也。今是土之生五谷也，人善治之则亩数盆[3]，一岁而再获之，然后瓜、桃、枣、李一本数以盆鼓[4]，然后荤菜百疏以泽量[5]，然后六畜禽兽一而剸车[6]，鼋鼍、鱼鳖、鳅鳣以时别，一而成群[7]，然后飞鸟凫雁[8]若烟

译文

墨子的言论，惶恐不安地为天下人忧虑物资不足。物资不足，并不是天下人的祸患，不过是墨子个人过度担心罢了。现在这些土地可以生长五谷，只要人善于治理，一亩土地可以生产数盆粮食，一年可以收获两次；此外还有瓜、桃、枣、李，一棵树的产量也得用盆、鼓来计算；此外还有荤菜百蔬，漫山遍野；还有六畜禽兽，肥大得一只装满一车；还有鼋鼍、鱼鳖、鳅鳣按时生育，一只能变成一群；还有野鸭、大

海，然后昆虫万物生其间，可以相食养者不可胜数也。夫天地之生万物也，固有余足以食人矣；麻葛、茧丝、鸟兽之羽毛齿革也，固有余足以衣人矣。夫有余不足[9]，非天下之公患也，特墨子之私忧过计也。

雁，多得浩若烟海；还有万物生长于天地之间，可以供人食用生养的东西不可胜数。天地之间生长的万物，本来就有余，足以供人食用；麻葛、茧丝、鸟兽的羽毛、牙齿、皮革，本来就有余，足以供人穿衣。物资不足，并不是天下人的祸患，不过是墨子个人过度担心罢了。

注释

1 **墨子之言**:《墨子·七患》把"畜种菽粟不足以食之"当作一种大患。

2 **昭昭然**:忧惧不安的样子。

3 **盆**:古代的一种量器，一盆合十二斗八升。

4 **然后瓜、桃、枣、李一本数以盆鼓**:然后，表示接着某种情况之后；一本，草木等植物的一株；数，计算；鼓，古量器名，容量大小说法不一。

5 **荤菜百疏以泽量**:荤菜，有辛臭气味的蔬菜，如葱、蒜、韭、姜之类；疏，通"蔬"；泽量，以池泽计量，形容极多，漫山遍野。

6 **一而剸车**:一只家畜要占一辆车。

7 **一而成群**:一只能变成一群。

8 **凫雁**:野鸭与大雁。

9 **夫有余不足**:当为"夫不足"。

原文

天下之公患，乱伤之也。胡不尝试相与求乱之者谁也？我以墨子之"非乐"也则使天下乱，墨子之"节用"也则使天下

译文

天下共同的祸患，是败坏礼义而使社会混乱造成的。为什么不尝试着共同探究一下谁造成了这种混乱呢？我认为是墨子的"非乐"使天下混乱，墨子的"节用"使天下贫穷，这并非故意诋毁他，是

贫，非将堕[1]之也，说不免焉[2]。墨子大有天下，小有一国，将蹙然衣粗食恶[3]，忧戚而非乐。若是则瘠，瘠则不足欲，不足欲则赏不行。墨子大有天下，小有一国，将少人徒，省官职，上功劳苦[4]，与百姓均事业、齐功劳。若是则不威，不威则罚不行。赏不行，则贤者不可得而进也；罚不行，则不肖者不可得而退也。贤者不可得而进也，不肖者不可得而退也，则能不能不可得而官也。若是，则万物失宜，事变失应，上失天时，下失地利，中失人和，天下敖然[5]，若烧若焦。墨子虽为之衣褐带索，嚽[6]菽饮水，恶能足之乎？既以[7]伐其本，竭其原[8]，而焦天下矣。

他的学说本身有这种弊端。如果让墨子大到治理天下，小到君临一国，他将忧心忡忡地穿着粗布衣服，吃着粗劣的饭食，愁苦不安地反对音乐。如果这样，人的生活待遇就太菲薄，过于菲薄就没有足够的欲望，没有足够的欲望庆赏就不能实行。如果让墨子大到治理天下，小到君临一国，他将会减少仆人，削减官职，崇尚劳苦，与百姓做同样的事情，建一样的功业。如果这样，君主就不会有威严，没有威严惩罚就无法实行。庆赏不能实行，贤能的人就不能得到任用；惩罚无法实行，不贤能的人就不能被斥退。贤能的人得不到任用，不贤能的人不能被斥退，则贤能的人与不贤能的人就不可能得到各自相应的官职。如果这样，万物就会失调，事情发生变化而得不到相应的处理，在上失去天时，在下失去地利，中间失去人和，天下备受煎熬，就像被烧焦一样。墨子虽然自己穿粗布衣服，以绳索为衣带，吃豆类物，喝清水，又怎么能使天下富足呢？既然已破坏了根本，断绝了源头，那么天下的财物就枯竭了。

注释

1 **堕**：诋毁。

2 **说不免焉**：墨子的学说本身即有这种局限。墨子不满儒家最主要的地方在于其礼乐、厚葬等学说，他以为这样太奢侈浪费，致使财用不足。

3 **蹙(cù)然衣粗食恶**：蹙然，不安的样子。《墨子·节用中》说："古者圣王制为饮食之法，曰：'足以充虚继气，强股肱，耳目聪明，则止。不极五味之调、芬香之和，不致远国珍怪异物。'……古者圣王制为衣服之法，曰：'冬服绀緅之衣，轻且暖；夏服絺绤之衣，轻且清，则止。'"

4 **上功劳苦**：上，通"尚"；功，衍文。本句为"尚劳苦"。

5 **敖然**：受煎熬的样子。敖，通"熬"。

6 **啜(chuò)**：同"啜"。

7 **以**：通"已"。

8 **原**："源"的古字。

原文

故先王圣人为之不然。知夫为人主上者不美不饰之不足以一民也，不富不厚之不足以管下也，不威不强之不足以禁暴胜悍也。故必将撞大钟、击鸣鼓、吹笙竽、弹琴瑟以塞[1]其耳，必将錭[2]琢、刻镂、黼黻、文章以塞其目，必将刍豢稻粱、五味芬芳以塞其口，然后众人徒、备官职、渐庆赏、严刑罚以戒其心，使天下生民之属，皆知己之所愿欲之举在是于[3]也，故其赏行；皆知己之所畏恐之举在是于也，故其罚威。赏行罚威，

译文

所以，古代的君王和圣人就不这样做。因为他们知道作为君主的人若不华美、修饰就不足以统一民心，财物不富裕、厚实就不足以包容臣民，不威严、强大就不足以禁止残暴，战胜凶悍。因此，一定要有钟鼓、笙竽、琴瑟之声来满足他的听觉，一定要有雕琢的图案、美丽的服饰来满足他的视觉，一定要有肉类食物、五味芳香来满足他的味觉，此外还要增加众多的随从、设立官职、加重庆赏、严苛刑罚，以便警戒人心，使得天下的百姓都知道自己所希望的全在君王那里，于是奖赏就能够实行了；都知道自己所畏惧的全部都在君王那里，于是君王的惩罚就有威力了。奖赏能够实行，惩罚有威力，贤能的人就能得

则贤者可得而进也，不肖者可得而退也，能不能可得而官也。若是，则万物得宜，事变得应，上得天时，下得地利，中得人和，则财货浑浑[4]如泉源，汸汸[5]如河海，暴暴[6]如丘山，不时焚烧，无所臧之，夫天下何患乎不足也？

到任用，不贤能的人就会被斥退，于是贤能的人与不贤能的人就可以得到各自相应的官职。如果这样，万物就各得其宜，事情发生变化会得到相应的处理，在上得天时，在下得地利，中间得人和，财货滚滚如泉源之流，滂滂如河海之水，高高如丘山之石，即使不时焚烧，也没有地方储藏，天下还会忧虑财物不足吗？

注释

1 **塞**：满足。

2 **錭**：同“雕”。

3 **是于**：相当于“于是”。

4 **浑浑**：犹如“滚滚”。

5 **汸(pāng)汸**：汸，同“滂”，水流很大的样子。

6 **暴暴**：突起的样子。

原文

故儒术诚行，则天下大[1]而富，使而功，撞钟击鼓而和。《诗》曰：“钟鼓喤喤，管磬玱玱，降福穰穰。降福简简，威仪反反。既醉既饱，福禄来反。”[2]此之谓也。故墨术诚行，则天下尚俭而弥贫，非斗而日争，劳苦顿萃[3]而愈

译文

所以如果儒家的学说确实能够实行，那么天下就会太平富裕，役使百姓就会有功效，撞钟击鼓，一片祥和。《诗经》说：“钟鼓声喤喤，管磬乐悠悠，福禄从天降。神灵降下大吉祥，礼仪严肃又安详。酒醉饭已饱，福禄来归万年长。”说的就是这个道理。所以，如果墨子的学说被真正实行，那么天下就会崇尚节俭而愈加贫困，反对争斗却天天在争斗，劳苦困

无功，愀然忧戚非乐而日不和。《诗》曰：“天方荐瘥，丧乱弘多。民言无嘉，憯莫惩嗟。”[4]此之谓也。

顿憔悴且愈加没有功效，忧愁悲苦地反对音乐却日日不和。《诗经》说：“上天连降灾难，丧乱随处可见。百姓并无好言语，你却仍不知改悔。”说的就是这个道理。

注释

1 **大**(tài)：通“泰”，安泰。

2 此句引自《诗经·周颂·执竞》。此诗歌颂武、成、康三王的功德。喤(huáng)喤，钟鼓声洪亮；玱(qiāng)玱，清越声；穰(ráng)穰，五谷满仓，这里指丰盛；简简，盛大的样子；反反，威仪慎重而和善，反，同“返”。

3 **萃**：通“悴”，憔悴。

4 此句引自《诗经·小雅·节南山》。此诗痛斥权臣尹氏专权误国，表达了作者强烈的忧国忧民之情。荐瘥(cuó)，多次降临灾难；憯(cǎn)，曾，竟然。

原文

垂[1]事养民，拊循之，唲呕[2]之，冬日则为之饘粥[3]，夏日则与之瓜麮[4]，以偷取少顷之誉焉，是偷道也；可以少顷得奸民之誉，然而非长久之道也；事必不就，功必不立，是奸治者也。傮然[5]要时务民，进事长功，轻非誉而恬失民[6]，事进矣而百姓疾之，是又不可[7]偷偏者也；徙坏[8]堕落，必反无

译文

废弃应该做的事，以小恩小惠来养育百姓，安抚他们，呵护他们，冬天为他们准备稀饭稠粥，夏天为他们准备瓜果大麦粥，以博取一时的赞誉，这是一种苟且的做法；可以暂时得到奸邪图利之人的美誉，但不是安民治国的长久之道；其结果是事业不能成就，功名不能建立，因为这是奸邪的治国之道。喧嚣嘈杂地抢时间迫使人民劳动，一味追求事情的进展和功利，但轻视百姓的非议且不在乎丧失民心，这样，事情虽然有进展但人民痛恨不满，这又是苟且偏激的做法；必然导致败坏堕落，其结果反而一事无成。所以，废弃应该做的事而沽名钓

功。故垂事养誉，不可；以遂功而忘民，亦不可。皆奸道也。

誉，不可以；追求一时的功业而不顾百姓之所想，也不可以。因为这都是奸邪的治国之道。

注释

1 **垂**：委置，舍弃。

2 **哓(wā)呕**：小儿声，表示慈爱。

3 **馇(zhān)粥**：古代的稀饭，厚的叫馇，稀的叫粥。

4 **麹(qù)**：大麦粥。

5 **僧然**：嘈杂的样子。

6 **恬失民**：对老百姓的不满不在乎。恬，淡泊，安静。

7 **不可**：衍文。

8 **徙坏**：败坏。

原文

故古人为之不然，使民夏不宛暍[1]，冬不冻寒，急不伤力，缓不后时，事成功立，上下俱富，而百姓皆爱其上，人归之如流水，亲之欢如父母，为之出死断亡而愉者，无它故焉，忠信调和均辨[2]之至也。故君国长民者欲趋时遂功，则和调累解[3]，速乎急疾；忠信均辨，说[4]乎赏庆矣；必先修正其在我者，然后徐责其在人者，威乎刑罚。

译文

所以古人不这样做，使百姓夏天不闷热中暑，冬天不挨冻受寒，紧急时不伤害民力，闲暇时也不耽误农时，事业成就，功业建立，上下都富裕，且百姓都爱戴其君主，人们归附他如流水，亲近他如父母，为他出生入死依然快乐，没有别的原因，因为君主极度地忠信、平和、公正。因此统治国家、领导百姓的人若想及时建立功业，那么平和宽缓比急于求成效果更好；忠信公平比奖赏庆贺更令人喜悦；君主必须先改正自身的缺点，然后慢慢去责备别人，这样比刑罚更有威力。忠信、平和、公正的德行如果

三德者诚乎上，则下应之如景向[5]，虽欲无明达，得乎哉！《书》曰：“乃大明服，惟民其力懋，和而有疾。”[6]此之谓也。

真正在君主身上体现，那么臣下就会如影随形、如响应声，即使不想显赫通达，可能吗？《尚书》说：“君主英明而服众，百姓就会勉力从事，和谐且迅速。”说的就是这个道理。

注释

1 **宛暍**(yē)：宛，通“蕴”，闷热；暍，中暑。

2 **均辨**：公平。辨，平。

3 **和调累解**：和调，心态平和；累解，宽缓。

4 **说**：同“悦”。

5 **景向**：景，同“影”；向，通“响”。

6 此句引自《尚书·周书·康诰》。但文字与此处有出入，原文为：“乃大明服，惟民其敕懋和。若有疾，惟民其毕弃咎。”懋，勉力。

原文

故不教而诛，则刑繁而邪不胜；教而不诛，则奸民不惩；诛而不赏，则勤属[1]之民不劝；诛赏而不类，则下疑俗俭[2]而百姓不一。故先王明礼义以一之，致忠信以爱之，尚贤使能以次之，爵服庆赏以申重之，时其事、轻其任以调齐之，潢[3]然兼覆之，养长之，如保赤子。若是，故奸

译文

所以若不教育就诛杀，那么刑罚就会繁多且难以遏制邪恶；但若只教育而不诛杀，那么奸邪之民就得不到惩罚；只诛杀而不奖赏，那么勤勉的人就得不到鼓励；诛杀、奖赏不依法而行，那么人民就会怀疑其公正性，社会风气就会险恶而百姓的行为就不会统一。因此先王彰明礼义来统一百姓，做到忠信来爱护百姓，按照品德和能力的大小来安排不同的职位，以爵位、服饰、奖赏来激励他们，依据时节安排他们做事，减轻他们的负担以调剂、养护他们，全面地照顾他们，滋养他们，就如婴儿一样。如果

邪不作，盗贼不起，而化善者劝勉矣。是何邪？则其道易，其塞固，其政令一，其防表明。故曰："上一则下一矣，上二则下二矣，辟之若中木，枝叶必类本。"此之谓也。

这样，奸邪就不会发生，盗贼也不会兴起，改过迁善的人将得到鼓励。这是为什么呢？因为这种方法简单易行，灌输给百姓的思想坚固有力，其政令始终如一，其禁令明确清晰。古书上说："上面一心则下面一心，上面二意则下面二意；譬如草木，什么样的根就长出什么样的枝叶。"说的就是这个道理。

注释

1 **属**：当为"厉"。

2 **俭**：当为"险"。

3 **潰**：通"溃"，流水大量涌进的样子。

原文

不利而利之[1]，不如利而后利之[2]之利也；不爱而用之，不如爱而后用之之功也。利而后利之，不如利而不利者[3]之利也；爱而后用之，不如爱而不用者之功也。利而不利也，爱而不用也者，取天下矣。利而后利之，爱而后用之者，保社稷也。不利而利之，不爱而用之者，危国家也。

译文

不给予人民利益却向人民索取利益，不如先给予人民利益然后再向他们索取利益有利；不爱护人民却役使他们，不如爱护人民然后再役使他们更有成效。先给予人民利益然后再向他们索取利益，不如给予人民利益但却不向他们索取利益更为有利；爱护人民然后再役使他们，不如爱护人民却不役使他们更有成效。给予人民利益但却不向他们索取利益，爱护人民却不役使他们，（这样的人）就可以得到天下。先给予人民利益然后再向他们索取利益，爱护人民然后再役使他们，（这样的人）就可以保存社稷。不给予人民利益却向人民索取利益，不爱护人民却役使他们，（这样的人）会使国家危险。

注释

1 **不利而利之**:不利,不给百姓利益;利之,以……为利,即向百姓索取利益。

2 **利而后利之**:给予利益后再向百姓索取利益。

3 **利而不利者**:给予利益但不向百姓索取利益。

原文

观国之治乱臧否,至于疆易[1]而端已见矣。其候徼支缭[2],其竟关之政尽察[3],是乱国已。入其境,其田畴秽,都邑露[4],是贪主已。观其朝廷则其贵者不贤,观其官职则其治者不能,观其便嬖则其信者不悫,是暗主已。凡主相臣下百吏之俗[5],其于货财取与计数也,须孰[6]尽察;其礼义节奏也,芒轫僈楛[7],是辱国已。其耕者乐田,其战士安难,其百吏好法,其朝廷隆礼,其卿相调议,是治国已。观其朝廷则其贵者贤,观其官职则其治者能,观其便嬖则其信者悫,是明主已。凡主相臣下百吏之属,其于货财取与计数也,宽饶

译文

观察一个国家的治乱好坏,到了边境其端倪就显现出来了。如果它的哨兵频繁巡逻,边境关卡检查严苛,那么这就是一个混乱的国家。进入它的境内,田野荒芜,城镇破败,那么这就是一个贪婪的君主。观察他的朝廷,富贵的人不贤能;观察他的百官,治理的人无能力;观察他的亲信,信任的人不诚实,这就是一个昏庸的君主。举凡君主、卿相与百官,对于财货取舍之算计,谨慎熟练而极尽其能;而对于礼制音乐却茫然怠慢而粗劣,这是令人耻辱的国家。它的农民乐意种田,它的战士不避死难,它的百官喜好法律,它的朝廷推崇礼义,它的卿相能相互协调,这是治理得好的国家。观察他的朝廷,富贵者贤德;观察他的百官,治理者能干;观察他的亲信,信任的人诚实,这是一个贤明的君主。举凡君主、卿相与百官,对于财货取舍之算计,宽松简易;而对于礼

简易；其于礼义节奏也，陵[8]谨尽察，是荣国已。贤齐则其亲者先贵，能齐则其故者先官，其臣下百吏，污者皆化而修，悍者皆化而愿，躁[9]者皆化而悫，是明主之功已。

制音乐却严谨苛刻，这是给人带来荣誉的国家。若贤德相同，那么亲近的人先尊贵；若能力相同，那么故旧先当官；他的群臣百官，污秽的人因感化而变好，凶悍的人因感化而善良，狡猾的人因感化而诚实，这是贤明君主的功德。

注释

1 **疆易**：边界。易，通“埸(yì)”。

2 **候徼(jiào)支缭**：候，哨兵；徼，巡逻；支缭，繁多歧出。

3 **竟关之政尽察**：竟，通“境”；尽察，极其精细地检查。

4 **露**：败坏。

5 **俗**：当为“属”，与下文“凡主相臣下百吏之属”同。

6 **须孰**：须，当为“顺”，顺，通“慎”；孰，通“熟”。

7 **芒轫僈楛**：芒，通“茫”，茫然无知；轫，柔软，怠慢无力。僈枯，怠慢粗疏。

8 **陵**：严密。

9 **躁**：通“剿(jiǎo)”，狡猾。

原文

观国之强弱贫富有征：上不隆礼则兵弱，上不爱民则兵弱，已诺[1]不信则兵弱，庆赏不渐则兵弱，将率不能则兵弱。上好功则国贫，上好利则国贫，士大夫众则国贫，工商众则国贫，无制数度量[2]则国贫。下

译文

观察国家强弱贫富的征兆：君主不推崇礼义兵力就弱，君主不爱护百姓兵力就弱，禁令与许诺不讲信用兵力就弱，奖赏不厚重兵力就弱，将帅没有才能兵力就弱。君主好大喜功国家就贫穷，君主贪利国家就贫穷，士大夫众多国家就贫穷，工商业者众多国家就贫穷，没有法度国家就贫穷。百姓贫穷君

贫则上贫，下富则上富。故田野县鄙[3]者，财之本也；垣[4]窌仓廪者，财之末也。百姓时和、事业得叙者，货之源也；等赋府库者，货之流也。故明主必谨养其和，节其流，开其源，而时斟酌焉，潢然使天下[5]必有余而上不忧不足。如是则上下俱富，交[6]无所藏之，是知国计之极也。故禹十年水，汤七年旱，而天下无菜色者，十年之后，年谷复孰，而陈积有余。是无它故焉，知本末源流之谓也。故田野荒而仓廪实，百姓虚而府库满，夫是之谓国蹶[7]。伐其本，竭其源，而并之其末[8]，然而主相不知恶也，则其倾覆灭亡可立而待也。以国持之而不足以容其身，夫是之谓至贪[9]，是愚主之极也。将以求富而丧其国，将以求利而危其身，古有万国，今有十数焉。是无它故焉，其所以失之一也。君人者，亦可

主就贫穷，百姓富裕君主就富裕。所以田野乡村是财富的根本，货仓、粮仓是财富的末节。百姓劳作顺应天时，生产有条不紊，是财货的源头；按等级征税及储物于库，是财货的支流。所以贤明的君主一定维持和谐的局面，节制支流，开掘源头，时常斟酌思考，使得百姓的财富源源不断而有余，君主也因此不担忧其不足。如果这样，上下都富裕，两者都没有地方储藏财富，这就是懂得国计民生达到了顶点。大禹时期十年水患，商汤时期七年旱灾，但天下百姓却没有饥色，十年以后，谷物丰收且储存的粮食有余。这没有别的原因，知晓财富的本末、源流之间的关系罢了。所以田野荒芜但仓库充足，百姓空虚但国库富足，这可以说国家将要灭亡了。断绝其根本，枯竭其源头，使财富聚集到府库中去，然而君主、卿相却不知其危险，那么国家的倾覆灭亡马上就会到来。以整个国家来供养他依然不能满足，这将会造成国家的极度贫穷，君主的昏庸也达到了顶点。想要追求富裕却葬送了国家，想要追求利益却危害了自身，古时候的国家有上万个，但现在仅剩下十几个了。这没有别的原因，他们灭亡失国的道理是一样的。统治者

以觉矣。百里之国，足以独立矣。

可以觉悟清醒了吧。百里之地的小国也可以独立生存下去。

注释

1 **已诺**：禁止与许诺。已，禁止。

2 **制数度量**：布帛的幅面叫“制”，一二三四叫“数”，尺、寸等长度单位叫“度”，斗、石等容量单位叫“量”。这里指法度。

3 **县鄙**：乡村。

4 **垣**：矮墙，引申为货仓。

5 **天下**：当为“夫下”。“下”与“上”相对，而“夫”误为“天”。

6 **交**：指君主与百姓二者之间。

7 **国蹶**(jué)：国家颓败。蹶，倾倒。

8 **并之其末**：之，动词，到。这样，“之其末”可与“伐其本，竭其源”相对应。末，指府库。

9 **贪**：当为“贫”。此段“贫”与“富”相对应。

原文

凡攻人者，非以为名，则案以为利也；不然，则忿之也。仁人之用国，将修志意，正身行，伉隆高[1]，致忠信，期[2]文理。布衣𬘓屦之士诚是，则虽在穷阎漏屋，而王公不能与之争名；以国载之，则天下莫之能隐匿也。[3]若是，则为名者不攻也。将辟田野[4]，实仓廪，便备

译文

大凡攻打别的国家，不是为了追求美名，就是为了追求利益，否则，就是因为怨恨对方。如果仁人治理国家，将会修养精神，端正德行，推崇礼义，恪守忠信，完善制度。身份低贱的士人若能做到这样，那么即使在穷乡僻壤，王公都无法与之竞争名望；如果把国家交给这样的人治理，那么天下没有谁能埋没他的才能与功绩。如果国家做到这样，为了追求美名的人就不会来攻打了。（如果仁人治理国家，）将会开垦田地，充实仓库，改进器用，上下

用，上下一心，三军同力，与之远举极战则不可。境内之聚也保固，视可，午[5]其军，取其将，若拨麷[6]。彼得之不足以药伤补败，彼爱其爪牙，畏其仇敌，若是，则为利者不攻也。将修小大强弱之义以持慎之，礼节将甚文，珪璧将甚硕，货赂将甚厚，所以说之者，必将雅文辩慧之君子也。彼苟有人意焉，夫谁能忿之？若是，则忿之[7]者不攻也。为名者否，为利者否，为忿者否，则国安于磐石，寿于旗、翼[8]。人皆乱，我独治；人皆危，我独安；人皆失丧之，我按起而治[9]之。故仁人之用国，非特将持其有而已也，又将兼人。《诗》曰："淑人君子，其仪不忒。其仪不忒，正是四国。"[10]此之谓也。

一心，三军同力，若别的国家长途跋涉与之苦战肯定不行。其境内的兵力防守坚固，依据情况，迎击敌军，俘获敌将，就如折断蒲草一样容易。敌军所得到的还不足以医治伤员、补给损失，他们还爱护自己的武将，畏慎自己的敌人，如果这样，追求利益的人就不会来攻打了。（如果仁人治理国家，）必然谨慎地依据大国小国、强国弱国之间的道义，礼节十分完备，赠送的玉器硕大，赠送的货物丰厚，派遣游说的使者一定是文雅、明慧的君子。那些敌视的国家如果尚有良知的话，谁还会去怨恨这样的国家呢？如果这样，怨恨的国家也不会来攻打了。追求美名的人不来攻打，追求利益的人不来攻打，怨恨的人不来攻打，那么国家就如磐石般安稳，就像箕星、翼星一样长久。别国都混乱，唯独我平治；别国都危险，唯独我安全；别的国家都丧权失国，唯独我能奋起而制服它们。所以如果仁人治理国家，不单是治理好了自己的国家，还可以化天下而兼有之。《诗经》说："那善良的君子，他的言行仪表没有差错。言行仪表没有差错，就可以治理四方。"说的就是这个道理。

注释

1 **伉隆高**：伉，谓至于极点。隆高，此指礼义。

2 **期**:通“綦”,极。

3 **布衣**:身份低贱的平民。**紃屦**:用麻绳编制的鞋。

4 **将辟田野**:此句前面省略了“仁人之用国”一句。下文“将修小大强弱之义以持慎之”亦省略了此句。

5 **午**:通“迕”,逆,迎击。

6 **拨麷**(fēng):拨,折断;麷,蒲草。

7 **忿之**:当为“为忿”,以与“为名”“为利”相对应。

8 **旗、翼**:俱为二十八星宿名。旗,通“箕”。

9 **治**:疑为“制”,制服。

10 此句引自《诗经·曹风·鸤鸠》。忒(tè),差错。

原文

持国之难易:事强暴之国难,使强暴之国事我易。事之以货宝,则货宝单[1]而交不结;约信盟誓,则约定而畔无日[2];割国之锱铢[3]以赂之,则割定而欲无猒。事之弥烦[4],其侵人愈甚,必至于资单国举然后已。虽左尧而右舜,未有能以此道得免焉者也。辟之是犹使处女婴宝珠、佩宝玉、负戴黄金,而遇中山之盗也,虽为之逢蒙视[5],诎要桡腘[6],君卢屋妾[7],由将不足以免也。故非有一人之道也,

译文

保住国家的难易方法:侍奉强暴的国家难,但使强暴的国家侍奉自己却容易。以货物财宝去侍奉强暴的国家,货物财宝送光了而邦交依然没有建立起来;同他们签订盟约誓言,签订后为时不久就遭毁弃了;割让一块土地去贿赂他们,割让以后他们的欲望依然得不到满足。侍奉强暴之国越是依顺,他们侵吞的野心就越强大,直至财物用尽、土地割光为止。虽然身边有尧、舜这样的贤人,也不能通过这种方法避免国家灭亡。这就好像一个姑娘脖子上系着宝珠,身上佩带宝玉,背负着黄金而遭遇了山中的盗贼,即使不敢正眼看,弯腰屈膝,犹如家里的婢妾一样,依然不能幸免于难。所以如果没有让人民团结一致对付强敌

直将巧繁[8]拜请而畏事之，则不足以持国安身，故明君不道[9]也。必将修礼以齐朝，正法以齐官，平政以齐民，然后节奏齐于朝，百事齐于官，众庶齐于下。如是，则近者竞亲，远方致愿；上下一心，三军同力；名声足以暴炙[10]之，威强足以捶笞之；拱揖[11]指挥，而强暴之国莫不趋使；譬之是犹乌获与焦侥[12]搏也。故曰：事强暴之国难，使强暴之国事我易。此之谓也。

的方法，只是依靠说好话，献殷勤，卑躬屈膝地去侍奉他们，是不可能保住国家、保全自己的，因此贤明的君主不会这样做。必须要制定礼乐以整顿朝廷，严明法律以整顿官吏，修明政治以治理百姓，从而使礼乐制度在朝廷得到严格执行，各种政务在官吏中治理得有条不紊，百姓在下面齐心协力。这样，相邻的国家就争着来亲近，远方的国家也表现出倾慕之情；上下一心，三军同力；美好的名声足以威慑他们，威武强大足以惩罚他们；从容地指挥，强暴的国家没有一个不听从驱使的；这种情形就像乌获与焦侥搏斗一样。所以说：侍奉强暴的国家难，但使强暴的国家侍奉自己却容易。说的就是这个道理。

注释

1 **单**：通“殚”，竭尽。

2 **无日**：为时不久。

3 **锱铢**：古代较小的重量单位，这里指较小的土地。

4 **烦**：当为“顺”。

5 **逄蒙视**：微视，不敢正视。

6 **诎要桡腘**(náo guó)：要，同“腰”；桡，弯曲；腘，膝后弯曲处。

7 **君卢屋妾**：像家里的婢妾。君，当为“若”；卢，通“庐”。

8 **巧繁**：当为“巧敏”。

9 **道**：由。

10 **暴炙**：日晒火烤。

11 **拱揖**：两手相握作揖。这里指闲适而轻松。

12 **乌获与焦侥**(yáo):乌获,秦国大力士,力举千斤;焦侥,传说中的矮人,身长三尺。

君道

导读

本篇论述了君主的治国之道。君主是一个国家的最高统帅，因此，君主的治国之道直接关涉到一个国家的兴亡。在荀子看来，君主的治国之道主要表现在以下方面：其一，加强身心修养，自觉地以礼约束自身，作为人民的表率。他以盘子喻君，水喻民，盘圆则水圆的道理，说明君主的引导作用。其二，君主应该重视培养君子，教化民众，因为“法者，治之端也；君子者，法之原也”。其三，荀子提出“君者……能群也”的思想，即君主的重要职责就是以礼法把社会组织成一个有等级差别但又和谐的社会。其四，君主任用人才应唯才是举，尚贤使能，内不可阿子弟，外不可隐远人，就如文王任用太公一样。其五，君主的职责是知人善任，应该放心地把国家政务交给合适的人去做，不要什么事情都亲力亲为，更不要在小事情上与臣下争曲直以显示才能。

但是，荀子在本篇中也提出，君主不可以没有便嬖左右，因为这是君主“窥远收众之门户牖向”。在荀子看来，君主要治理好天下，必须有这些人来为他收集信息。然而，可能是荀子所不曾预料的，他的这一思想直接开启了法家对臣民的不信任，进而以术、势维护专制统治的做法，这在他的学生韩非那里得到了确证。后世君王周围总有这样一些小人，他们败坏政治，但却能博得君王的信任，如明代的锦衣卫也能在此找到一些影子。

原文

有乱君，无乱国；有治人，无治法。羿之法非亡也，而羿不世中；禹之法犹存，而夏不世王。故法不能独立，类[1]不能自行，得其人则存，失其人则亡。法者，治之端也；君子者，法之原也。故有君子，则法虽省，足以遍[2]矣；无君子，则法虽具，失先后之施，不能应事之变，足以乱矣。不知法之义而正法之数[3]者，虽博，临事必乱。故明主急得其人，而暗主急得其埶。急得其人，则身佚而国治，功大而名美，上可以王，下可以霸；不急得其人而急得其埶，则身劳而国乱，功废而名辱，社稷必危。故君人者，劳于索之，而休于使之。《书》曰："惟文王敬忌，一人以择。"[4]此之谓也。

译文

有昏乱的君主，没有混乱的国家；有使国家得到治理的人才，没有使国家自动治理的法律。羿的射箭方法没有失传，但这并不能保证后代人百发百中；禹的制度依然存在，但夏却不能世世代代称王。所以法律不能独自起作用，依法类推不能自动运行，得到合适的人，法律与依法类推就能够起作用；失去合适的人，它们就不能起作用。法律，是治理的开端；君子，是法治的根本。因此有了君子，即使法律简略，也足以普遍治理；没有君子，即使法律周详，也会失去实施的先后秩序，不能应对世事的变化，足以造成混乱。不懂得法律的根本而只知去确定其条文，虽然繁多，遇到事情的时候依然会混乱。所以英明的君主急于得到合适的人，而昏庸的君主则急于得到权势。急于得到合适的人，那么身心安逸且国家治理，功绩大且名声美好，从大处讲可以称王，从小处讲可以称霸；不急于得到合适的人而急于得到权势，身心疲劳且国家混乱，功业废弛且名声受辱，社稷必然危险。所以作为君主的人在选择人才时劳累，而使用人才以后就安逸了。《尚书》说："时常想起文王的恭敬、谨慎，亲自去选择一人。"说的就是这个道理。

注释

1 **类**:指依法类推。

2 **遍**:此指得到普遍的治理,与下文的“乱”相对应。

3 **法之义而正法之数**:义,此指法律的根本原则;正,确定;数,法之条文。

4 此句引自《尚书·康诰》,但意思与荀子此处略有出入,盖荀子断章取义之故。

原文

合符节、别契券者,所以为信也;上好权谋,则臣下百吏诞诈之人乘是而后欺。[1]探筹、投钩[2]者,所以为公也;上好曲私,则臣下百吏乘是而后偏。衡石、称县[3]者,所以为平也;上好倾覆,则臣下百吏乘是而后险。斗、斛、敦、概[4]者,所以为啧[5]也;上好贪利,则臣下百吏乘是而后丰取刻与[6],以无度取于民。故械数者,治之流也,非治之原也;君子者,治之原也。官人守数,君子养原;原清则流清,原浊则流浊。故上好礼义,尚贤使能,无贪利之心,则下亦将綦辞让、致忠信而谨于臣子矣。如是,则虽在小民,不待合符

译文

核验符节、辨认契券,是为了讲信用;但若君主喜欢权术阴谋,那么臣下百官中的荒诞奸诈之人就会乘机进行欺诈。抽签、抓阄,是为了公平公正;但若君主喜欢偏私,那么臣下百官就会乘机自成己私。衡石、秤砣,是用来起均平作用的;但若君主喜欢倾轧陷害,那么臣下百官就会乘机实施其阴谋。斗、斛、敦、概,是为了衡量物体;但若君主喜欢贪图利益,那么臣下百官就会乘机多入少出,没有限度地榨取人民。所以器械度量,只是治国的支流,并非治国的本源;君子,才是治国的本源。官吏执守治国的器具与条文,君子保养国家的本源,本源清澈那么支流就清澈,本源混浊那么支流也会混浊。因此若君主喜欢礼义,尚贤使能,没有贪利之心,那么百姓就会极其礼让,极其忠信,谨慎的遵守做臣子的本分。如果这样,那么即使是一般的百姓,不需要核验符节、辨认契券就能做到

节、别契券而信，不待探筹、投钩而公，不待衡石、称县而平，不待斗、斛、敦、概而啧。故赏不用而民劝，罚不用而民服，有司不劳而事治，政令不烦而俗美，百姓莫敢不顺上之法、象上之志而劝上之事，而安乐之矣。故藉敛[7]忘费，事业忘劳，寇难忘死，城郭不待饰[8]而固，兵刃不待陵[9]而劲，敌国不待服而诎，四海之民不待令而一。夫是之谓至平。《诗》曰："王犹允塞，徐方既来。"[10]此之谓也。

诚信，不需要抽签、抓阄就能做到公正，不需要衡石、秤砣就能做到均平，不需要斗、斛、敦、概就能做到均衡有度。所以不用奖赏百姓自然勤勉，不用惩罚百姓自然顺服，官吏不用劳累事情自然就处理好了，政令不繁琐且民风淳美，百姓没有一个敢不遵循君主的法律，效法君主的意志，勤勉于君主之事且以此为安乐的。因此征税不觉得是负担，劳役时不觉得苦累，外敌侵略时忘记了生死，城郭不需要整修自然坚固，兵器不需要磨砺自然锋利，敌国不需要征伐自然屈服，四海之内的百姓不需要命令自然悦服而天下归一。这就叫极其太平。《诗经》说："宣王的谋划的确周详，徐方已经归顺了。"说的就是这个道理。

注释

1 **符节**：古人在竹简或木简上刻字，刻好后剖为两半，双方各留一半，验证时将两半相合，契合的便有效。**契券**：古代买卖时的契约文书，包括田契、卖身契、租契等。

2 **探筹**、**投钩**：犹如现代的抽签、抓阄，因为这由"天"来决定，所以是公平的。

3 **衡石**、**称县**：衡石，古代测量重量的工具，犹如今日的砝码；称县，即秤。

4 **斗**、**斛**(hú)、**敦**(duì)、**概**：均为古代量物的器具。斛，十斗为一斛；敦，古代量黍、稷的器具，形状似盂，一敦为一斗二升；概，刮平斗、斛的工具。

5 **啧**(zé)：本指事物中深奥细微的道理，此指情实。

6 **丰取刻与**:丰厚地收取,刻薄地给予。

7 **藉敛**:按户籍征税。藉,通“籍”。

8 **饰**:通“饬”,整治。

9 **陵**:磨砺。

10 此句引自《诗·大雅·常武》。王,即周宣王;犹,通“猷”,谋划;允,的确;塞,充满;徐方,古时族名。

原文

请问为人君?曰:以礼分施[1],均遍而不偏。请问为人臣?曰:以礼待[2]君,忠顺而不懈。请问为人父?曰:宽惠而有礼。请问为人子?曰:敬爱而致文[3]。请问为人兄?曰:慈爱而见友[4]。请问为人弟?曰:敬诎而不苟。请问为人夫?曰:致功而不流[5],致临而有辨[6]。请问为人妻?曰:夫有礼,则柔从听侍;夫无礼,则恐惧而自竦[7]也。此道也,偏立而乱,俱立而治,其足以稽[8]矣。

译文

请问怎样做君主?回答说:以礼义治理国家,普遍地实行而不偏废。请问怎样做臣子?回答说:以礼义侍奉君主,忠诚顺从而不懈怠。请问怎样做父亲?回答说:宽容恩惠且有礼有节。请问怎样做儿子?回答说:敬畏仁爱且极其恭顺。请问怎样做哥哥?回答说:慈爱而友善。请问怎样做弟弟?回答说:恭敬顺从而不放纵。请问怎样做丈夫?回答说:努力于功业但不随波逐流,极其亲近妻子但知道夫妇之别。请问怎样做妻子?回答说:丈夫有礼的时候,温柔地顺从于他;丈夫无礼的时候,恐惧地自我警肃。这些道理,不能普遍做到国家就会混乱,能普遍做到国家就会治理,这是得到证实了的。

注释

1 **分施**:以礼分别地施于每个地方,即依礼而治。

2 **待**:当为“侍”。《韩诗外传》卷四作“事”。

3 **致文**:《韩诗外传》卷四作“致恭”,于文义较恰。

4 **友**:友爱,《弟子规》说“兄道友,弟道恭”。

5 **不流**:不随波逐流,能自守。

6 **致临而有辨**:致临,极其亲近;有辨,此指夫妻有别。

7 **竦**:肃敬。

8 **稽**:考证。这里指证实。

原文

请问兼能之奈何?曰:审之礼也。古者先王审礼以方皇[1]周浃于天下,动无不当也。故君子恭而不难[2],敬而不巩[3],贫穷而不约,富贵而不骄,并遇变态[4]而不穷,审之礼也。故君子之于礼,敬而安之;其于事也,径[5]而不失;其于人也,寡怨宽裕而无阿;其所为身也,谨修饰而不危[6];其应变故也,齐给便捷而不惑;其于天地万物也,不务说其所以然而致善用其材;其于百官之事、技艺之人也,不与之争能而致善用其功;其待上也,忠顺而不懈;其使下也,均遍而不偏;其交游也,缘义而有类[7];其居乡里也,容而不乱。是故穷则必有名,达则必有功;仁厚兼

译文

请问如何能全部做到这些?回答说:通晓礼义。古代的先王就是因为通晓礼义所以能广大周洽地治理天下,行为没有不恰当的。所以君子谦恭而不畏惧,敬重而不害怕,贫穷而不卑下,富贵而不骄奢,遭遇任何事物的变化也会应对自如,就是因为通晓礼义之故。因此君子对于礼义,尊敬且安然行之;对于事务,直截了当而不失误;对于他人,少怨宽容而不奉承;对于自身,严谨修持而不自欺;对于意外发生的变化,快速敏捷而不迷惑;对于天地万物,不追求其所以然之理但能尽物之所用;对于官吏、技艺之人,不去与他们竞争高下但能让他们发挥功用;对于上级,忠诚恭顺且不懈怠;对于下级,公正而不偏私;他交游结友,依据道义而选择同道;他安居乡里,宽容而不作乱。因为这样,贫穷时必然有名声,显达时必然有功绩;仁德宽厚

覆天下而不闵[8]，明达用[9]天地、理万变而不疑；血气和平，志意广大，行义塞于天地之间，仁知之极也。夫是之谓圣人，审之礼也。

照耀天下而不昏昧，智慧周于天地，故应对万事万物的变化而不迷惑；性情气质平和，志趣意向广大，践行道义充塞于天地之间，是既仁且智的极致。这就叫圣人，是通晓礼义的缘故啊。

注释

1 **方皇**：广大。方，通“旁”，与“皇”一样，都有广大的意思。

2 **难**：通“戁(nǎn)”，恐惧，害怕。

3 **巩**：通“恐”。

4 **变态**：事物变化的不同情状。

5 **径**：直截了当。

6 **危**：通“诡”，欺诈，自欺。

7 **类**：同道，志趣相投的人。

8 **闵**：昏昧。

9 **用**：当为“周”。

原文

请问为国？曰：闻修身，未尝闻为国也。君者，仪也，仪正而景正。[1]君者，槃也，槃圆而水圆。[2]君者，盂也，盂方而水方。君射则臣决[3]。楚庄王好细腰[4]，故朝有饿人。故曰：闻修身，未尝闻为国也。

译文

请问怎样治理国家？回答说：只听说过怎样修身，没有听说过如何治国。君主，就像日晷；（人民，就像影子；）日晷端正了，影子自然端正。君主，就像盘子；（人民，就像水；）盘子是圆的，水自然也是圆的。君主喜欢射箭，那么臣子个个手上戴套子（练习射箭）。楚灵王喜欢细腰的人，故朝廷里的人个个饿着肚子（希望自己腰细）。所以说：只听说过怎样修身，没有听说过如何治国。

注释

1 **仪**:日晷(guǐ),古代利用日影测量时间的工具。"君者,仪也"后,当有"民者,景也"。

2 **槃**:同"盘"。"君者,槃也"后当有"民者,水也"。既以"槃"为喻,则不必再以"盂"为喻。故"君者,盂也,盂方而水方"一句,可删除。

3 **决**:古代射箭时套在右手大拇指上的象骨套子。这里指臣子都戴上套子练习射箭。

4 **楚庄王好细腰**:这种说法最早见于《墨子·兼爱中》:"昔者楚灵王好士细要,故灵王之臣皆以一饭为节,胁息然后带,扶墙然后起。比期年,朝有黧黑之色。"此处"楚庄王"当为"楚灵王"。

原文

君者,民之原也,原清则流清,原浊则流浊。故有社稷者而不能爱民,不能利民,而求民之亲爱己,不可得也。民不亲不爱,而求其为己用,为己死,不可得也。民不为己用,不为己死,而求兵之劲,城之固,不可得也。兵不劲,城不固,而求敌之不至,不可得也。敌至而求无危削,不灭亡,不可得也。危削灭亡之情举积此矣,而求安乐,是狂生者也。狂生者,不胥[1]时而落。故人主欲强固安

译文

君主,是人民的源头,源头清澈支流就清澈,源头混浊支流就混浊。所以治理国家的人不能仁爱人民、不能利益人民,但希望人民亲近、拥戴自己,是不可能的。人民不亲近、不爱戴,却希望他们为自己所用、为自己卖命,是不可能的。人民不为自己所用、不为自己卖命,却希望兵力强劲、城池坚固,是不可能的。兵力不强劲、城池不坚固,却希望外敌不来犯,是不可能的。外敌来犯却希望没有衰危、不灭亡,是不可能的。衰危、灭亡的因素都具备,却还追求安逸享乐,那就是狂妄无知的人。狂妄无知的人,不必等待多久就会灭亡。所以君主若希望国家强大坚固、生活安逸享受,那么还不如回到人民身上来;若想臣下亲附、人民一

乐，则莫若反之民；欲附下一民，则莫若反之政；欲修政美国[2]，则莫若求其人。彼或蓄积而得之者不世绝，彼其人者，生乎今之世而志乎古之道。以天下之王公莫好之也，然而于是[3]独好之；以天下之民莫欲之也，然而于是独为之；好之者贫，为之者穷，然而于是独[4]犹将为之也，不为少顷辍焉。晓然独明于先王之所以得之，所以失之，知国之安危臧否若别白黑。是其人者[5]也，大用之则天下为一，诸侯为臣；小用之则威行邻敌；纵不能用，使无去其疆域，则国终身无故。故君人者，爱民而安，好士而荣，两者无一焉而亡。《诗》曰："介人维藩，大师维垣。"[6]此之谓也。

心，那么还不如回到政事上来；若想使政治美好、民风淳朴，那么还不如去寻求治理国家的能人。那些治国能人在社会中储积得很多，因此得到他们的君主世世代代没有断绝，那些人虽然生于当今之世却向往古代的治国大道。虽然天下的王公们没有谁喜欢古代的治国大道，但他们却喜欢；虽然天下的百姓没有谁想要实行古代的治国大道，但他们却偏偏要实行；喜欢古代的治国大道的人会贫穷，实行古代的治国大道的人会困厄，但是他们依然还是想要实行它，没有片刻的停歇。只有他们知晓先王成功之所在，失败之所由，了解国家的安危好坏就像判别黑白一样清楚。这样的人，如果重用他，就能一统天下，臣服诸侯；如果一般地任用他，那么国家的威望也会波及邻国与强敌；纵然完全不任用，若使他不离开国土，那么国家在其活着的时候也不会有祸患。所以君主仁爱人民就会带来安宁，喜欢士人就会带来荣耀，两者无一有之就会带来灭亡。《诗经》说："贤士是篱笆，民众是城墙。"说的就是这个道理。

注释

1 **胥**：通"须"，等待。

2 **美国**：当为"美俗"。《韩诗外传》卷五作"美俗"。

3 **于是**:当为“是子”。《韩诗外传》卷五作“是子”。后两处“于是”同。

4 **独**:衍文。

5 **者**:衍文。

6 此句引自《诗经·大雅·板》。作者有感于周厉王的暴政,作此诗以警戒之。介人,贤士;大师,民众。

原文

道者,何也?曰:君道也[1]。君者,何也?曰:能群也。能群也者,何也?曰:善生养人者也,善班[2]治人者也,善显设人[3]者也,善藩饰人[4]者也。善生养人者,人亲之;善班治人者,人安之;善显设人者,人乐之;善藩饰人者,人荣之。四统者俱[5]而天下归之,夫是之谓能群。不能生养人者,人不亲也;不能班治人者,人不安也;不能显设人者,人不乐也;不能藩饰人者,人不荣也。四统者亡而天下去之,夫是之谓匹夫。故曰:道存则国存,道亡则国亡。省工贾,众农夫,禁盗贼,除奸邪,是所以生养之也。天子三公,诸侯

译文

道是什么?回答是:君主所遵循的原则。君是什么?回答是:能够把人组织为群体的人。能够把民众组织为群体,是什么意思?回答是:善于养育人,善于治理人,善于选拔任用人,善于以服饰使人民有等级区分。善于养育百姓的人,人们就会亲近他;善于治理百姓的人,人们就会顺从他;善于选拔任用人的人,人们就会爱戴他;善于以服饰使人民有等级区分的人,人们就会赞美他。四者都具备天下就会归附,这就叫作能够把人组织为群体。不能养育人的人,人们就不会亲近他;不能治理人的人,人们就不会顺从他;不能选拔任用人的人,人们就不会爱戴他;不能以服饰使人们有等级区分的人,人们就不会赞美他。四者都不具备天下人就会离之而去,这就叫作普通人。所以说:治国的大道存在国家就存在,治国的大道灭亡国家就灭亡。减少工商业者,增加农民,禁止盗贼,剪除奸邪,这就是善于养育百姓。天下设

一相，大夫擅官，士保职，莫不法度而公，是所以班治之也。论德而定次，量能而授官，皆使其人载其事而各得其所宜，上贤使之为三公，次贤使之为诸侯，下贤使之为士大夫，是所以显设之也。修冠弁、衣裳、黼黻、文章、雕琢、刻镂皆有等差，是所以藩饰之也。

三公，诸侯设宰相，大夫专职任事，士人谨守自己的职责，没有一个不符合法度而公正的，这就是善于治理百姓。以德行论定等级，依才能授予官职，都能使人做事任职时适合其所长，上等贤能的人让他做三公，次等贤能的人让他做诸侯，下等贤能的人让他做大夫，这就是善于选拔任用人。在帽子、衣服上修饰各种花纹，在器具上雕刻各种图案以显示身份等级的差别，这就是善于以服饰使人民有等级区分。

注释

1 **君道也**：当为“君之所道也”。《韩诗外传》卷五作“君之所道也”。

2 **班**：通“辨”，治理。

3 **显设人**：提拔任用人才。

4 **藩饰人**：使人们衣着不同的服饰以显示等级。藩饰，装饰。

5 **俱**：具备。

原文

故由天子至于庶人也，莫不骋其能，得其志，安乐其事，是所同也。衣暖而食充，居安而游乐，事时制明而用足，是又所同也。若夫重色而成文章，重味而成珍备[1]，是所衍[2]也。圣王财[3]衍以明辨异，

译文

所以自天子到百姓，没有谁不希望施展其才华，实现其意志，安心快乐地做自己的事，这是人人相同的。穿暖吃饱，住得安逸，玩得快乐，事情及时处理，制度明确，用度充足，这又是人人相同的。至于以多种颜色制成衣服上的花纹，多种食物制成珍馐美味，这是富饶的表现。圣王正是依据富饶的财物来明辨差异，

上以饰贤良而明贵贱,下以饰长幼而明亲疏。上在王公之朝,下在百姓之家,天下晓然皆知其非以为异也,将以明分达治而保万世也。故天子诸侯无靡费之用,士大夫无流淫之行,百吏官人无怠慢之事,众庶百姓无奸怪之俗,无盗贼之罪,其能以称义遍矣。故曰:“治则衍及百姓,乱则不足及王公。”此之谓也。

对上来修饰贤良以彰明贵贱,对下来修饰长幼以彰明亲疏。这样,上至朝廷,下至百姓,都洞然知晓君主这样做并不是特地制造等级差别,而是为了明确名分等级以达到治理天下,进而保持万世太平的目的。所以天子、诸侯没有奢靡的费用,士大夫没有放荡的行为,官吏没有不敬、懈怠的事情,百姓没有奸邪、怪诞的风俗,没有盗贼的罪行,这就能称之为道义遍行于天下了。所以说:“国家安定,那么富饶就会遍及百姓;国家混乱,那么贫穷就会殃及王公。”说的就是这个道理。

注释

1 **珍备**:当为“珍怪”。《正论》篇有“食饮则重大牢而备珍怪”句。

2 **衍**:财物富足。但这并不是奢侈,而是以此来彰显等级名分的差别。

3 **财**:通“裁”。

原文

至道大形[1]:隆礼至法则国有常,尚贤使能则民知方,纂论公察[2]则民不疑,赏克[3]罚偷则民不怠,兼听齐明则天下归之。然后明分职,序事业,材技官能[4],莫不治理,则公道达而私门塞矣,公义明而私事息矣。如是,则

译文

实行治国大道最好的表现是:推崇礼法,使国家运转有常道;尚贤使能,让人民生活有方向;集体讨论、公正考察使百姓无疑心;奖赏勤勉、惩罚偷懒使百姓不懈怠;听取各方面的意见,洞察一切情况,那么天下就会心悦诚服。然后明确名分职责,区分事情的轻重缓急,有技能者做事,有贤能者当官,没有什么得不到治理,那么公道之门就畅通了而徇私之门就堵塞了,公正的原则就

德厚者进而佞说者止，贪利者退而廉节者起。《书》曰："先时者杀无赦，不逮时者杀无赦。"[5] 人习其事而固。人之百事如耳、目、鼻、口之不可以相借官也，故职分而民不探[6]，次定而序不乱，兼听齐明而百事不留[7]。如是，则臣下百吏至于庶人莫不修己而后敢安正[8]，诚能而后敢受职，百姓易俗，小人变心，奸怪之属莫不反悫。夫是之谓政教之极。故天子不视而见，不听而聪，不虑而知，不动而功，块然独坐而天下从之如一体，如四胑[9] 之从心。夫是之谓大形。《诗》曰："温温恭人，维德之基。"此之谓也。

彰明了而图谋私利就止息了。这样，德行淳厚的人就会被任用而巧言令色的人就会受到遏制，贪图利益的人被压制而廉洁守法的人被提拔。《尚书》说："先于规定时间行动的人坚决杀掉，晚于规定时间行动的人也要坚决杀掉。"人们往往习惯了自己的事就不能改变。人间的各种事情就如人的器官一样是不可以相互替代的，所以职责明确了人民就不会怠慢，等级确定了秩序就不会混乱，听取各方面的意见，洞察一切情况，那么事情就不会拖延、滞留。这样，群臣百官以至于百姓没有一人不修身才敢去安守自己的职位，确实有才能才敢去接受任命，百姓变易习俗，小人转变观念，奸邪、怪诞之人没有不归于诚实的。这就叫政治教化的最高境界。因此天子不用眼睛就能看见，不用耳朵就能听到，不用思考就能知道，不用行动就能成功，独自一人坐着而天下所有人都顺从他，就如四肢顺从心灵一样。这就是治国大道最好的表现。《诗经》说："温和谦恭的人啊，乃是道德的根基。"说的就是这个道理。

注释

1 **大形**：实行"至道"以后所表现出的政治效果。形，表现。

2 **纂论公察**：允许人们相继议论且公正地考察。

3 **克**：当为"免"，通"勉"。《韩诗外传》卷六作"赏勉罚偷"。

4 **材技官能**：安排有技能的人做事，让贤能的人当官。材，通"裁"。

5 此句引自《尚书·胤征》。先时者，先于规定时间行动的人；不逮时者，超过规定时间行动的人。

6 **探**：当为“慢”。

7 **留**：不停滞而及时处理。

8 **安正**：当为“安止”。安守于自己的职责。

9 **胑**(zhī)：同“肢”。

原文

为人主者莫不欲强而恶弱，欲安而恶危，欲荣而恶辱，是禹、桀之所同也。要此三欲，辟此三恶，果何道而便？[1] 曰：在慎取相，道莫径是矣。故知而不仁，不可；仁而不知，不可；既知且仁，是人主之宝也，而王霸之佐也。不急得，不知；得而不用，不仁。无其人而幸[2]有其功，愚莫大焉。

译文

作为君主，没有人不希望强大而厌恶弱小，希望安定而厌恶危险，希望荣耀而厌恶屈辱，这是大禹、夏桀所相同的。获得这三种希望的东西，避免那三种厌恶的东西，以什么方法最快捷呢？回答是：在于谨慎地选取宰相，没有比这更快捷的方法了。所以聪明但不仁德，不可以为相；仁德但不聪明，也不可以为相；既聪明又仁德，这样的人才是君主的宝贝，是君主成就王道或霸道的助手。不急于得到这样的人，是不明智；得到这样的人不能任用，是不仁德。没有得到这样的人却希望侥幸成就功业，没有比这更愚昧的了。

注释

1 **要**：求取，获得，与下文“辟”义相反。**辟**：避免。**便**：便利，快捷，与下文“径”的意思相近。

2 **幸**：侥幸。

原文

今人主有六患[1]：使贤者为之，则与不肖者规[2]之；使知者虑之，则与愚者论之；使修士行之，则与污邪之人疑[3]之。虽欲成功，得乎哉？譬之是犹立直木而恐其景之枉也，惑莫大焉。语曰："好女之色，恶者之孽也。公正之士，众人之痤也。循乎道之人，污邪之贼也。"[4]今使污邪之人论其怨贼而求其无偏，得乎哉？譬之是犹立枉木而求其景之直也，乱莫大焉。

译文

现在的君主有大祸患：使用贤能的人做事，却与不贤能的人一起去限制他；用智慧的人去思考问题，却与愚昧的人一起去议论他；用品德美好的人去实行，却与邪僻的人一起去猜疑他。虽然想成功，可能吗？这就好比竖起一根笔直的木头却恐怕其影子歪斜，没有比这更令人迷惑的了。谚语说："美丽的女子，是丑人的灾祸。公正的贤士，是俗人的疖子。遵循道义的人，是龌龊、邪僻之人的祸害。"现在让龌龊、邪僻的人去评论他们所怨恨残害的对象而希望没有偏见，可能吗？这就好比竖起一根弯曲的木头而希望其影子正直，没有比这更混乱的了。

注释

1 **六患**：当为"大患"。因为文章只有三患，并无六患，"六"乃"大"之误。

2 **规**：谋划。此处有定框框加以限制的意思。

3 **疑**：猜疑。

4 此句为当时的谚语。孽，灾祸；痤(cuó)，疖子；乎，衍文，"循道之人"与"好女之色""公正之士"对仗。

原文

故古之人为之不然。其取人有道，其用人有法。取人之道，参之以礼；用人之法，禁之以等[1]。

译文

所以古时候的人却不是这样。他们选择人有一定的原则，任用人有一定的方法。选择人的原则，以礼制去检验他们；任用人的方法，是以等级来约束人。对

行义动静，度之以礼；知虑取舍，稽之以成；日月积久，校之以功。故卑不得以临尊，轻不得以县重，愚不得以谋知，是以万举不过也。故校之以礼，而观其能安敬也；与之举错迁移，而观其能应变也；与之安燕，而观其能无流慆[2]也；接之以声色、权利、忿怒、患险，而观其能无离守也。彼诚有之者与诚无之者若白黑然，可诎[3]邪哉？故伯乐[4]不可欺以马，而君子不可欺以人。此明王之道也。

于他们的言行举止，以礼去衡量；对于他们智慧思虑之得失，以成效加以查考；对于他们日积月累的工作，以最后的功绩加以考核。所以卑贱的人就不可能凌驾尊贵的人，权轻的人就不可能衡量权重的人，愚昧的人就不可能评价聪明的人，这样做任何事情都不会有过失。因此以礼去考核他，看其能否安和恭敬；让他不断来回迁移，看其能否应变自如；让他安闲舒适，看其能否不放荡荒淫；让他接近声色、权势利益、忿怒、患险，看其能否不背离职守。这样一来，他真正有无美好的品格，就像黑白一样分明，哪里有什么隐曲呢？所以伯乐不可能因马而受骗，君子也不可能因人而受骗。这就是英明君主的原则。

注释

1 **禁之以等**：即以等级去约束任用的人。

2 **流慆**(tāo)：放荡荒淫。

3 **诎**：隐曲。

4 **伯乐**：春秋时期秦国人，姓孙名阳，善于相马。

原文

人主欲得善射，射远中微者，县贵爵重赏以招致之，内不可以阿子弟，外不可以隐远人，能中是

译文

君主若希望得到善于射箭，且射得既远又准的人，就应该以高官厚赏去招引他们，对内不能偏袒自己的子弟，对外不能埋没关系疏远的人，唯射术是取，这

者取之，是岂不必得之之道也哉？虽圣人不能易也。欲得善驭速致远[1]者，一日而千里，县贵爵重赏以招致之，内不可以阿子弟，外不可以隐远人，能致是者取之，是岂不必得之之道也哉？虽圣人不能易也。

难道不是那个必然能得到善射之人的方法吗？即使是圣人也不能改变这种方法。如果希望得到善于驾驭，既快速又跑得远的人，一日可至千里，就应该以高官厚赏去招引他们，对内不能偏袒自己的子弟，对外不能埋没关系疏远的人，唯驭术是取，这难道不是那个必然能得到善驭之人的方法吗？即使是圣人也不能改变这种方法。

注释

1 **速致远**：此三字有两说：一是依据王念孙说，脱落一“及”字，即“及速致远”，此四字正与“射远中微”对仗；一是俞樾说，他认为“一日而千里”本身就是“及速”，故“及速”可去掉，故应为“致远”。此以王说为妥。

原文

欲治国驭民，调一上下，将内以固城，外以拒难，治则制人，人不能制也，乱则危辱灭亡可立而待也。然而求卿相辅佐，则独不若是[1]其公也，案[2]唯便嬖亲比己者之用也，岂不过甚矣哉？故有社稷者莫不欲强，俄[3]则弱矣；莫不欲安，俄则危矣；莫不欲存，俄则亡矣。古有万

译文

若要治理国家驾驭人民，统一上下，就要对内巩固城池，对外抗拒敌患，治理得好就能制服别人，而不能被别人制服，若国家混乱就会使危险、屈辱、灭亡很快到来。即使如此，君主在任用卿相的时候却不能做到像求善射与善驭之人那样公正，只是任用宠信的小人或亲近自己的人，这样过错岂不是太大了吗？所以拥有社稷的人没有不希望强盛的，但不久就削弱了；没有不希望安定的，但不久就危险了；没有不希望永存的，但不久就灭亡了。古时候有上万个国家，现在仅剩下十几个了，这没有别的原

国，今有数十[4]焉，是无它故，莫不失之是也。故明主有私人以金石珠玉，无私人以官职事业，是何也？曰：本不利于所私也。彼不能而主使之，则是主暗也；臣不能而诬能，则是臣诈也。主暗于上，臣诈于下，灭亡无日，俱害之道也。

因，没有不是因为失去公正的用人之道的。因此贤明的君主可以私自给人以金石珠玉，但不能私自给人以官职。这是为什么呢？回答是：因为这样做根本不利于那些被偏私的人。那些人根本没有才能但君主却任用他们，那么这就是昏庸的君主；臣子根本没有才能但谎称自己有才能，那么这就是欺诈的臣子。君主昏庸于上，臣子欺诈于下，灭亡就会很快到来，这对于君主与臣子都是有害的做法。

注释

1 **是**：指前文所说的求善射与善驭之人，君主能做到公正，但治国用人的时候，却不能做到公正，只任用宠幸的小人。

2 **案**：语助词。

3 **俄**：不久。

4 **数十**：当为“十数”。《富国》篇作“十数”。

原文

夫文王非无贵戚也，非无子弟也，非无便嬖也，倜然乃举太公于州人[1]而用之，岂私之也哉？以为亲邪？则周姬姓也，而彼姜姓也。以为故邪？则未尝相识也。以为好丽邪？则夫人行年七十有二，齫然[2]而齿堕矣。然而用之

译文

文王并不是没有富贵的亲戚，并不是没有子弟，并不是没有宠信的小臣，然而却能不顾世俗之见而任用身为渔夫的姜太公，难道是对他偏爱吗？还是有亲戚关系？然而文王是姬姓，而太公乃姜姓。他们是故旧吗？但他们根本未曾相识。文王爱好漂亮的人吗？姜太公此时已经七十二岁，牙齿都掉光了。然而文王任用了他，这是因为文王要建立崇高

者，夫文王欲立贵道，欲白贵名，以惠天下，而不可以独也，非于是子莫足以举之，故举是子而用之。于是乎贵道果立，贵名果明[3]，兼制天下，立七十一国，姬姓独居五十三人，周之子孙苟不狂惑者，莫不为天下之显诸侯。如是者，能爱人也。故举天下之大道，立天下之大功，然后隐[4]其所怜所爱，其下犹足以为天下之显诸侯。故曰："唯明主为能爱其所爱，暗主则必危其所爱。"此之谓也。

的治国大道，要显扬高贵的名声，以此造福天下，但自己一人却做不到这些，除了姜太公以外又没有别的人可以选用，于是就任用了他。这样崇高的治国大道建立了，高贵的名声显扬了，一统天下，建立七十一个诸侯国，姬姓就占了五十三席，周室的子孙如果不是狂妄迷惑之人，没有一个不是天下的显赫诸侯。像这样，才能算是真正宠爱人啊。所以（必先）确立天下的根本大道，建立天下的不朽功勋，然后再去偏私其所怜爱的人，他所怜爱的人最低也可以做一个天下显赫的诸侯。所以说："只有贤明的君主才能真正疼爱他所宠爱的人，昏庸的君主必然会危害他所宠爱的人。"说的就是这个道理。

注释

1 **倜然乃举太公于州人**：倜然，远离世俗的样子；州人，即渔人，因太公身为渔夫垂钓于渭水之滨。

2 **齫（yǔn）然**：无齿的样子。齫，同"齳（yǔn）"。

3 **明**：当为"白"，与上文"欲白贵名"一致。

4 **隐**：偏私。

原文

墙之外，目不见也；里之前[1]，耳不闻也；而人主之守司，远者天下，近者境

译文

院墙之外，眼睛是看不到的；一里之外，耳朵是听不到的；而君主所管辖的范围，远至天下，近处一国，其中的情

内，不可不略知也。天下之变，境内之事，有弛易齵差[2]者矣，而人主无由知之，则是拘胁蔽塞之端也。耳目之明，如是其狭也；人主之守司，如是其广也，其中不可以不知也；如是其危也[3]。然则人主将何以知之？曰：便嬖左右者，人主之所以窥远收[4]众之门户牖向也，不可不早具也。故人主必将有便嬖左右足信者然后可，其知惠[5]足使规物、其端诚足使定物然后可，夫是之谓国具。

况却不可以不大体了解。天下的变化，境内的事态，已经有了变动纷乱了，但君主却没有办法知道，这就是君主被挟持蒙蔽的开始。因为个人耳目之辨察力，是如此的狭小；君主所管辖的范围，又是如此之广大，其中的变化不可以不了解；（若君主不了解，）那么危险就会来临。然而君主靠什么来了解这些情况呢？回答是：宠信的人与侍从，这是君主用来窥探远方、监视众人的通道，不可以不及早准备。所以君主必须有足以信赖的宠信与侍从然后才可放心，他们的智慧足以谋划事情，他们的端正、诚实足以办成事情然后才使人放心，这就叫作国家的人材。

注释

1 **里之前**：一里路之外。许多注释本注"里"为古代的居民单位，即二十五家为一里，故"里之前"即为里门之前。里门之前便听不到，这显然不符合事实，因为听不听得到要看人站在什么地方。

2 **齵(yú)差**：牙齿不齐。这里指参差不齐。

3 **如是其危也**：此句之前，当有"人主之不知"一句脱落。

4 **收**：通"纠"，监督。

5 **惠**：通"慧"。

原文

人主不能不有游观安燕之时，则不得不有疾病物故[1]

译文

君主不能没有游览安逸之时，那么也就不得不有疾病亡故之变化。这之变焉。如是，国者，事物之至也如泉原，一物不应，乱之端也。故曰：人主不可以独也。卿相辅佐，人主之基、杖[2]也，不可不早具也。故人主必将有卿相辅佐足任者然后可，其德音足以填[3]抚百姓，其知虑足以应待万变然后可，夫是之谓国具。

样，国家每天发生的事情就像泉水涌出一样，若一件没有处理好，就是混乱的开始。所以说：君主不可以独自一人治理国家。卿相辅佐，就如君主的几、杖一样重要，不能不及早准备好。因此君主必须要有足堪大任的卿相辅佐才行，他们的德行声望足以安抚百姓，他们的智慧思虑足以应对各种变化才适合，这就叫作国家的人材。

注释

1 **物故**：死亡。

2 **基、杖**：坐着依靠几案，走路依靠手杖，形容君主离不开卿相的辅佐。

3 **填**：当为“镇”，安定。

原文

四邻诸侯之相与，不可以不相接也，然而不必相亲也，故人主必将有足使喻志决疑于远方者然后可。其辩说足以解烦，其知虑足以决疑，其齐断足以距难[1]，不还秩[2]，不反君，然而应薄捍患[3]足以持社稷，然后可，夫是之谓国具。故人主无便嬖左右足信者谓之暗，无卿相辅佐足任者谓之独，所使于四邻诸侯者非其人

译文

与四方的国家相互比邻，不可能不接触往来，但不一定都相互友好，所以君主必须有足以执行意志、解决疑难而出使远方的人才行。他的辩论游说足以解决麻烦，他的聪明智慧足以决断嫌疑，他的果敢明断足以抗拒灾祸，不营私，不违背君主，然而应对紧急情况、抵御祸患足以保卫国家，然后才可以，这就叫作国家的人材。因此君主若没有足可信赖的宠信与侍从就叫昏暗，没有足堪大任的卿相辅佐就叫孤独，出使四方与诸侯的人不恰当就叫孤立，

谓之孤，孤独而暗谓之危。国虽若存，古之人曰亡矣。《诗》曰：“济济多士，文王以宁。”[4]此之谓也。

孤独、孤立且昏暗就叫危险。国家好像还存在，但古人却说它灭亡了。《诗经》说：“有诸多的贤良之士，文王才得以安宁。”说的就是这个道理。

注释

1 **齐断足以距难**：齐断，果断。齐，疾也。距，通“拒”。

2 **还秩**：还，通“营”。秩，当为“私”之误。

3 **应薄捍患**：薄，急迫；捍，抵御。

4 此句引自《诗经·大雅·文王》。此诗是周王祭祀先祖文王的，歌颂了文王的德行，告诫后代诸王当以文王为榜样。

原文

材人[1]：愿悫拘录[2]，计数纤啬而无敢遗丧，是官人使吏之材也。修饬端正，尊法敬分而无倾侧之心，守职循业[3]，不敢损益，可传世也，而不可使侵夺，是士大夫官师之材也。知隆礼义之为尊君也，知好士之为美名也，知爱民之为安国也，知有常法之为一俗也，知尚贤使能之为长功也，知务本禁末之为多材[4]也，知无与下争小利之为便于事也，知明制度、权物称用之为不泥也，

译文

依据材质任用人才的方法：诚实勤勉，计算得十分仔细且不敢有遗漏，这是一般官吏与差役的材质。修养品德，端正身心，尊重法律，坚守本分且没有偏邪的想法，恪尽职守，建立功业，对既定的法令不敢随意修改，并使这种精神世代相传，而不能人为地破坏，这是士大夫和官长的材质。知道推崇礼义是为了尊重君主，知道喜好贤士是为了美好的名声，知道仁爱民众是为了安定国家，知道国家要有稳定的法律是为了统一风俗，知道尚贤使能是为了长远的事业，知道重视农业而抑制工商业是为了增加财富，知道不与下属争夺小的利益是为了便于办成事情，知道明确制度、衡量事物的用

是卿相辅佐之材也，未及君道也。能论官[5]此三材者而无失其次，是谓人主之道也。若是，则身佚而国治，功大而名美，上可以王，下可以霸，是人主之要守也。人主不能论此三材者，不知道此道，安值[6]将卑埶出劳，并[7]耳目之乐，而亲自贯日而治详，一内[8]而曲辨之，虑与臣下争小察而綦偏能，自古及今，未有如此而不乱者也。是所谓"视乎不可见，听乎不可闻，为乎不可成"，此之谓也。

途是为了不拘泥于成规，这是卿相辅佐的材质，但这些人还没有懂得君主之道。能够选择任用以上三种材质的人做官且秩序不乱，这才是君主之道。如果这样，那么身心安逸且国家平治，功绩大而名声美，往大了说可以称王，往小了说可以称霸，这是君主的职守。若君主不能任用这三种人才，不知道上述的道理，只知降低身份不辞劳苦，抛弃耳目声色之乐，而亲自没日没夜地去处理各种事情，甚至想一日之内就办好全部事情，还想与臣下计较曲直以显示自己的才能，从古到今，没有这样做而不混乱的。这就是所谓"想看却看不到，想听却听不到，想做却做不成"，说的就是这个道理。

注释

1 **材人**：因人之材质之不同加以任用。

2 **拘录**：勤劳。

3 **循业**：当为"修业"，即建立功业。

4 **材**：通"财"。

5 **论官**：选取任用官吏。论，通"抡"。

6 **安值**：安，语助词；值，通"直"，直接。

7 **并**：通"屏"，屏弃。

8 **内**：当为"日"。

臣道

导读

本篇论述了臣子的类别、作用以及须遵循的原则。臣子的类别分为：态臣、篡臣、功臣、圣臣。臣子的表现可分为大忠、次忠、下忠及国贼，这样，臣子的作用就体现在“用圣臣者王，用功臣者强，用篡臣者危，用态臣者亡”。正因为如此，君主应谨慎地选择臣子，应有识人之明，不可误入“偷合苟容，以之持禄养交”之人的奉迎之中。作为臣子的基本原则是“从道不从君”，故臣子应尽其谏诤、辅佐之责任。

原文

人臣之论：有态臣[1]者，有篡臣者，有功臣者，有圣臣者。内不足使一民，外不足使距难，百姓不亲，诸侯不信，然而巧敏佞说[2]，善取宠乎上，是态臣者也。上不忠乎君，下善取誉乎民，不恤公道通义，朋党比周，以环主[3]图私为务，是篡臣者也。内足使以一民，外足使以距难，民亲之，士

译文

论臣子的类别：有奸诈的臣子，有篡权营私的臣子，有功勋卓著的臣子，有圣明贤能的臣子。对内不足以统一民众，对外不足以抵御敌患，百姓不亲近，诸侯不信任，然而灵巧敏捷、能说会道，善于取悦君主，这就是奸诈的臣子。对上不忠于君主，但对下善于从民众中骗取好名声，不顾及公理与道义，拉帮结派，蒙蔽君主以谋取私利，这是篡权营私的臣子。对内足以统一民众，对外足以抗拒敌患，百姓亲近，士人信任，在上忠于君主，在下仁

信之，上忠乎君，下爱百姓而不倦，是功臣者也。上则能尊君，下则能爱民；政令教化，刑下如影[4]；应卒遇变，齐给如响；推类接誉[5]，以待无方，曲成制象[6]，是圣臣者也。

爱百姓而不知疲倦，这是功勋卓著的臣子。在上能尊敬君主，在下能仁爱百姓；推行政令教化，其模范作用如影随形一般；应对突发情况与事变，其行动快捷如响应声一样；以类似的道理去处理各类事务，以便应对无常之事态，每件事情都可以成为法度，这就是圣明贤能的臣子。

注释

1 **态臣**：奸诈之臣。态，通“慝”。

2 **说**：同“悦”，取悦。

3 **环主**：蒙蔽君主。

4 **刑下如影**：刑，通“形”。影子随物体形状而变化，引申为下民效法长官之德行。

5 **誉**：通“与”，同类。

6 **曲成制象**：曲，各方面；制象，成为法度。

原文

故用圣臣者王，用功臣者强，用篡臣者危，用态臣者亡。态臣用则必死，篡臣用则必危，功臣用则必荣，圣臣用则必尊。故齐之苏秦[1]，楚之州侯[2]，秦之张仪[3]，可谓态臣者也。韩之张去疾[4]，赵之奉阳[5]，齐之孟尝，可谓篡臣也。齐

译文

所以任用圣明贤能的臣子就能称王，任用功勋卓著的臣子就会强大，任用篡权营私的臣子就会危险，任用奸诈的臣子就会灭亡。奸诈的臣子得到任用君主一定会丧命，篡权营私的臣子得到任用君主一定会危险，功勋卓著的臣子得到任用君主一定会有荣耀，圣明贤能的臣子得到任用君主一定会受到尊重。因此齐国的苏秦，楚国的州侯，秦国的张仪，就可算是奸诈的臣子。韩国的张去疾，赵国的奉阳君，齐国的

之管仲，晋之咎犯[6]，楚之孙叔敖，可谓功臣矣。殷之伊尹，周之太公，可谓圣臣矣。是人臣之论也，吉凶贤不肖之极也，必谨志之而慎自为择取焉，足以稽矣。

孟尝君，就可算是篡权营私的臣子。齐国的管仲，晋国的舅犯，楚国的孙叔敖，就可算是功勋卓著的臣子。殷代的伊尹，周朝的太公，就可算是圣明贤能的臣子。这就是人臣的类别，是吉与凶、贤能与不贤能的标准，君主一定要记住并谨慎地加以选择任用，这些足可用来参考。

注释

1 **苏秦**：战国时期著名的纵横家、外交家与谋略家。年轻时与张仪一起跟随鬼谷子学习纵横术，磨砺多年以后，最终提出合纵六国以抗秦的战略思想，并最终组建合纵联盟，任"从约长"，兼佩六国相印，使秦十五年不敢出函谷关。后在齐任客卿，因为争宠被人所杀。

2 **州侯**：楚顷襄王之佞臣，因封于州，故称州侯。

3 **张仪**：战国时期著名的纵横家、外交家与谋略家。张仪首创"连横"之术，游说秦王，秦惠文王以之为相。尔后，张仪以"横"破"纵"，逐渐使得战国诸雄由合纵抗秦转变为连横亲秦，张仪由此被封为武信君。但秦惠文王死后，继位的秦武王不喜欢张仪，张仪由此出逃至魏，亦为相。

4 **张去疾**：战国时韩国的宰相，先后相韩昭侯、宣惠王等。同时，这个人可能是汉人张良的祖先。

5 **奉阳**：本名李兑，战国时赵国权臣。赵国内乱，他保卫赵惠文王，杀死公子章，遂由司寇升任为相，号奉阳君，由此而大权独揽。

6 **咎犯**：名狐偃，又称舅犯，是晋文公重耳的舅舅，曾随重耳流亡在外。狐偃为人正直，有美德。在流亡过程中，多次劝诫重耳改掉身上的贵族公子习气，体恤百姓，尊重贤臣，忍辱负重，为重耳回国且进一步称霸诸侯立下大功，受到重耳的敬重。

原文

从命而利君谓之顺，从命而不利君谓之谄；逆命而利君谓之忠，逆命而不利君谓之篡；不恤君之荣辱，不恤国之臧否，偷合苟容，以持禄养交而已耳，谓之国贼。[1]君有过谋过事，将危国家、陨社稷之惧也，大臣父兄有能进言于君，用则可，不用则去，谓之谏；有能进言于君，用则可，不用则死，谓之争[2]；有能比知[3]同力，率群臣百吏而相与强君挢[4]君，君虽不安，不能不听，遂以解国之大患，除国之大害，成于尊君安国，谓之辅；有能抗君之命，窃君之重，反君之事，以安国之危，除君之辱，功伐足以成国之大利，谓之拂[5]。

译文

服从君主的命令而做有利于君主的事就叫顺，服从君主的命令却做不利于君主的事就叫谄；违抗君主的命令却做有利于君主的事就叫忠，违抗君主的命令而做不利于君主的事就叫篡；不顾及君主的荣辱，不顾及国家的兴衰，无原则地迎合、无尊严地谄媚，只求保住俸禄、豢养党羽而已，这就叫国贼。君主有错误的谋划，错误的行为，将会危害国家、败坏社稷，大臣、父兄之中有人能向君主进言，能采纳固好，不能采纳就离去，这就叫作劝谏；如果有人能向君主进言，能采纳固好，不能采纳就以死抗争，这就叫作死谏；如果有人能够联合有智慧的人同心协力，率领群臣百官一起强行矫正君主的过错，君主虽然感到不安，但不能不听从，由此而解除了国家的大患，去除了国家的大害，以至于君主尊荣、国家安定，这就叫作辅佐；如果有人能够违抗君主的命令，暂时借用君主的权力，否定君主的行为，以此来解除国家的危险，去除君主的羞辱，功劳足以成就国家的大利益，这就叫作匡正。

注释

1 **臧否**(pǐ):好坏，兴衰。**偷合**:无原则地迎合。**苟容**:没有尊严地附和、侍奉。**养交**:豢养党羽。

2 **争**:通“诤”,拼命规劝。

3 **比知**:联合有智慧的人。比,合也。

4 **挢**:同“矫”,矫正。

5 **拂**(bì):通“弼”,匡正过失。

原文

故谏、争、辅、拂之人,社稷之臣也,国君之宝也,明君之所尊所厚也,而暗主惑君以为己贼也。故明君之所赏,暗君之所罚也;暗君之所赏,明君之所杀也。伊尹、箕子,可谓谏矣;比干、子胥[1],可谓争矣;平原君[2]之于赵,可谓辅矣;信陵君[3]之于魏,可谓拂矣。《传》曰:“从道不从君。”此之谓也。故正义之臣设[4],则朝廷不颇[5];谏、争、辅、拂之人信,则君过不远;爪牙之士施,则仇雠不作;边境之臣处,则疆垂[6]不丧。故明主好同而暗主好独,明主尚贤使能而飨其盛[7],暗主妒贤畏能而灭其功,罚其忠,赏其贼,夫是之谓至暗,桀、纣所以灭也。

译文

所以能劝谏、死诤、辅佐、匡正的人,是社稷的重臣,国君的珍宝,是贤明的君主应尊重优待的,而昏庸迷惑的君主却以为是自己的仇敌。因此贤明的君主所奖赏的,正是昏庸的君主所惩罚的;昏庸的君主所欣赏的,正是贤明的君主所要杀戮的。伊尹、箕子,就属于劝谏的人;比干、子胥,就属于死诤的人;平原君之于赵国,就属于辅佐;信陵君之于魏国,就属于匡正。古书上说:“遵从大道而不顺从君主。”说的就是这个道理。所以正义的臣子被任用了,朝廷就不会偏邪不正;劝谏、死诤、辅佐、匡正的人被信任了,君主的过错就不会太远;勇敢的武士被任用了,仇敌就不会犯境;边境的大臣安置好了,国境就不会丧失。所以贤明的君主喜欢与人共谋大业而昏庸的君主喜欢独断专行,贤明的君主尚贤使能而享受他们的成果,昏庸的君主嫉妒贤者、害怕能人而抹杀他们的功绩,处罚忠臣,奖赏奸佞,这就叫极其昏庸,夏桀、商纣由此而灭亡。

注释

1 **子胥**：即伍子胥，春秋末期吴国大夫，军事家。本为楚国人，因其父兄为楚王所杀，他逃至吴国，成为了吴王阖闾的重臣。在伍子胥的辅佐下，吴国西破楚，北败鲁、齐，成为当时的霸主。

2 **平原君**：本名赵胜，战国四公子之一，赵武灵王之子，赵惠文王之弟，号平原君。他礼贤下士，门下食客至数千人，多次在危急时刻解救国都邯郸。

3 **信陵君**：本名魏无忌，亦为战国四公子之一。魏昭王少子、魏安釐王的异母弟。安釐王即位后，被封于信陵，故号信陵君。信陵君处在魏国由盛转衰之时，但因其礼贤下士，急人之困，故两度击败秦军，挽救了魏国与赵国的危局。

4 **设**：被任用。

5 **颇**：偏邪，不正。

6 **垂**：通"陲"，边境。

7 **飨其盛**：飨，通"享"；盛，成也。

原文

事圣君者，有听从，无谏争；事中君者，有谏争，无谄谀；事暴君者，有补削，无挢拂[1]。迫胁于乱时，穷居于暴国，而无所避之，则崇其美，扬其善，违[2]其恶，隐其败，言其所长，不称其所短，以为成俗。《诗》曰："国有大命，不可以告人，妨其躬身。"[3]此之谓也。

译文

侍奉圣明的君主，只须听从，无须谏诤；侍奉中等的君主，可以谏诤，但无须谄媚；侍奉残暴的君主，可以修补其些许过失，但不可能直言匡正其错误。被胁迫在混乱的时势之下，不得已居住在残暴的国家，且无处可逃，那么就推崇君主的美德，宣扬其善行，讳言其丑恶，隐匿其失败，称道其长处，不言说其短处，并以此作为习惯。《诗经》说："国家有重大行动，不可以把它告诉别人，否则就会危害自身。"说的就是这个道理。

注释

1 **有补削，无挢拂**：暴君残暴不能听从意见，故只能暗中修补其过失，不能明言强行匡正其错误。

2 **违**：避也。

3 此句不见于今本《诗经》，当为逸诗。躬身，自身。

原文

恭敬而逊，听从而敏，不敢有以私决择也，不敢有以私取与也，以顺上为志，是事圣君之义也。忠信而不谀，谏争而不谄，挢然刚折端志而无倾侧之心，是案曰是，非案曰非，是事中君之义也。调而不流，柔而不屈，宽容而不乱，晓然[1]以至道而无不调和也，而能化易[2]，时关内[3]之，是事暴君之义也。若驭朴马，若养赤子，若食餧人。故因其惧也而改其过，因其忧也而辨[4]其故，因其喜也而入其道，因其怒也而除其怨，曲得所谓[5]焉。《书》曰："从命而不拂，微谏而不倦，为上则明，为下则逊。"[6]此之谓也。

译文

恭敬而谦逊，听从命令且敏捷地执行，不敢以私意加以抉择，不敢以私利妄加取舍，以顺从君主作为基本志向，这是侍奉圣明君主的原则。忠信但不阿谀，谏诤但不谄媚，刚毅不阿、心意端正且没有陷害别人的想法，是就说是，非就说非，这是侍奉中等君主的原则。顺从但不随波逐流，柔顺但不屈从，宽容但不是没有原则，以最高的道理去启发他且没有不调适、顺畅的，使他感化、改变，时时把正确的原则灌输到他的内心中去，这是侍奉暴君的原则。（侍奉暴君）就像驾驭从未训练过的马，就像养育婴儿，就像给饥饿的人喂食。所以要乘他恐惧的时候使其改正错误，乘他忧虑的时候使其改变习惯，乘他高兴的时候使其进入正道，乘他发怒的时候使其去除仇怨，处处做得适当且能达到目的。《尚书》说："顺从命令而不违抗，小心劝谏而不厌倦，作为君主则圣明，作为臣子则谦逊。"说的就是这个道理。

注释

1 **然**:衍文。

2 **化易**:感化,改变。

3 **关内**:关,入也;内,同“纳”。

4 **辨**:通“变”。

5 **曲得所谓**:指“因其惧”“因其忧”“因其喜”“因其怒”处处做得适当,且能达到目的。

6 此句不见今本《尚书》,可能已经亡佚。

原文

事人而不顺者,不疾[1]者也;疾而不顺者,不敬者也;敬而不顺者,不忠者也;忠而不顺者,无功者也;有功而不顺者,无德者也。故无德之为道也,伤疾、堕[2]功、灭苦,故君子不为也。

译文

侍奉人却不顺从他,这是怠慢;不怠慢却依然不顺从,这是不恭敬;恭敬却不顺从,这是不忠诚;忠诚却不顺从,就会没有功劳;有功劳却不顺从,就会没有品德。所以把没有品德作为行为的准则,就会伤害恭敬、毁灭功绩、埋没劳苦,因此君子是不会这样做的。

注释

1 **不疾**:怠慢。

2 **堕**(huī):毁弃。

原文

有大忠者,有次忠者,有下忠者,有国贼者。以德复[1]君而化之,大忠也;以德调君而补[2]之,次忠也;以是谏非而怒之,下忠也;不恤君之荣辱,不恤国之臧否,

译文

有上等的忠臣,有次等的忠臣,有下等的忠臣,有危害国家的败类。以德行去覆育君主而感化他,是上等的忠臣;以德行去调养君主而辅佐他,是次等的忠臣;以正确的道理去劝谏君主的错误而激怒他,是下等的忠臣;不

偷合苟容，以之持禄养交而已耳，国贼也。若周公之于成王也，可谓大忠矣；若管仲之于桓公，可谓次忠矣；若子胥之于夫差[3]，可谓下忠矣；若曹触龙[4]之于纣者，可谓国贼矣。

顾君主的荣辱，不管国家的好坏，奉迎君主，苟且自保，以此保住俸禄、豢养党羽而已，是国家的败类。像周公之于成王，就是上等的忠臣；像管仲之于桓公，就是次等的忠臣；像伍子胥之于夫差，就是下等的忠臣；像曹触龙之于商纣王，就是国家的败类。

注释

1 **复**：通“覆”。《韩诗外传》卷四作“覆”。

2 **补**：当为“辅”。《韩诗外传》卷四作“辅”。

3 **夫差**：春秋时期吴国末代国君，阖闾之子。因不听伍子胥的劝谏，放越王勾践回国，后吴国竟被勾践所灭，夫差自杀。

4 **曹触龙**：商纣王时期的大臣，生平事迹不详，但善于谄媚。

原文

仁者必敬人。凡人非贤则案不肖也。人贤而不敬，则是禽兽也；人不肖而不敬，则是狎[1]虎也。禽兽则乱，狎虎则危，灾及其身矣。《诗》曰：“不敢暴虎，不敢冯河。人知其一，莫知其它。战战兢兢，如临深渊，如履薄冰。”[2]此之谓也。故仁者必敬人。

译文

仁人必然尊敬别人。大凡一个人若无贤能，就一定无德才。人若贤能但不去敬重他，那么就是禽兽之行；人若不贤能而不去尊敬他，那么就相当于在戏弄老虎。禽兽之行就会引起祸乱，戏弄老虎就会危险，两者都将灾及自身。《诗经》说：“不敢空手打老虎，不敢徒步涉河。人们只知道其中一个的危险性，却不知其他。小心谨慎啊，就如来到了深渊，就如脚踩薄冰一样。”说的就是这个道理。所以仁德的人必然尊敬别人。

注释

1 **狎**:戏弄。

2 此句引自《诗经·小雅·小旻》。暴虎,空手与虎搏斗;冯(píng)河,徒步渡河。依王引之的理解,荀子之引文,应该只到“人知其一,莫知其它”止,因为荀子这里是告诉我们这两种情况(“人贤而不敬”与“人不肖而不敬”)都会给人带来危险,但一般人只知其一不知其二,故“战战兢兢,如临深渊,如履薄冰”颇不类,从文气上讲可以删掉。这有一定的道理,但文章最后以“故仁者必敬人”总结,则“战战兢兢,如临深渊,如履薄冰”似与文意亦连贯。

原文

敬人有道:贤者则贵而敬之,不肖者则畏而敬之;贤者则亲而敬之,不肖者则疏而敬之。其敬一也,其情二也。若夫忠信端悫而不害伤,则无接而不然,是仁人之质也。忠信以为质,端悫以为统[1],礼义以为文[2],伦类以为理[3],喘[4]而言,臑[5]而动,而一可以为法则。《诗》曰:“不僭不贼,鲜不为则。”[6]此之谓也。

译文

尊敬人有通行的原则:对于贤能的人就贵重而敬之,对于不贤能的人就畏惧而敬之;贤能的人就亲近而敬之,不贤能的人就疏远而敬之。其外在的尊敬是一样的,但其本质是不一样的。如果忠信、端正、诚实又不伤害人,那么对待谁都是一样的,这就是仁人的本质。以忠诚、信任作为本质,以端正、诚实作为纲纪,以礼仪、道义作为规范,以伦理、法度作为原则,轻微地说一句,稍微地动一动,就能够成为别人效法的原则。《诗经》说:“不犯过错,不伤害别人,很少不能成为别人效法的原则。”说的就是这个道理。

注释

1 **统**:准则,纲纪。

2 **文**:外在表现,规范。

3 **理**:原则。

4 **喘**:小声说话。

5 **臑**:通"蠕(rú)",轻微缓慢地动。

6 此句引自《诗经·大雅·抑》。僭,过错;贼,伤害别人。

原文

恭敬,礼也;调和,乐也;谨慎,利也;斗怒,害也。故君子安礼乐利[1],谨慎而无斗怒,是以百举[2]不过也。小人反是。

译文

谦恭尊敬,是礼的表现;协调和谐,是乐的表现;谨小慎微,就会带来利益;争斗,就会招致祸害。所以君子安守礼节、和调音乐,谨小慎微而没有争斗,因此做什么事情都不会犯错。小人正好与此相反。

注释

1 **乐利**:王念孙认为,"乐利"当为"乐乐",因为"安礼""乐乐"正好对文;但俞樾认为"乐利"当为"和乐"。王先谦以为二说皆可通。

2 **百举**:办理各种事情。

原文

通忠之顺[1],权[2]险之平,祸乱之从声[3],三者,非明主莫之能知也。争然后善,戾[4]然后功,出死无私,致忠而公,夫是之谓通忠之顺,信陵君似之矣。夺然后义,杀然后仁,上下易位然后贞[5],功参天地,泽被生民,夫是之谓权险之

译文

使忠诚通达以至于顺畅,改变危险的处境以至于安定,祸乱出现了依然随声附和,这三种情况,若不是贤明的君主是不能够分辨的。对君主谏诤然后才使之归于善,违背了君主的旨意然后才能建立功业,出生入死而无私心,极其忠诚而公正,这就叫使忠诚通达以至于顺畅,信陵君类似这种人。夺取了政权才能做到义,杀掉了君主才能做到仁,君臣变换位置才能安定天下,功业匹配天地,恩泽遍及百姓,这就叫改变

平，汤、武是也。过而通情[6]，和而无经，不恤是非，不论曲直，偷合苟容，迷乱狂生[7]，夫是之谓祸乱之从声，飞廉、恶来是也。《传》曰："斩而齐，枉而顺，不同而一。"[8]《诗》曰："受小球大球，为下国缀旒。"[9]此之谓也。

危险的处境以至于安定，商汤王、周武王就是这种人。君主有过错却与之同流，附和且没有原则，不顾是非，不论曲直，苟且迎合以求安身，迷惑混乱又狂妄无知，这就叫祸乱出现了依然随声附和，飞廉、恶来就属于这种人。古书上说："有参差才有整齐，有委曲才有顺从，有不同才有划一。"《诗经》说："授予大法小法，成为诸侯国的表率。"说的就是这两种人。

注释

1 **通忠之顺**：忠有所壅塞，故通之以至于顺畅。之，到也。

2 **权**：变。

3 **从声**：随声附和。

4 **戾**：违背。

5 **贞**：完成，这里指安定天下。

6 **通情**：同情，即与君主同流合污。

7 **狂生**：无知妄为的人。《君道》篇的解释是："危削灭亡之情举积此矣，而求安乐，是狂生者也。狂生者，不胥时而落。"

8 此句引自上古之书。其大意在说明：忠臣的行动开始似乎违反常规，但结果是为了追求道义。此句说的是"通忠之顺"的人。

9 此句引自《诗经·商颂·长发》。对于"球"字有两种理解：其一，读为"捄"，法则。其二，玉。二者皆可通，但本注解依前一种，以与《荣辱》篇统一。缀旒，挂在旗子上的飘带，这里是表率的意思。此句说的是"权险之平"的人。

天论

导读

本篇最能体现荀子的思想特色，荀子与孔子、孟子的分歧由此亦可概见。孔子、孟子的思想虽有极其中庸的世间面向，但亦有极其高明的形上追求。故孔子说："下学而上达。"孟子亦欲尽心、知性而知天。但荀子与孔子、孟子不同，他倡言"圣人为不求知天"，又云"夫是之谓知天"。这是什么意思呢？"圣人为不求知天"，即表示荀子对于形上之思无兴趣。在荀子看来，天命是有的，但其神秘性却是人无法窥探的，人完全没有必要在此枉费心机。所以，在荀子那里，有一个作为最高主宰的天命，它外在于人，它的秘密是不可能完全向人展示的，且有其客观性与严酷性，不会随世间的治乱而不同。另一方面，人在这种神秘性面前又不是完全被动而无所作为的，天命通过它的作用与运行又向人展示了其可被把握与利用的一面，所以，荀子又高唱"知天"。"知天"并不是去追索天之神秘性，而是去把握天之"垂象"，即"象之可以期者"，即去分析、理解物质世界。这里可见荀子思想的实在论根底与经验论性格。荀子既承认天的神秘性，又让人坦然接受这种神秘性，于是，他认为对于天命觉得奇怪是可以的，觉得可怕完全没有必要。不但没有必要，而且天之作用完全可以被人利用。荀子把天又完全限制在自然的意义上，而人世之兴废与天无关，故上天的奇异现象并不可怕，可怕的是"人祆"，即人间的不道德、荒谬的现象，由此告诫君主要以礼义治国。所以，荀子最后落脚在礼义之上，礼义才是人类之"天"、治国之"天"。

原文

天行有常，不为尧存，不为桀亡。应之以治则吉，应之以乱则凶。强本[1]而节用，则天不能贫；养备而动时，则天不能病；修道而不贰[2]，则天不能祸。故水旱不能使之饥渴[3]，寒暑不能使之疾，祆怪不能使之凶。本荒而用侈，则天不能使之富；养略而动罕，则天不能使之全；倍道而妄行，则天不能使之吉。故水旱未至而饥，寒暑未薄[4]而疾，祆怪未至而凶。受时与治世同，而殃祸与治世异，不可以怨天，其道然也。故明于天人之分，则可谓至人矣。

译文

天有其固有的运行原则，不会因为尧而存在，也不会因为桀而灭亡。人以治世之道应和它就吉利，以乱世之道应和它就会凶险。加强农业生产、节制用度，那么上天也不能使之贫穷；各种供给充足且活动适时，那么上天也不能使之生病；遵循常道而不出差错，那么上天也不能使之祸乱。所以水涝旱灾不能使他挨饿，严寒酷暑不能使他生病，灾害怪异不能使他凶险。农业荒废且用度奢侈，那么上天也不能使之富有；供给不足且懒于活动，那么上天也不能使之健康；违背常道而肆意妄为，那么上天也不能使之吉利。因此水涝旱灾没有发生就有饥饿，严寒酷暑没有到来就生疾病，灾害怪异没有出现就遭凶险。所遭受的时势与太平盛世是一样的，但灾殃祸患的结果却与太平盛世不一样，这是不可以抱怨上天的，是人的行为造成的。所以明白了天人之间的这种差别，可谓是最高明的人了。

注释

1 **本**：农业生产。

2 **修道而不贰**：修，当为"循"；贰，当为"忒"，差错。《群书治要》卷三十八引文作"循道而不忒"。

3 **渴**：衍文。

4 **薄**：迫近。

原文

不为而成，不求而得，夫是之谓天职[1]。如是者，虽深，其人不加虑焉；虽大，不加能[2]焉；虽精，不加察焉。夫是之谓不与天争职。天有其时，地有其财[3]，人有其治，夫是之谓能参[4]。舍其所以参而愿其所参[5]，则惑矣。列星随旋，日月递照，四时代御，阴阳大化，风雨博施，万物各得其和以生，各得其养以成，不见其事而见其功，夫是之谓神[6]。皆知其所以成，莫知其无形，夫是之谓天[7]。唯圣人为不求知天。

译文

不通过人的作为就能成就，不通过人的求取就能产生，这就是天的运行方式。这样，（天的运行方式）虽然深远，人们也不需要去加以考虑；虽然广大，人们也不需要去加以干预；虽然精微，人们也不需要去加以审察。这就叫作不与天竞争职能。天有其季节更替，地有其财物资源，人有其依据天时地利而来的治理方法，这就叫作人与天地相互配合。舍弃依据天时地利而来的治理方法而指望天地自身的恩赐，那就太迷惑无知了。星辰旋转，日月交替，四时更迭，阴阳和合万有，风雨滋润万物，万事万物各自得其和合而产生，各自得其滋养而成长，看不见其和合、滋养的作用而只能见其结果，这就叫作神。都能察知其结果、成就，但不能知晓其作用、行迹，这就是天的运行与作用。只有圣人不想去了解天的运行与作用。

注释

1 **天职**：指天的作用与运行方式，这里有其固有的神秘性。这里的“不为”“不求”是指人不必为、不必求，并非天不必为。天亦有作为，只是它的方式人类不知道而已。如刮风下雨，这是人不必为、不必求的，但刮风下雨自身就是天有所为的方式，只是其方式具有神秘性。对于这种神秘性，荀子以为人应该坦然接受而不必去求其究竟，故有“不加虑”“不加能”“不加察”之论。

2 **能**：能力，作用，引申为干预。

3 **财**:通“材”。

4 **参**:参与,配合。此指人利用天时地利以求其治。

5 **舍其所以参而愿其所参**:所以参,指人利用天时地利以求其治的方法;所参,指天地自身。

6 **神**:《周易·系辞》说:“阴阳不测之谓神。”这里的神不是人格神,如西方的上帝,而是指阴阳二气和合生出万有,但阴阳二气是如何和合以生成万有的,人们却不能知晓,故曰“不测”,而其造化之结果却朗然在目,这就是“不见其事而见其功”。这个意思,如同孔子所言“天何言哉?四时行焉,百物生焉”。

7 **天**:脱落“功”字,“天功”二字下文凡三见。天功,即天的作用,也就是“神”。天功指无形的阴阳造化,但其结果却是有形的万物。荀子的意思是,人不必去窥探无形的阴阳造化,只需去利用有形之万物即可,此为“唯圣人为不求知天”。

原文

天职既立,天功既成,形具而神生,好恶、喜怒、哀乐臧焉,夫是之谓天情[1]。耳目鼻口形能,各有接而不相能也,夫是之谓天官[2]。心居中虚以治五官,夫是之谓天君[3]。财非其类,以养其类,夫是之谓天养[4]。顺其类者谓之福,逆其类者谓之祸,夫是之谓天政[5]。暗[6]其天君,乱[7]其天官,弃[8]其天养,逆

译文

天的职分已经确立,天的成果已有表现,人的形体具备而神情就产生了,好恶、喜怒、哀乐这些情感也就蕴藏于其中了,这就叫作天生的情感。耳、目、鼻、口、形体,各自分担不同的职能而不能相互代替,这就叫作天生的器官。心灵处在身体中间虚空的部分以统率五官,这是每个人天生的“君主”。物质财富并非与人同类,但人可利用它们以供养人类,这就叫作天生的供养。顺应以上各种天生之物而善加利用就是福,违背以上天生之物而不能善加利用就是祸,这就叫作“天政”。使天生的“君主”昏乱,放纵天生的器官,抛弃天生的供

其天政，背[9]其天情，以丧天功，夫是之谓大凶。圣人清其天君，正其天官，备其天养，顺其天政，养其天情，以全其天功。如是，则知其所为，知其所不为矣，则天地官[10]而万物役矣。其行曲[11]治，其养曲适，其生不伤，夫是之谓知天[12]。

养，悖逆“天政”，违反天生的情感，以至于使天之造化混乱丧失，这就叫作大的凶险。圣人使人心纯正，使天生的器官端正，备足天生的供养，顺从自然法则，涵养天生的情感，以成全天的造化和合。这样，就知道什么是应该做的，什么是不应该做的，那么天地就可被利用而万物就可被役使了。由此他的行动就处处合理，他的供养就处处合适，他的生命不会受到伤害，这就叫作知天。

注释

1 **天情**：上天给予人的天然的气质与性情。人这种存在，荀子认为是上天造就的，具有如此这般的形体，也就具有了如此这般的神情，这就叫“形具而神生”。有如此这般的神情，于是，人的好恶、喜怒、哀乐也就具有了。

2 **天官**：指眼、耳、口、鼻、四肢等形体器官。这些形体器官各有其功能，且不能相互代替，荀子认为，这也是上天安排的，至于为什么如此安排，这是天的神秘性，人不必去探求。

3 **天君**：心是思维器官，它能统率眼、耳、口、鼻、四肢等形体器官，故曰“天君”。但心为什么能够如此，这也是天的神秘性。

4 **天养**：上天化生万物来滋养人类，是为“天养”。但天为什么会化生万物来滋养人类，这是天的秘密，无人知晓。

5 **天政**：人虽然无从知晓上天为什么要如此安排，但却完全可以利用、顺应上天的这种安排，不必探究上天的安排甚至违背其安排而行事，这就叫“天政”。

6 **暗**：使昏乱。

7 **乱**：任意，放纵。

8 **弃**:抛弃。

9 **背**:违背。此指喜怒哀乐无常。

10 **官**:任用,掌握。

11 **曲**:周遍,各方面。

12 **知天**:前文讲"唯圣人为不求知天",这里又讲"夫是之谓知天",为什么?不求知天,是指不求知晓天的神秘性,上天为什么必如此造化和合,的确是人类难以知晓的,故庄子曰:"六合之外,圣人存而不论。"也就是荀子所说的"知其所不为",即对于天之神秘性,人类不应该去枉费心机。今人常以自然规律说之,至于为什么有这样的自然规律,人也是无从知晓的。但荀子以"天"说之,在他那个宗教盛行的时代,既是肯定这种神秘性,亦是坦然接受这种神秘性。虽然不知上天为什么如此造化和合,但其如此造化的结果朗然在目,人们却可掌握利用,这就叫"知其所为"。知天,就是去探求那个朗然在目的部分。"不求知天"与"知天",是荀子在为人的作为划界,人的作为不应该超过朗然在目的部分,故荀子的思想有很强的实在论与经验论根底,而其形上性却不足,这也是与孔子、孟子最大的差别。

原文

故大巧在所不为[1],大智在所不虑。所志[2]于天者,已[3]其见象之可以期者矣;所志于地者,已其见宜之可以息[4]者矣;所志于四时者,已其见数之可以事者矣;所志于阴阳者,已其见知[5]之可以治者矣。官人守天而自为守道也。

译文

所以最大的技巧在于有些事情不去做,最大的智慧在于有些问题不去思考。对于天的认知,应该止于其表现出来的现象去预测它的变化;对于地的认知,应该止于其条件适合种植之处;对于四时的认知,应该止于其变化便于农事之处;对于阴阳的认知,应该止于其和合利于治理之处。任用人才来持守这些道理而自己把握最根本的大道。

注释

1 **大巧在所不为**：不去做违背自然的事，就是最大的技巧。同理，最大的智慧就是不要去思虑形而上的问题。

2 **志**：认知。

3 **已**：停止，止于。荀子以为，对于天的探求应止于“象之可以期者”，也就是朗然在目者，过此以往，俱为“所不为”“所不虑”之列。地、四时、阴阳，也是如此。

4 **息**：繁殖生长。

5 **知**：当为“和”。

原文

治乱，天邪？曰：日月、星辰、瑞历[1]，是禹、桀之所同也，禹以治，桀以乱，治乱，非天也。时邪？曰：繁启蕃长[2]于春夏，畜积收臧于秋冬，是又禹、桀之所同也，禹以治，桀以乱，治乱，非时也。地邪？曰：得地则生，失地则死，是又禹、桀之所同也，禹以治，桀以乱，治乱，非地也。《诗》曰：“天作高山，大王荒之。彼作矣，文王康之。”[3]此之谓也。

译文

治乱的不同，是因为上天吗？答曰：日月、星辰、天体的运行，是大禹、夏桀所相同的，但大禹因此而治，夏桀因此而乱，可见，治乱的不同并非因为上天。是因为时节吗？答曰：万物繁衍、发芽、茂盛于春、夏，收获、蓄积、收藏于秋、冬，这又是大禹、夏桀之所相同的，但大禹因此而治，夏桀因此而乱，可见，治乱的不同并非因为时节。是因为大地吗？答曰：万物得到土地就生长，失去土地就死亡，这又是大禹、夏桀之所相同的，但大禹因此而治，夏桀因此而乱，可见，治乱之不同并非因为大地。《诗经》说：“天造了这座山，太王使它名声增大。既已使它名声增大，文王就在此安居建国。”说的就是这个意思。

注释

1 **瑞历**:历象,指天体之运行。

2 **繁启蕃长**:繁,多;启,发芽;蕃,茂盛。

3 此句引文出自《诗经·周颂·天作》。

原文

天不为人之恶寒也辍冬,地不为人之恶辽远也辍广,君子不为小人匈匈[1]也辍行。天有常道矣,地有常数矣,君子有常体矣。君子道其常而小人计其功。《诗》曰:"何恤人之言兮!"[2]此之谓也。

译文

上天并不因为人厌恶寒冷就废止冬天,大地并不因为人厌恶遥远就不再广大,君子并不因为小人喧哗、吵嚷就停止修行。上天有其固有的常道,大地有其固有的规律,君子有其固有的德行操守。君子依据其固有的德行操守行事,但小人却计较功利而行。《诗经》说:"(礼义上不出差错,)何必顾及人之闲言碎语呢!"说的就是这个道理。

注释

1 **小人匈匈**:当为"小人之匈匈"。匈匈,喧哗,吵嚷。

2 此句引自逸诗。在此句之前,当有"礼义之不愆(qiān)"一句。《荀子·正名》及《文选》卷四十五《答客难》均有此句。愆,过失,过错。

原文

楚王后车千乘,非知也;君子啜菽饮水,非愚也。是节然[1]也。若夫心[2]意修,德行厚,知虑明,生于今而志乎古,则是其在我者也。故君子敬其在己者,

译文

楚王后面跟随千乘车辆,并不是因为他聪明;君子吃着粗食、饮用清水,并不是因为他愚蠢。这是偶然的命运造成的。如果思想美好,德行敦厚,思虑明达,生在当今之世而期慕远古之道,这些都是能自我做主的。所以君子敬重能够自

而不慕其在天者；小人错[3]其在己者，而慕其在天者。君子敬其在己者而不慕其在天者，是以日进也；小人错其在己者而慕其在天者，是以日退也。故君子之所以日进与小人之所以日退，一也[4]。君子小人之所以相县者，在此耳。

我做主的，而不期慕那不能自我做主的；小人放弃能够自我做主的，而总是期慕那不能自我做主的。君子敬重能够自我做主的而不期慕那不能自做作主的，因此德行日益进步；小人放弃能够自我做主的而总是期慕那不能自我做主的，因此德行日益退步。君子日益进步而小人日益退步，原因是一样的。君子与小人之所以差别悬殊，原因即在这里。

注释

1 **节然**：偶然的命运。《荀子·正名》有"节遇谓之命"。与"其在己"相较，"车千乘""啜菽饮水"皆为在天者，皆是自己不能做主的，所以称"节然"。子夏云："死生有命，富贵在天。"也是这个意思。荀子这里要求我们，敬"在己者"即可，至于"在天者"，君子不必强求。

2 **心**：当为"志"。

3 **错**：通"措"，放置，放弃。

4 **一也**：指君子与小人都有所慕、有所不慕。

原文

星队[1]、木鸣，国人皆恐。曰：是何也？曰：无何也，是天地之变，阴阳之化，物之罕至者也。怪之，可也；而畏之，非也。夫日月之有蚀，风雨之不时，怪星之党[2]见，是无世而不常有之。上明而政

译文

流星坠落、树木鸣响，人们都很害怕，问：这是为什么？答曰：没有什么奇怪的，这是天地的变化，阴阳的作用，事物中很少出现的现象。觉得奇怪，是可以的；害怕畏惧，就不对了。日月常有日食与月食，暴风骤雨不时到来，奇怪的星辰偶尔出现，这些现象是任何一个时代都曾有的。若君主圣明且政治清平，那么即使

平，则是虽并世起，无伤也；上暗而政险，则是虽无一至者，无益也。夫星之队，木之鸣，是天地之变，阴阳之化，物之罕至者也。怪之，可也；而畏之，非也。

这些现象一齐到来，也没有什么问题；如果君主昏庸且政治险恶，那么即使这些现象没有一个出现，也没有什么好处。所以，流星的坠落、树木的鸣响，是天地的变化，阴阳的作用，事物中很少出现的现象。觉得奇怪，是可以的；害怕畏惧，就不对了。

注释

1 **队**(zhuì)：同“坠”。

2 **党**：通“傥”，偶尔。

原文

物之已至者，人袄则可畏也。楛耕伤稼，耘耨失薉[1]，政险失民，田薉稼恶，籴[2]贵民饥，道路有死人，夫是之谓人袄。政令不明，举错不时，本事不理，夫是之谓人袄。礼义不修，内外无别，男女淫乱，则[3]父子相疑，上下乖离，寇难并至，夫是之谓人袄。袄是生于乱，三者错，无安国。其说甚尔[4]，其菑甚惨。勉力不时，则牛马相生，六畜作袄。[5]可怪也，而不可畏

译文

已经出现的现象中，人事中的反常现象才是可怕的。粗劣地耕种伤害庄稼，粗劣地锄草影响收成，政治险恶丧失民心，田野荒芜庄稼歉收，粮食昂贵百姓挨饿，道路上常有饿死的人，这就是人事中的反常现象。政策法令不清明，举措不合时宜，农业生产不甚措意，（役使民力不顾农时，牛马相互生出怪胎，六畜也出现反常，）这就是人事中的反常现象。礼义不加修饰，内外没有分别，男女淫荡乱伦，父子相互猜疑，上下乖离，外寇内乱一起到来，这就是人事中的反常现象。人事中的反常现象产生于政治混乱，三种怪现象到来，就不可能有安定的国家。这种道理很浅显，但其灾害却很惨重。的确令人畏惧，但不

也。[6]《传》曰:"万物之怪,书不说。"无用之辩,不急之察,弃而不治。若夫君臣之义,父子之亲,夫妇之别,则日切瑳而不舍也。

必觉得奇怪。古书上说:"万物中的反常现象,书中是不解说的。"不适用的辩说,不切实的明察,放弃而不加研究。但如果是君臣之间的道义,父子之间的亲情,夫妇之间的差别,那么就应该每日研讨勉励而不放弃。

注释

1 **耘耨失薉**:《韩诗外传》卷二作"枯耘伤岁"。即马虎地锄草会影响收成。

2 **粜**(dí):买进粮食。

3 **则**:衍文。

4 **尔**:通"迩",浅近。

5 **勉力不时,则牛马相生,六畜作袄**:依据文义此三句应该在"本事不理"之后。

6 **可怪也,而不可畏也**:当为"可畏也,而不可怪也"。

原文

雩[1]而雨,何也?曰:无何也,犹不雩而雨也[2]。日月食而救之,天旱而雩,卜筮然后决大事,非以为得求也,以文[3]之也。故君子以为文,而百姓以为神。以为文则吉,以为神则凶也。

译文

祭祀求雨即下雨了,这是为什么?答曰:没有什么,这与不祭祀也下雨是一样的。日食、月食发生了就去抢救,天旱就祭祀求雨,以卜筮裁决大事,并不是以此就可以得到所求的东西,不过以此文饰政事罢了。所以君子以为这是文饰,而百姓以为这是求神。以为是文饰政事就吉利,以为是求神就凶险。

注释

1 **雩**(yú):古代为求雨而举行的祭祀。

2 **犹不雩而雨也**:荀子根本不相信祭祀真的可以求雨,即使此时下雨了也不是祭祀求来的，祭祀不过只是文饰政事罢了，与下雨并无直接关系。也就是说，祭祀时虽下雨了，但不祭祀也会下雨，因为该下雨了。

3 **文**：文饰。

原文

在天者，莫明于日月；在地者，莫明于水火；在物者，莫明于珠玉；在人者，莫明于礼义。故日月不高，则光晖不赫；水火不积，则晖润不博；珠玉不睹[1]乎外，则王公不以为宝；礼义不加于国家，则功名不白[2]。故人之命在天，国之命在礼。君人者，隆礼尊贤而王，重法爱民而霸，好利多诈而危，权谋、倾覆、幽险而尽[3]亡矣。

译文

天上的东西，没有比日月更明亮的；地上的东西，没有比水火更明亮的；万物之中，没有比珠玉更明亮的；人世之中，没有比礼义更光耀的。所以日月如果不高悬，那么它的光辉就不显赫；水火如果不积聚，那么它的光辉、湿润就不广博；珠玉如果不显耀于外，那么王公就不会把它们当作宝贝；礼义如果不在国家中体现，那么功绩名声就不会显扬于天下。所以人的命运取决于上天，国家的命运取决于礼义。统治人民的君主，推崇礼义、尊重贤能就可称王，重视法律、爱护民众就可称霸，贪图利益、多行欺诈就会危险，玩弄权术、倾轧陷害、阴暗险恶就会灭亡啊。

注释

1 **睹**：当为"睹"，显露，显耀。

2 **白**：显扬于天下。

3 **尽**：衍文。

原文

大天而思之[1]，孰与物畜而制[2]之？从天而

译文

敬畏天而仰慕它，哪里比得上把天作为物蓄养起来而裁制它？顺从天而颂

颂之，孰与制天命而用之？望时而待之，孰与应时而使之？因物而多[3]之，孰与骋能[4]而化之？思物而物之[5]，孰与理物而勿失之[6]也？愿于物之所以生，孰与有物之所以成？故错人而思天，则失万物之情。

扬它，哪里比得上掌握天命而利用它？期盼天时而等待它，哪里比得上顺应天时而驱使它？依据物之自然而增加，哪里比得上发挥人之才能而改造它？羡慕万物而欲占有它，哪里比得上研究物理而不丧失它？希望追索万物产生的原因，哪里比得上利用万物已呈现出来的？所以放弃人为的努力而仰慕上天，必然丧失万物的本性。

注释

1 **大天而思之**：大，敬畏，尊重。即认为上天的诸多现象太令人敬畏，让人好奇，由此去思考为什么会如此。荀子在此不赞成人们的形而上学的追思。

2 **制**：当为"裁"。

3 **多**：增加。

4 **骋能**：尽力施展人的才能。

5 **物之**：占有物。

6 **理物而勿失之**：尽物之理以成物。

原文

百王之无变，足以为道贯[1]。一废一起，应之以贯，理贯不乱。不知贯，不知应变。贯之大体未尝亡也，乱生其差，治尽其详。故道之所善，中则可从，

译文

历代帝王都有不变的原则，足以成为一贯的原则。兴废无常，依据一贯的原则，并运用好就不会生乱。不知一贯的原则，就不知道如何去应对事物的变化。一贯的原则的作用从未消失，混乱产生于贯彻此原则发生偏差，政治清明因为贯彻得周详。所以凡是一贯的原则所昭示的，符合就遵从，偏离

畸则不可为，匿[2]则大惑。水行者表深，表不明则陷；治民者表道，表不明则乱。礼者，表也。非礼，昏世也；昏世，大乱也。故道无不明，外内异表，隐显有常，民陷乃去。

了就不要去做，错误了就会造成极大的惑乱。涉水的人需要标识水的深度，标识不明就会陷没；治理民众的人需要标识一贯的原则，一贯的原则不明就会混乱。礼义，就是(作为一贯的原则的)标识。悖逆礼，就是黑暗之世；黑暗之世，就会大乱。所以如果一贯的原则无所不明，内外有不同的标准，明的、暗的都有一定的法度，百姓的祸难就可避免了。

注释

1 **道贯**：礼可为一贯之道。

2 **匿**：同"慝"，差错。

原文

万物为道一偏[1]，一物为万物一偏。愚者为一物一偏，而自以为知道，无知也。慎子有见于后，无见于先[2]；老子有见于诎，无见于信[3]；墨子有见于齐，无见于畸[4]；宋子有见于少，无见于多[5]。有后而无先，则群众无门；有诎而无信，则贵贱不分[6]；有齐而无畸，则政令不施[7]；有少而无多，则群众不化[8]。《书》曰："无有作好，

译文

万物只是道的一部分，一物只是万物的一部分。愚蠢的人只看见一物的一个方面，就自以为把握了道，这是无知的表现。慎到对于在后之法治有所见，但对于在前的引导无所知；老子对于委曲无为有所见，但对于刚强有为无所知；墨子对于兼爱齐同有所见，但对于差别等级无所知；宋钘对于寡情少欲有所见，但对于肆情多欲无所知。只有在后之法治，而无在前的引导，那么群众永远进不了礼义文明之门；只有委曲无为，而没有刚强有为，那么贵贱就没有区分；只有齐同而无差别，那么政令就没有办法施行；只知道少欲而不知道多欲，那么群众就不可能被教化。《尚书》说："不要

遵王之道；无有作恶，遵王之路。”[9] 此之谓也。

有所偏好，遵从王道就行；不要有所偏恶，遵从王道就行。”说的就是这个道理。

注释

1 **万物为道一偏**：道周遍万有，可见的世界只是其中的一部分，故曰“万物为道一偏”。

2 **慎子有见于后，无见于先**：慎到主张法治，而疏于礼治，法禁于已然之后，礼导于将然之前，故荀子认为慎到知后而不知先。

3 **老子有见于诎，无见于信**：老子之道，主张虚无、柔弱、无为，并以为此道足以胜刚强。诎，委曲，这里指虚无、柔弱、无为；信，伸，这里指刚强与有为。

4 **墨子有见于齐，无见于畸**：墨子主张兼爱而泯灭等级，故云“有见于齐，无见于畸”。畸，不齐。

5 **宋子有见于少，无见于多**：宋钘的学说主张，《庄子 · 天下》谓“以情欲寡浅为内”，“五升之饭足矣”，即宋钘认为人的情欲不应太多。

6 **有诎而无信，则贵贱不分**：荀子认为，卑贱者固可以委曲无为而服从，但高贵者必须刚强而有为，若都委曲无为，那么就没有了贵贱的分别。

7 **有齐而无畸，则政令不施**：若世人都齐同而无等级差别，那么，国家的政令靠谁制定，又指派谁去执行？

8 **有少而无多，则群众不化**：利用人的多欲以教化百姓，不然，教化不能施行。

9 此句引自《尚书 · 洪范》。

礼论

导读

中国古代社会是礼乐之治，因此，对于礼特别重视。本篇主要论述了礼的起源、内容与作用。关于礼的起源，荀子以为礼有三本，即“天地者，生之本也；先祖者，类之本也；君师者，治之本也”；但礼还有一个现实的起源，即为了节制人的欲望，防止混乱。礼的内容则广泛地规定了社会生活的各个方面，荀子在此特别详细地介绍了丧礼，对于丧礼的饮食、服饰、居处等都作了详尽的说明，对于丧服的分期，也作了说明。关于礼的作用，荀子认为要以礼来确立等级秩序，所谓“贵贱有等，长幼有差，贫富轻重皆有称”，以确保社会的正常运转。但礼的这种确立等级的作用，最终并非是让人觉得受限制，而是让人愉悦，所谓“凡礼，始乎棁，成乎文，终乎悦校”。正因为礼的价值与作用的重要性以及内容的广泛性，礼乃是衡量一切事物的最高标准，是治国的根本，人道之极则。遵从礼就天下太平，否则就会混乱，是以必须“隆礼”。

原文

礼起于何也？曰：人，生而有欲，欲而不得，则不能无求；求而无度量分界，则不能不争；争则乱，乱则穷。先王恶其乱也，故制礼义以分之，以养人

译文

礼是因何而起？答曰：人，生来就有欲望，欲望不能满足，则不能不去追求；追求欲望若没有法度与界限，就不可能没有争斗；争斗就会混乱，混乱就会使社会陷入困境。先王厌恶这种混乱，所以制定礼义以确立名分等级，来调节人的欲望，满

之欲，给人之求，使欲必不穷乎物，物必不屈[1]于欲，两者相持而长，是礼之所起也。故礼者，养[2]也。刍豢稻粱，五味调香[3]，所以养口也；椒兰芬苾[4]，所以养鼻也；雕琢、刻镂、黼黻、文章，所以养目也；钟鼓、管磬、琴瑟、竽笙，所以养耳也；疏房、檖貌[5]、越席、床笫、几筵[6]，所以养体也。故礼者，养也。

足人的需求，使得欲望不因财物之匮乏而得不到满足，财物亦不因满足了欲望而消耗殆尽，两者相得益彰，是礼的起源。所以礼，是用来调养性情、疏导欲望的。刍豢稻粱，五味调和，是用来调养味觉的；椒兰芳香，是用来调养嗅觉的；雕刻精美的器物，绣有华丽花纹的衣服，是用来调养视觉的；钟鼓、管磬之声，琴瑟、笙竽之乐，是用来调养听觉的；宽敞深邃的宫殿，柔软的席子与舒适的床笫、几筵，是用来调养四肢之安逸的。所以礼，是用来调养性情、疏导欲望的。

注释

1 **屈**(jué)：竭尽。

2 **养**：这里是指培养、疏导人的性情与欲望，端正人的行为与品格。

3 **调香**：调和。香，当为“盉”，调味，今作“和”。

4 **椒兰芬苾**(bì)：椒、兰，俱为芳香植物；芬苾，芳香。

5 **疏房**、**檖貌**(suì mào)：疏房，敞亮通明的房子。檖貌，深邃的宫殿。檖，通“邃”；貌，古“貌”字，庙宇，宫殿。

6 **床笫**(zǐ)、**几筵**：笫，竹编的床席。几筵，几席。古人席地而坐，放在座位边上供倚靠用的叫几，竹制的垫席叫筵。

原文

君子既得其养，又好其别。曷谓别？曰：贵贱有等，长幼有差，贫富轻重皆有称者也。故天子大路

译文

君子既得到了礼的滋养调护，又喜好礼的等级差别。何谓别？答曰：贵贱有等级，长幼有差别，富贵尊卑各得其宜。所以天子乘坐大辂，踩着蒲草编的

越席，所以养体也；侧载睪芷，所以养鼻也；前有错衡，所以养目也；和鸾之声，步中《武》《象》，趋中《韶》《护》，所以养耳也；龙旗九斿[1]，所以养信[2]也；寝兕、持虎、蛟韅、丝末、弥龙[3]，所以养威也；故大路之马必倍[4]至教顺，然后乘之，所以养安也。孰知夫出死要节之所以养生也！孰知夫出费用之所以养财也！孰知夫恭敬辞让之所以养安也！孰知夫礼义文理之所以养情也！故人苟生之为见，若者必死；苟利之为见，若者必害；苟怠惰偷懦之为安，若者必危；苟情说之为乐，若者必灭。故人一之于礼义，则两得之矣；一之于情性，则两丧之矣。故儒者将使人两得之者也，墨者将使人两丧之者也[5]，是儒、墨之分也。

席子，是为了保养身体；侧边放着香草，是为了保养鼻子；前面有花纹交错的横木，是为了保养眼睛；车中的铃声，慢行时合着《武》《象》之乐，疾行时合着《韶》《护》之音，是为了保养耳朵；龙旗上有九条飘带，是为了保持其身份；车轮上画着伏卧的犀牛、蹲着的老虎、马肚子上系着鲨鱼皮带、丝质的车帘及龙形图案的车耳，是为了保持其威严；所以驾车的马匹一定要教化驯服，然后才能乘坐，这是为了保持平安。谁知道出生入死坚守名节恰恰是为了保养生命呢！谁知道花费钱财恰恰是为了保养钱财呢！谁知道恭敬辞让恰恰是为了保持安乐呢！谁知道礼义制度恰恰是为了保养性情呢！所以一个人若只看到生，这样恰恰会死；若只看到利益，这样恰恰会损害利益；若只以懈怠、懒惰、苟且为安逸，这样恰恰会招致危险；若只以纵情愉悦为快乐，这样恰恰会招致灭亡。所以若人专一于礼义，那么礼义性情两方面都可以得到；若只专一于性情，那么礼义性情两个方面都会失去。所以儒家的学说使人两方面都得到，墨家的学说使人两方面都丧失，这是儒家与墨家的分别。

注释

1 **斿**(liú):同"旒",古代旗帜上的装饰品。

2 **信**:符信。"龙旗九斿"能彰明天子的身份地位,故曰"养信"。

3 **寝兕、持虎、蛟韅**(xiǎn)、**丝末、弥龙**:寝兕,卧着的犀牛;持虎,以猛兽皮所作的车饰。二者都是天子车轮上的图案。蛟韅,系在马肚子上的鲨鱼皮带。蛟,通"鲛",鲨鱼。丝末,古代覆盖在车轼上的丝帜帷席。弥龙,车厢两旁龙形图案的车耳。

4 **倍**:当为"信"。

5 **墨者将使人两丧之者也**:墨家虽然没有"非礼",但因为他们"僈等差",其结果必然导致对礼的否定,因为礼主别异。故荀子有此论。

原文

礼有三本:天地者,生之本[1]也;先祖者,类之本[2]也;君师者,治之本[3]也。无天地,恶生?无先祖,恶出?无君师,恶治?三者偏亡焉,无安人[4]。故礼上事天,下事地,尊先祖而隆君师,是礼之三本也。故王者天太祖[5],诸侯不敢坏,大夫士有常宗[6],所以别贵始。贵始,得[7]之本也。郊[8]止乎天子,而社止于诸侯[9],道[10]及士大夫,所以别尊者事尊,卑者事卑,宜大者巨,宜小者小也。故有天下者事十世[11],有

译文

礼有三个本源:天地,是生命的本源;先祖,是族类的本源;君师,是治理的本源。没有天地,哪有生命?没有祖先,哪有族类?没有君师,怎能治理?三者缺其一,人类即不成其为人类。所以礼上能侍奉天,下能侍奉地,尊敬祖先而崇尚君师,这是礼的三个本源。所以王者以太祖为天,诸侯不敢毁坏祖庙,大夫与士也有百世不迁的大宗,这些制度都是为了区别各自尊奉的始祖。尊奉始祖,乃德行的根本。郊祭独为天子所有,社祭至于诸侯而止,除丧服的祭祀可以行于士大夫,这是用以区别尊贵的人才能侍奉尊贵者,卑贱的人只能侍奉卑贱者,(祭祀)该大的就大,该小的就小。所以拥有整个天下的天子祭祀七庙,拥有一

一国者事五世，有五乘之地[12]者事三世，有三乘之地者事二世，持手而食者[13]不得立宗庙，所以别积厚，积厚者流泽广，积薄者流泽狭也。

国的诸侯祭祀五庙，拥有五十里封地的大夫祭祀三庙，拥有三十里封地的士人祭祀二庙，自食其力的百姓不得立宗庙，这是用来区别功绩大小的，功绩大的流布的恩泽就广大，功绩小的流布的恩泽就狭小。

注释

1 **生之本**：即天地是所有生命的根本。

2 **类之本**：父母乃至祖宗，让一个人降生在家族之中，这就是类之本。

3 **治之本**：君师治理国家、教化民众，给人以富足、安定而有序的生活，这就是治之本。

4 **无安人**：即人类社会不成其为人类社会。

5 **天太祖**：把太祖当作天看待。太祖，后世称创立国家的皇帝为太祖。

6 **常宗**：嫡长子所传之宗，祖庙永不迁。

7 **得**：通"德"，德行。

8 **郊**：古代天子每年冬至在南郊祭天，这是只有天子才有资格举行的祭祀活动。

9 **社止于诸侯**：《风俗通义·祀典》云："社者，土地之主，土地广博，不可遍敬，故封土以为社而祀之，报功也。"止，当为"至"。

10 **道**：祭名，除丧服的祭祀。

11 **十世**：当为"七世"，即天子立七代始祖的神庙。据《礼记·祭法》，天子立七庙，诸侯立五庙，大夫立三庙，士立二庙，庶士、庶人无庙。

12 **五乘之地**：古代十里为一成，每成出兵车一辆。五乘之地是指五十里见方的封地，一般为大夫之封地。

13 **持手而食者**：自食其力者，即百姓。持，通"恃"。

原文

大飨[1],尚玄尊[2],俎[3]生鱼,先大羹[4],贵食饮之本也。飨[5],尚玄尊而用酒醴[6],先黍稷而饭稻粱。祭[7],齐大羹而饱庶羞[8],贵本而亲用也。贵本之谓文,亲用之谓理,两者合而成文[9],以归大一[10],夫是之谓大隆。

译文

在行合祭历代祖先的大飨礼时,以盛有清水的酒杯与生鱼的俎为最高祭品,先奉上没有加调味品的肉汁,这是为了尊重饮食的本源。行四季祭祀祖先的飨礼时,以盛有清水的酒杯为最高祭品,酌献甜酒,首先献上黍、稷,再奉上稻、粱。行每月祭祀祖先的祭礼时,首先奉上没有加调味品的肉汁,再端上各种美味佳肴,这是为了尊重饮食的本源而又切于实用。尊重饮食的本源是礼的形式,切于实用是让礼的实质,两者相结合乃是完备的礼,趋向于上古时代的礼的朴质,这是对礼的最高尊重。

注释

1 **大飨**(xiǎng):天子合祀历代先王的祭祀,一般三年举行一次。

2 **玄尊**:玄,祭祀时用以代替酒的清水,古人认为水配黑,故曰玄;尊,同“樽”,酒杯。

3 **俎**:祭祀时盛牺牲的礼器。

4 **大羹**:不加调味品的肉汁。

5 **飨**:通“享”,每季举行的祭祀祖先的仪式。

6 **酒醴**:甜酒。

7 **祭**:每月举行的祭祀。

8 **齐**(jī)**大羹而饱庶羞**:齐,通“跻”,升;庶,众多;羞,美味。

9 **两者合而成文**:两者,指文与理。文,指礼的形式;理,指礼的实质。形式与内容相结合,就是完备的礼仪。

10 **大一**:即太一。《礼记·礼运》云:“是故夫礼必本于大一。”孔颖达疏“大一”云:“谓天地未分混沌之元气也。”荀子“以归大一”的意思合于《礼运》的思想,即礼并非人为制定的,乃有形而上的价值根基。

原文

故尊之尚玄酒也，俎之尚生鱼也，俎[1]之先大羹也，一也。利爵之不醮也[2]，成事之不俎不尝也，三臭[3]之不食也，一也。大昏之未发齐也[4]，大庙之未入尸也，始卒之未小敛[5]也，一也。大路之素未集[6]也，郊之麻絻[7]也，丧服之先散麻[8]也，一也。三年之丧，哭之不文[9]也，《清庙》之歌，一倡而三叹[10]也，县一钟，尚拊之膈[11]，朱弦而通越[12]也，一也。

译文

所以酒杯里以清水代替酒，俎里盛放生鱼，豆中加没有调味品的肉汁，这与上古时代是一样的。代死者受祭的人不把佐食者所献的酒喝光，祭祀完毕以后俎中的祭品留下来不吃，劝受祭者吃东西三次而自己不吃，这与上古时代是一样的。婚礼中还没有举行醮的仪式，祭祀太庙尚未使代表死者受祭的人进入，人刚刚去世时尚未穿上寿衣，这与太古时代是一样的。天子乘坐的大车是素色的车帘，郊祭时戴麻布帽子，居丧期间腰间系着散乱的麻绳，这与上古时代是一样的。三年服丧期间，哭声直号而不曲折，唱《清庙》之曲，一人领唱而三人应和，悬挂一口钟磬，和打击乐器拊搏一起奏乐，用熟丝制的琴弦，打通琴瑟的底孔，这与上古时代是一样的。

注释

1 **俎**：当为“豆”。古代一种盛食物的器皿，形似高脚盘，也可用作祭器。

2 **利爵之不醮(jiào)也**：古代祭祀时代替死者接受祭品的人叫作“尸”，把祭品端给“尸”的人叫作“利”，即佐食者。爵，酒杯。醮，喝光。

3 **臭**：劝食。

4 **大昏之未发齐也**：昏，同“婚”；发，举行；齐，通“醮”，古代婚礼中的一种仪式。

5 **小敛**：给死者穿上寿衣。

6 **未集**：未，当为“末”；集，衍文。

7 **麻絻**：麻布帽。絻，通“冕”。

8 **散麻**:腰间系着散乱的麻绳。

9 **三年之丧,哭之不文**:三年之丧,指古代儿子及未嫁的女儿为父及寡母、妻妾为夫、诸侯为天子、臣为君等服三年的丧期,但实际上只服二十五个月,在此期间禁止夫妻同房、宴饮娱乐及出仕。不文,当为"不反",即哭声直号,无曲折。

10 **《清庙》之歌,一倡而三叹**:《清庙》,《诗·周颂》中周朝统治者祭祀文王的颂歌。一倡而三叹,一人先唱,三人应和。

11 **拊之膈**:当为"拊膈",即"拊搏",为古代打击乐器。之,衍文。

12 **朱弦而通越**:朱弦,用熟丝制的琴弦;通越,在琴瑟底通一孔,使声音更低沉。

原文

凡礼,始乎棁,成乎文,终乎悦校。[1]故至备,情文俱尽[2];其次,情文代胜[3];其下,复情以归大一[4]也。天地以合,日月以明,四时以序,星辰以行,江河以流,万物以昌,好恶以节,喜怒以当,以为下则顺,以为上则明,万物变而不乱,贰之[5]则丧也。礼岂不至矣哉!立隆以为极,而天下莫之能损益也。本末相顺,终始相应,至文以有别,至察以有说。天下从之者治,不

译文

大凡礼,始于疏略,成于文饰,终于愉悦。所以礼的完备,情感与仪式达到高度的协调;其次,情感与仪式互有偏至;最下等,使情感复归于远古的朴质状态。礼使天地和谐,日月光明,四时有序,星辰正常运行,江河永不干涸,万物昌盛,好恶顺畅而节制,喜怒舒展而得当,在下位则和顺,在上位则圣明,万物变化而不混乱,若背弃礼则上述一切都会丧失。礼的作用难道不是至高无上的吗?建立最完善的礼义制度且把它作为最高原则,那么天下就没有谁能够损益它了。礼制的根本原则和具体细节之间相互一致,礼的开始与结束相互应合,极其完美而有明确的等级规定,极其明察而有详尽的程序说明。天下遵从礼就得到治理,不遵从礼就会混乱;遵从礼就会安

从者乱；从之者安，不从者危；从之者存，不从者亡。小人不能测也。

定，不遵从礼就会危险；遵从礼就会生存，不遵从礼就会灭亡。小人是不能够理解礼的这些作用的。

注释

1 **始乎棁(tuō)，成乎文，终乎悦校**：棁，通"脱"，疏略；文，文饰；校，当作"恔"，快意。

2 **情文俱尽**：指礼的形式与内容（如丧礼之哀，祭礼之敬）相配极佳，相当于孔子所说的"文质彬彬"。

3 **情文代胜**：指礼的情感胜过礼的仪式或礼的仪式胜过情感。

4 **复情以归大一**：虽无礼之文，然情能复归于远古之朴质，亦礼之表现。

5 **貳之**：背离礼。

原文

礼之理诚深矣，"坚白""同异"之察入焉而溺；其理诚大矣，擅作典制辟陋之说入焉而丧；其理诚高矣，暴慢、恣睢、轻俗以为高之属入焉而队[1]。故绳墨诚陈矣，则不可欺以曲直；衡诚县矣，则不可欺以轻重；规矩诚设矣，则不可欺以方圆；君子审于礼，则不可欺以诈伪。故绳者，直之至；衡者，平之至；规矩者，方圆之至；礼者，人道之极也。然而不法礼，不足礼，谓之

译文

礼的道理的确深刻，"坚白""同异"的苛察诡辩一旦进入礼即刻就埋没了；礼的道理的确广大，擅自制作的典章制度及邪僻、浅陋的学说一旦进入礼即刻就消亡了；礼的道理的确高明，残暴傲慢、恣意放纵、轻佻媚俗自以为高明的东西一旦进入礼即刻就垮塌了。所以墨线一旦拉开，曲直就无法欺骗了；秤杆一旦悬挂，轻重就无法欺骗了；规矩一旦陈设，方圆就无法欺骗了；君子精审于礼，就不可能用诈伪来欺骗了。所以绳墨，是直之中最直的；杆秤，是最公平的；规矩，是画方和圆的最高标准；礼，是人道的极致。既然

无方[2]之民；法礼足礼，谓之有方之士。礼之中焉能思索，谓之能虑；礼之中焉能勿易，谓之能固。能虑能固，加好者焉[3]，斯圣人矣。故天者，高之极也；地者，下之极也；无穷者，广之极也；圣人者，道之极也。故学者，固学为圣人也，非特学为无方之民也。

这样，不遵循礼，不重视礼，这就叫作无道之民；遵循礼，重视礼，就叫作有道之人。在礼的范围内思索，才叫善于思考；在礼的范围内不变易，才叫足够坚定。善于思考足够坚定，再加上喜好礼，这样就是圣人了。所以天，是最高的；地，是最低的；无穷，是最广大的；圣人，是道的极致。所以学者本来就是为了学做圣人，不是学习做无道之民。

注释

1 **队**：同“坠”，丧失。

2 **无方**：无道。

3 **加好者焉**：当为“加好之者焉”。

原文

礼者，以财物为用，以贵贱为文，以多少为异，以隆杀[1]为要。文理繁，情用省，是礼之隆也；文理省，情用繁，是礼之杀也；文理、情用相为内外表里，并行而杂[2]，是礼之中流也。故君子上致其隆，下尽其杀，而中处其中。步骤、驰骋、厉骛[3]不外是矣，是君子之坛宇、

译文

礼，以钱财物品作为费用，以贵贱等级为文饰，以多少殊异为差别，以丰厚简省为枢要。礼节仪式繁多，但所体现的情感、达到的作用却简省，这是隆重的礼；礼节仪式简省，但所体现的情感、达到的作用却繁多，这是简约的礼；礼节仪式、体现的情感、达到的作用互为表里，并行而兼用，这是适中的礼。所以君子对大礼要隆重，对小礼要简约，而适中的礼则以适中处之。漫步、驾车驰骋、奔跑都要遵循这些礼节，这是君子在社会上安身立命之

宫廷[4]也。人有[5]是，士君子也；外是，民也；于是其中焉，方皇周挟[6]，曲得其次序，是圣人也。故厚者，礼之积也；大者，礼之广也；高者，礼之隆也；明者，礼之尽也。《诗》曰："礼仪卒度，笑语卒获。"[7]此之谓也。

所。人在礼的范围内活动，就是君子；人不在礼的范围内活动，就是贱民；在礼的范围内，随意活动而又都符合礼的次序要求，就是圣人。所以圣人的敦厚，是因为礼不断积累的结果；圣人的大度，是因为处处遵循礼；圣人的高明，是因为推崇礼；圣人的明察，是因为完全运用礼。《诗经》说："礼仪全部符合法度，谈笑尽皆时宜得当。"说的就是这个意思。

注释

1 **隆杀**：丰厚与简省。

2 **杂**：通"集"，会合，兼用。

3 **厉骛**：奔跑。

4 **坛宇、宫廷**：指人的安身之所。

5 **有**：居住。

6 **方皇周挟**：活动自如。方皇，遨游。周挟，周遍。挟，通"浃"。

7 此句引自《诗经·小雅·楚茨》。

原文

礼者，谨于治生死者也。生，人之始也；死，人之终也。终始俱善，人道毕矣。故君子敬始而慎终，终始如一，是君子之道、礼义之文也。夫厚其生而薄其死，是敬其有知而慢其无知也，是奸人之道而倍叛之心

译文

礼，是严谨地处理生死问题的。生，是生命的开始；死，是生命的终结。生死都能得到妥善对待，人道就完备了。所以君子严肃地对待生而慎重地对待死，生与死一样对待，乃君子的原则、礼义的表现。若注重生而轻视死，那就是敬重人有知之时而轻慢人无知之时，这是奸邪之人的原则，而且是一种背叛的

也。君子以倍叛之心接臧穀[1]，犹且羞之，而况以事其所隆亲乎！故死之为道也，一而不可得再复也，臣之所以致重其君，子之所以致重其亲，于是尽矣。故事生不忠厚、不敬文，谓之野；送死不忠厚、不敬文，谓之瘠[2]。君子贱野而羞瘠，故天子棺椁十重[3]，诸侯五重，大夫三重，士再重，然后皆有衣衾[4]多少厚薄之数，皆有翣菨[5]文章之等，以敬饰之，使生死终始若一，一足以为人愿，是先王之道、忠臣孝子之极也。

心态。君子以背叛的心态对待卑微之人，尚且觉得羞愧，何况以此心态对待其君主与父母呢！死亡这种事情，只有一次而不可能有第二次，臣子对君主的敬重，儿子对父母的敬重，在这个时候最能体现。所以若侍奉生者不忠诚厚道，不依据礼节，这就叫粗野；安葬死者不忠诚厚道，不依据礼节，这就叫轻薄。君子鄙视粗野而羞于轻薄，所以天子的棺椁有七重，诸侯的棺椁五重，大夫的棺椁三重，士人的棺椁两重，除此以外还有或多或少的衣食等陪葬品，还有装饰品与各种图案的差别，用这些恭敬地装饰它，使他们觉得死时与生时是一个样子，这足以满足人的愿望，是先王之大道，也是忠臣孝子的最高原则。

注释

1 **臧穀**：泛指身份低微的人。臧，奴婢；穀，小孩。

2 **瘠**：薄，简约。

3 **十重**：当为“七重”。

4 **衣衾**：当为“衣食”。

5 **翣菨**(shà shà)：古代棺材的装饰物。

原文

天子之丧动四海，属[1]诸侯；诸侯之丧动通国[2]，属大夫；大夫之丧动一国，

译文

天子之丧牵动四海，诸侯都来参加；诸侯之丧牵动盟国，大夫都来参加；大夫之丧牵动一国，上士都来参加；上士之丧

属修士；修士之丧动一乡，属朋友；庶人之丧合族党，动州里；刑余罪人之丧，不得合族党，独属妻子，棺椁三寸，衣衾三领，不得饰棺，不得昼行，以昏殣[3]，凡缘[4]而往埋之，反无哭泣之节，无衰麻[5]之服，无亲疏月数之等[6]，各反其平，各复其始，已葬埋，若无丧者而止，夫是之谓至辱。

牵动一乡，朋友都来参加；百姓之丧聚集同族亲戚，牵动乡里；刑余罪犯之丧不得聚集同族亲戚，妻子和子女独自办理，棺椁三寸厚，衣服、被子各三件，不能装饰棺材，不能白天而只能黄昏埋葬，穿着平常的服饰去埋葬，返回时没有哭泣的礼节，没有披麻戴孝的丧服，没有依据亲疏而来的不等的丧期规定，各自回到平常的生活，各自回复原来的状态，已经埋葬了，就好像没有死人一样，一切丧葬之礼废止，这就是最大的耻辱。

注释

1 **属**：会合，此指参加葬礼。

2 **通国**：交通往来之国，即盟国。

3 **昏殣**：黄昏时埋葬。

4 **凡缘**：平常的服饰。缘，衣服的边饰。

5 **衰**(cuī)**麻**：古代的一种丧服。

6 **无亲疏月数之等**：古代的丧礼规定，生者和死者的亲疏关系不同，服丧的期限也就有三年、一年、九个月、五个月、三个月不等，但受过刑罚之人，不在此规定之列。

原文

礼者，谨于吉凶不相厌[1]者也。紸纩[2]听息之时，则夫忠臣孝子亦知其闵[3]已，然而殡敛之具未有求也；垂涕恐惧，然而幸生之

译文

礼，是严谨地对待吉凶使其互不相凌的。以新丝棉絮安放在将死者的鼻子旁边观察其气息之时，忠臣孝子知其病危了，但这时殡殓丧葬的用具还不必去考虑；流泪且担心，但希望他能活下

心未已，持生之事未辍也；卒矣，然后作具之。故虽备家，必逾日然后能殡，三日而成服，然后告远者出矣，备物者作矣。故殡，久不过七十日，速不损五十日。是何也？曰：远者可以至矣，百求可以得矣，百事可以成矣，其忠至矣，其节大矣，其文备矣。然后月朝卜日，月夕卜宅[4]，然后葬也。当是时也，其义止，谁得行之？其义行，谁得止之？故三月之葬，其貌以生设饰死者也，殆非直留死者以安生也，是致隆思慕之义也。

来的心理并未中止，侍奉他生活之事并未停止；去世以后，然后才去办理殡葬之事。即使是丧葬物品准备较好的家庭，必须要过一天才能殡殓，三天后才能穿上孝服，然后去远方报丧的人才出发，置办丧葬物品的人才开始办理。殡葬，长不超过七十天，短不少于五十天。这是为什么呢？答曰：远方的人可以来送葬，各种需要都已备齐，万事都已完成了，忠诚尽到了，礼节周全了，仪式完备了。既而月初占卜墓地，月末占卜葬期，然后安葬。在这个时候，不符合礼义的事情，谁还会去做呢？符合礼义的事情，谁还会去禁止呢？所以三个月的葬期，表面上以生者的陈设安置死者，实际上并非以此来安慰生者，而是表达最厚重的思慕之情啊。

注释

1 **厌**(yà)：即凶吉互不相凌。

2 **紸纩**(zhù kuàng)：把新丝棉絮放在将死者的鼻子旁边，观察其是否断气。《礼记·丧大记》云："疾病，外内皆扫。……彻亵衣，加新衣，体一人。男女改服。属纩以俟绝气。"紸，安放；纩，新丝棉絮。

3 **闵**：病危。

4 **月朝卜日，月夕卜宅**：王引之认为，当为"月朝卜宅，月夕卜日"，没有先占卜日期，后占卜墓地的习俗。

原文

丧礼之凡[1]：变而饰[2]，动而远[3]，久而平[4]。故死之为道也，不饰则恶[5]，恶则不哀；尔则玩[6]，玩则厌，厌则忘，忘则不敬。一朝而丧其严亲[7]，而所以送葬之者，不哀不敬，则嫌于[8]禽兽矣，君子耻之。故变而饰，所以灭恶也；动而远，所以遂敬也；久而平，所以优生也。

译文

丧礼的大旨是：人去世了就需要修饰（、化妆美容），举行丧礼之时死者逐渐远离（原来的居所），时间久了生者内心渐渐恢复平静。所以安葬死者这样的事情，不修饰死者的样子就显得难看，样子难看悲哀之情就不能产生；离死者近了就不严肃，不严肃就会厌弃，厌弃就会怠慢，怠慢就会不恭敬。有朝一日死了君主与父母，但送葬的人却不哀不敬，这就近于禽兽了，君子以此为耻。所以去世了就修饰，是为了避免样子难看；举行丧礼之时死者逐渐远离，是为了成就恭敬；时间久了渐渐恢复平静，是为了有利于生者。

注释

1 **凡**：大旨。

2 **变而饰**：变，指变故，即死亡；饰，指饭含、小殓、大殓等丧礼。

3 **动而远**：对于“远”字，可参考《礼记 · 檀弓上》的一句话：“饭于牖下，小敛于户内，大敛于阼，殡于客位，祖于庭，葬于墓，所以即远也。”即在办理丧事的各种仪式中，死者越来越远离原来的居所，最后至于坟墓。

4 **久而平**：时间久了，生者的哀痛之心逐渐平复。

5 **恶**：丑陋，此指死者的样子难看。

6 **尔则玩**：尔，通“迩”；玩，戏狎。

7 **严亲**：君主与父母。严，尊，指君主。

8 **嫌于**：近似于。

原文

礼者断长续短，损有余，益不足，达爱敬之文，而滋成行义之美者也。故文饰粗恶[1]，声乐哭泣，恬愉忧戚，是反也；然而礼兼而用之，时举而代御。故文饰、声乐、恬愉，所以持平奉吉也；粗衰[2]、哭泣、忧戚，所以持险奉凶也。故其立文饰也不[3]至于窕冶，其立粗衰也不至于瘠弃[4]，其立声乐恬愉也不至于流淫惰慢，其立哭泣哀戚也不至于隘慑[5]伤生，是礼之中流也。

译文

礼，是取长补短的，减损多余的，弥补不足的，表达爱慕恭敬的仪式，养成践行道义的美德。所以文饰与粗恶，音乐与哭泣，愉悦与忧戚，本是相反的，但在礼中却兼而用之，交替运用。文饰、音乐、愉悦，是用来表达平安吉祥的；粗恶、哭泣、忧戚，是用来表达凶恶与不幸的。所以确立文饰的规范，不使其流于妖艳；确立粗恶的规范，不使其流于刻薄；确立音乐愉悦的规范，不使其流于放荡怠慢；确立哭泣忧戚的规范，不使其流于过度忧伤而伤害身体，这是礼的中庸之道。

注释

1 **粗恶**：不精细。此指丧礼之时饮食、穿戴粗陋。
2 **粗衰**：当为“粗恶”，下同。
3 **不**：底本无，据文义补。
4 **瘠弃**：谓哀伤过度而消瘦。此指刻薄。
5 **隘慑**：过度悲伤。

原文

故情貌之变，足以别吉凶，明贵贱亲疏之节，期[1]止矣，外是，奸也，虽难，君子贱之。故量食而食之，量要[2]而带之。相高以毁瘠[3]，

译文

所以（丧礼中）神情容貌的变化足以辨别吉凶，表明贵贱亲疏的不同，就可以了，超出此限度，都是奸逆之情，虽然难以做到，君子还是鄙视它。因此，依据食量吃东西，根据腰

是奸人之道也，非礼义之文也，非孝子之情也，将以有为者[4]也。故说豫娩泽，忧戚萃恶，是吉凶忧愉之情发于颜色者也。[5]歌谣謸笑，哭泣谛号，是吉凶忧愉之情发于声音者也。[6]刍豢、稻粱、酒醴、餰鬻、鱼肉、菽藿、酒浆，是吉凶忧愉之情发于食饮者也。[7]卑絻、黼黻、文织，资粗、衰绖、菲穗、菅屦，是吉凶忧愉之情发于衣服者也。[8]疏房、檖貌、越席、床笫、几筵、属茨、倚庐、席薪、枕块，是吉凶忧愉之情发于居处者也。[9]两情者，人生固有端焉。若夫断之继之，博之浅之，益之损之，类之[10]尽之，盛之美之，使本末终始莫不顺比[11]，足以为万世则，则是礼也。非顺[12]孰修为之君子，莫之能知也。

围系带子。为了追求好的名声而故意毁坏自己的身体，这是奸人之道，并非礼义的要求，也不是孝子本有之真情，是别有所求者的行为。所以愉悦温润，忧戚憔悴，乃吉凶忧愉之情表现在脸上的结果。歌唱嬉笑，哭泣啼号，乃吉凶忧愉之情表现在声音上的结果。刍豢、稻粱、美酒、鱼肉、粥食、菽藿、水浆，乃吉凶忧愉之情表现在饮食上的结果。祎冕、黼黻、文织、粗衣、丧服、薄衣、草鞋，乃吉凶忧愉之情表现在服饰上的结果。疏房、檖貌、越席、床笫、几筵、属茨、倚庐、席薪、枕块，乃吉凶忧愉之情表现在居所上的结果。愉悦与悲哀，乃人生固有的两种情感。至于使之断绝或接续，薄厚或简略，增加或减损，触类旁通且尽情表达，盛大且美好，使得情感的本末、始终没有不顺畅，足以成为万世的法则，这正是礼的作用。若不是谨慎于礼且努力践行的君子，是不可能知道这些道理的。

注释

1 **期**：当为“斯”。

2 **要**：同“腰”。

3 **相高以毁瘠**：相高，追求更高的名利；毁瘠，居丧过哀而毁伤自己的身体。

4 **有为者**：此指别有所图，并非真正的行孝。《庄子・外物》云：“演门有亲死者，以善毁，爵为官师，其党人毁而死者半。”

5 **说豫娩(wǎn)泽，忧戚萃恶**：说豫，喜悦欢乐；说，同“悦”。娩泽，面色润泽。萃恶，憔悴丑恶；萃，通“悴”。

6 **歌谣謸笑，哭泣谛号**：歌谣，有音乐伴奏的歌唱叫“歌”，无音乐伴奏的歌唱叫“谣”；謸笑，戏谑；谛，通“啼”。

7 **刍豢、稻粱、酒醴、餰(zhān)鬻、鱼肉、菽藿、酒浆**：餰，稠粥；鬻，同“粥”，稀粥。在古代，刍豢、稻粱、酒醴、鱼肉乃吉事之饮食，而餰鬻、菽藿、水浆乃凶事之饮食。因此，这里的“酒浆”当为“水浆”，“餰鬻”当置于“鱼肉”之后。故这七种饮食当为“刍豢、稻粱、酒醴、鱼肉、餰鬻、菽藿、水浆”。

8 **卑絻、黼黻、文织，资粗、衰绖(cuī dié)、菲穗、菅(jiān)屦**：卑，通“裨(pí)”，裨是一种次等礼服，诸侯卿大夫觐见天子时所穿；文织，有彩色花纹的丝织品；资粗，守丧期间的粗布衣；衰绖，丧服；菲穗，稀而薄的布；菅屦，菅草做的鞋子。前三者是吉事之服饰，后四者乃凶事之服饰。

9 **属茨、倚庐、席薪、枕块**：属茨，茅草盖的屋顶；倚庐，守丧期间所住的简陋房子，乃木头斜倚在墙上搭成的，故称倚庐；席薪，柴草做的垫席；枕块，土块做的枕头。

10 **类之**：犹触类旁通。

11 **顺比**：和顺。

12 **顺**：通“慎”。

原文

故曰：性者，本始材朴也[1]；伪[2]者，文理隆盛也。无性则伪之无所加，无伪则性不能自美。性伪合，然后圣人之名一，天下之功于是就也。故曰：天地合而万物生，阴

译文

所以说：原始的人性，是源于自然的材质；人为的教化，是源于礼义的制度仪式。没有原始的人性，人为的教化就没有施加的对象；没有人为的教化，原始的人性就不可能自我完善。原始的人性与人为的教化相结合，圣人之名才能成就，天下的功业才能完成。所以说：天地相合

阳接而变化起，性伪合而天下治。天能生物，不能辨物也；地能载人，不能治人也；宇中万物、生人之属，待圣人然后分也。《诗》曰："怀柔百神，及河乔岳。"[3] 此之谓也。

使万物得以产生，阴阳相合使变化得以兴起，性伪相合使天下得以治理。天能产生万物，但不能治理万物；地能承载人类，但不能治理人类；宇宙中的万物、人类，依靠圣人（之教化）才能各得其名分。《诗经》说："安抚百神，祭祀河流山岳。"说的就是这个意思。

注释

1 **性者，本始材朴也**：本，指树根；材朴，指未加工的原始材料。依据荀子的看法，就如一棵幼苗由树根长成大树一样，人由原始的基质长成健全的肉体生命，人性就是在这个自然过程中形成的。一言以蔽之，荀子把人性定位在自然的材质之上。有学者依据这一句话认为荀子主张"性朴"而非"性恶"，乃至认为《性恶》篇不是荀子的主张，而是荀子后学的主张。实际上，只要是把人性定位在自然的材质之上，不管是主张"性朴"抑或"性恶"，其间的区别极小。因为孟子讲性善，他并非基于材质主义，乃是先验主义，归根到底是一种宗教论，是顺子思"天命之谓性"接着讲的，故孟子讲"尽心、知性而知天"。总之，孟子讲性善乃是要把人性与天贯通起来，而"善"最终根源于天。但以材质主义的思路讲人性，不管是"性朴"抑或是"性恶"，因不能与天贯通起来，最终依然是"恶"，因为从纯粹的材质来说其可为善，这是不可理解的，因动物之性也是材质的，如果说材质之性可以为善，则动物也可为善，由此，则动物与人的区别便没有了。故云"性恶""性朴"之区别极小。《孟子·告子上》所引的"性无善无不善也""性可以为善，可以为不善""有性善，有性不善"诸说，与"性朴""性恶"没有差别，最终都摆脱不了"性恶"的窠臼。所以，唯有子思、孟子的思路，才是讲人性的中正大道。

2 **伪**：人为，这里指后天施予人的教化。

3 此句引自《诗经·周颂·时迈》。此诗写武王巡狩天下，祭祀江河山岳。怀柔，安抚。

原文

丧礼者，以生者饰死者也，大象其生以送其死也。故如死如生，如亡如存[1]，终始一也。始卒，沐浴、鬠体、饭唅[2]，象生执也。不沐则濡栉三律[3]而止，不浴则濡巾三式[4]而止。充耳而设瑱[5]，饭以生稻，唅以槁骨[6]，反生术矣。说亵衣[7]，袭三称[8]，缙绅[9]而无钩带矣。设掩面儇目[10]，鬠而不冠笄[11]矣，书其名置于其重[12]，则名不见而柩独明矣。

译文

丧礼，是以生者的样子来修饰死者，模仿其生前的情形，以送别安葬。所以对待死者要像对待生者一样，对待死亡要像对待活着一样，始终如一。刚刚去世，洗头洗澡，梳理头发修整手足，把珠、米等物放入口中含着，这是模仿他生前的行为。若不洗头那么就用湿梳子梳理三次就够了，若不洗澡就用湿毛巾擦拭三次就够了。用玉塞住耳朵，口里放入生米，含着白色的贝壳，与生前相反。穿上内衣，外面加三套衣服，把笏板插在腰带上但没有带钩。用黑色方巾把脸遮盖起来，束发但不戴冠与不插笄，把死者的名字写在明旌上，再安放在神主牌位上，那么名字就只能在灵柩前才能看清楚。

注释

1 **如死如生，如亡如存**：俞樾以为应为"事死如生，事亡如存"。

2 **鬠(kuò)体、饭唅**：鬠，束发；体，肢体，特指手足；唅，古代办理丧事时，塞在死者口中的珠、玉、贝、米等物。

3 **濡栉三律**：濡，打湿；栉，梳子与篦子；律，梳头发。

4 **式**：通"拭"。

5 **瑱(tiàn)**：古代塞在死者耳朵里的玉。

6 **槁骨**：白色的贝壳。槁，当为"皜"；骨，当为"贝"。

7 **说亵衣**：说，当为"设"；亵衣，内衣。

8 **袭三称**：袭，穿衣加服；三称，三套外衣。

9 **缙绅**：把笏板插在腰带上。

10 **儇(xuān)目**：掩盖死者面目的黑色方巾。

11 **冠笄**：古人成人之后，插在头上的饰物。男人称冠，女人称笄。

12 **书其名置于其重**：书其名，即把死者的名字写在明旌上；重，木头做的神主牌，长三尺到九尺，依死者的地位而定。

原文

荐器[1]：则冠有鍪而毋缒[2]，瓮庑[3]虚而不实，有簟席而无床笫，木器不成斫[4]，陶器不成物[5]，薄器不成内[6]；笙竽，具而不和[7]；琴瑟，张而不均；舆藏而马反，告不用也。具生器以适墓，象徙道[8]也。略而不尽，貇而不功[9]，趋舆而藏之，金革辔靷[10]而不入，明不用也。象徙道，又明不用也，是皆所以重哀也。故生器文而不功，明器貇而不用。

译文

陪葬的器物：帽子上有头盔但没有束发的丝巾，瓮、瓶等器物空着不放东西，有竹席但没有床垫，木器不雕琢，陶器不是制成品，竹器不能使用，笙竽陈设但不能弹奏，琴瑟摆放但不必调和，把拉棺材的车子埋葬但把马牵回来，表明随葬的东西是不用的。把生前的器物送到墓中，就像搬家一样。简略而不必完备，徒具其表而不必精致，丧车埋掉，但套车的工具却不埋进去，表明这些都不用了。像搬家，但又表明不用，这都是为了加重哀伤之情。所以生前的器物只起礼仪作用而不起实际功用，随葬的器物只略具形貌而不实用。

注释

1 **荐器**：即给死者奉送随葬品。

2 **鍪(móu)而毋缒(shǐ)**：鍪，头盔；毋，没有；缒，古时包头发的丝巾。

3 **瓮庑(wèng wǔ)**：庑，"瓨"的古字。瓮、瓨俱为陶制器皿。

4 **不成斫(zhuó)**：没有加工雕饰。斫，雕凿。

5 **不成物**：不是制成品，即半成品。

6 **薄器不成内**：薄器，竹子或芦苇制品；内，当为"用"。

7 **不和**:指不能调和音节,即不能演奏。与下文之“不均”同义。

8 **徙道**:搬家。

9 **不功**:不精致完备。

10 **辔靷**(yǐn):御马的缰绳和引车前行的皮带。靷,引车前进的皮带,一端套在车上,一端套在牲口前。

原文

凡礼,事生,饰欢也;送死,饰哀也;祭祀,饰敬也;师旅,饰威也。是百王之所同,古今之所一也,未有知其所由来者也。故圹垄[1],其须象室屋也;棺椁,其须象版、盖、斯、象、拂[2]也;无、帾、丝、歶、缕、翣[3],其须以象菲、帷、帱、尉[4]也;抗折[5],其须以象槾茨、番、阏[6]也。故丧礼者,无它焉,明死生之义,送以哀敬而终周藏也。故葬埋,敬藏其形也;祭祀,敬事其神也;其铭、诔、系世[7],敬传其名也。事生,饰始也;送死,饰终也。终始具而孝子之事毕,圣人之道备矣。刻死而附生[8]谓之墨,刻生而附死谓之惑,杀生

译文

大凡礼,若是侍奉生者的,是为了使其欢乐;若是送别死者的,是为了表示哀伤;若是祭祀死者的,是为了表达敬意;若是军队的礼仪,是为了显示威武。这是历代王者所相同,也是古今一样的,尽管没有人知道其来历。所以坟墓,就像房屋一样;棺椁,就像车子一样;尸体与棺材上的覆盖物、丧车的饰品及棺材两旁的悬挂物,其形状分别模仿门帘与各种帷帐;承受坟冢防止垮塌的抗折,其形状就如墙壁、屋顶、篱笆和门户。因此丧礼,没有别的,就是为了彰明生死的大义,以哀伤的心情送别死者,最后周全地安葬。所以埋葬,是恭敬地埋藏死者的形体;祭祀,是恭敬地侍奉其神灵;死者的铭文、悼词、谱系,是为了恭敬地传扬其名声。侍奉出生的礼仪,是装点人生的开始;送别死者的礼仪,是装点人生的终结。开始与终结都周全,孝子的事情就完成了,圣人的大道也就具备了。侵削死者而厚养生者就叫刻薄,侵削生者而厚养死者就叫迷惑,

而送死谓之贼。大象其生以送其死,使死生终始莫不称宜而好善,是礼义之法式也,儒者是矣。

杀死生者而去陪葬死者就叫残害。大体模仿生前的情形而送别死者,使得生死的情形没有不相适宜而完美,这是礼义的原则,儒者就是这样。

注释

1 **圹垄**:犹坟墓。

2 **版、盖、斯、象、拂**:象,衍文。其余俱为车的组成部分。版,车厢板;盖,车盖;斯,当为"靳"之误,"靳"借作"鞎(hén)",古代车前的皮制遮蔽物;拂,通"茀",遮蔽车后门的皮帘。

3 **无、帾(chǔ)、丝、歶(yú)、缕、翣(shà)**:无,通"幠",覆盖尸体的布;帾,同"褚",覆盖在棺材上的赤色布;丝、歶,丧车车饰品;翣,垂于棺材两旁的饰品。

4 **菲、帷、帱、尉**:菲,挡门的草帘;帷,围在四周的帐幕;帱,帐子;尉,通"罻",网状的帷帐。

5 **抗折**:木材葬具,用来承受泥土的压力,防止墓穴垮塌。

6 **槾茨、番、阏(è)**:槾,同"墁",粉刷过的墙壁;茨,茅草、芦苇盖的屋顶;番,通"藩",篱笆。阏,堵塞,即门户。

7 **铭、诔、系世**:铭,刻在器物上的死者的生平功德;诔,哀悼死者,彰表其功德的文章;系世,记载人之世系的谱牒。

8 **附生**:厚养生者。

原文

三年之丧何也?曰:称情而立文,因以饰[1]群,别亲疏贵贱之节,而不可益损也,故曰无适不易之术也。创巨者其日久,痛甚者其愈迟。三年之丧,称情而立文,所以为

译文

三年的丧期,为什么要如此规定?答曰:依据人情而制定礼制,以此来使群体整齐有序,辨别亲疏、贵贱的不同,这种期限是不可随意增加或减少的,所以说这是普遍适用且不可变易的制度。若创伤大恢复起来就长,悲痛深痊愈起来就慢。三年的丧期,是依据人情而制定的礼制,就

至痛极也；齐衰、苴杖、居庐[2]、食粥、席薪、枕块，所以为至痛饰也。三年之丧，二十五月而毕，哀痛未尽，思慕未忘，然而礼以是断之者，岂不以送死有已，复生有节也哉！凡生乎天地之间者，有血气之属必有知，有知之属莫不爱其类。今夫大鸟兽则[3]失亡其群匹，越月逾时，则必反铅[4]；过故乡，则必徘徊焉，鸣号焉，踯躅[5]焉，踟蹰焉，然后能去之也。小者是燕爵[6]，犹有啁噍[7]之顷焉，然后能去之。故有血气之属莫知于人，故人之于其亲也，至死无穷。将由夫愚陋淫邪之人与？则彼朝死而夕忘之，然而纵之，则是曾鸟兽之不若也，彼安能相与群居而无乱乎？将由夫修饰之君子与？则三年之丧，二十五月而毕，若驷之过隙，然而遂之，则是无穷

是为了给极度悲痛的人制定规则；穿着粗麻布制成的丧服，拄着粗劣的拐杖，住在矮小的房子里，喝着稀粥，睡着柴草，枕着土块，就是为了表达深沉的哀痛。三年的丧期，二十五个月就完毕了，但哀痛没有完结，思慕之情永驻，然而礼制以三年为限，难道不是表示送别死者总有个完结，而恢复生活总有个期限吗？大凡生于天地之间的存在者，有血气的必然就有知觉，有知觉的存在者没有不喜爱其同类的。假如大的鸟兽失去了其群体或配偶，即使经过了一个月或一段时间，也会返回寻找其群体或配偶；经过故乡的时候，必然会徘徊不前，鸣叫啼号，飞来飞去，犹豫不决，然后才会离去。哪怕是小小的燕雀，也会悲鸣一会儿，然后才飞走。所以有血气的存在者没有比人更聪明的，因此人对于其亲人之情，至死也不会穷尽。难道要依从那些愚蠢、鄙陋、淫荡、邪恶之人的做法吗？他们的亲人早晨去世，晚上就忘记了，若放任这种情况，那么就会弄到竟然连鸟兽都不如的地步，他们怎么能与人群居而不生祸乱呢？难道要依从修行的君子的做法吗？那么三年的丧期，二十五个月就完结了，他们觉得如同四匹马拉的车子飞越一个缝隙一样快，如果遂了他们的心愿，丧期就没完没了了。所以先王圣人

也。故先王圣人安[8]为之立中制节，一使足以成文理，则舍之矣。

基于此而为人们设立了适中的制度加以节制，使得人们一律依从礼制，以此结束丧期。

注释

1 **饰**：通“饬(chì)”，整治。

2 **齐衰**(zī cuī)、**苴**(jū)**杖**、**居庐**：齐衰，古人丧期分五种，称之为五服，分别是斩衰、齐衰、大功、小功、缌麻，依据生者与死者的亲疏程度，服丧期从三年到三个月不等，其丧服以粗疏的麻布制成，衣裳分制，缘边部分缝缉整齐，故名“齐衰”，有别于斩衰的毛边；苴杖，哭丧期间用粗劣的竹子做成的手杖；居庐，居丧期间住的简陋的房子，一般是在中门之外的东墙下把木头斜倚在墙上搭成的，所以又叫倚庐。

3 **则**：若。

4 **反铅**：指返回来合群。反，通“返”；铅，同“沿”，依循。

5 **踯躅**(zhí zhú)：徘徊不前。下文的“踟蹰(chí chú)”，指犹豫不决。

6 **爵**：雀。

7 **啁噍**(zhōu jiào)：小鸟的叫声。

8 **安**：语助词。

原文

然则何以分之？曰：至亲以期断[1]。是何也？曰：天地则已易矣，四时则已遍矣，其在宇中者莫不更始矣，故先王案以此象之也。然则三年何也？曰：加隆焉，案使倍之，故再期也。由九月以下何也？曰：案使不及也。故

译文

既然如此，丧期为什么又有期限不同的分别呢？答曰：父母的丧期本来以一周年为期限。这是为什么呢？答曰：天地已经变化了，四时已经运转一遍了，宇宙中的万物无不更化重新开始了，所以先王以一年为期限即取法于此。那么为什么又要三年之丧呢？答曰：这是为了更加隆重，使得时间加倍，于是再多两年丧期。服丧九月以下是为什么呢？答曰：为了显

三年以为隆，缌、小功以为杀[2]，期、九月以为间。上取象于天，下取象于地[3]，中取则于人，人所以群居和一之理尽矣。故三年之丧，人道之至文者也。夫是之谓至隆，是百王之所同、古今之所一也。

示恩情不及父母。所以三年之丧最为隆重，服丧三月的缌麻与五月的小功是最轻的，服丧一年、九个月居于中间。这些丧期都是上取法于天，下取象于地，中间源于人之性情，人们群居和谐的道理由此而表现殆尽。所以三年的丧期，是人道最高的礼制。这就叫作最隆重的礼，是历代帝王所相同、古今所一致的。

注释

1 **至亲以期断**：指父母的丧期以一年为期限。至亲，父母；期，一年。

2 **缌**(sī)、**小功以为杀**(shài)：缌，五种丧服中最轻的一种，以细麻布做成，服丧期为三个月，表示与死者关系较为疏远；小功，五种丧服中的第四等，用熟麻布制成，服丧期为五个月，一般是为堂伯父、堂叔父服小功。杀，减少。

3 **上取象于天，下取象于地**：五种丧服的期限分别为三年、一年、九个月、五个月和三个月。这对应着天地运行的五种时间规律。三年，取法于每隔三年有一闰月；一年，取法于天地一年往返循环；九月，取法于天地之阳数（九为阳数）；五月，取法于地有金、木、水、火、土；三月，取法于一季有三月。

原文

君子[1]丧所以取三年，何也？曰：君者，治辨之主也，文理之原也，情貌之尽[2]也，相率而致隆之，不亦可乎？《诗》曰："恺悌君子，民之父母。"[3]彼

译文

君主的丧期也是三年，这是为什么？答曰：君主是治理的主人，礼义制度的本源，对于内在之诚与外在之恭的要求也是最高的，人们争先恐后地推崇他，这样做难道不应该吗？《诗经》说："平易和蔼的君子，是百姓的父母。"君主，本来就有

君子[4]者，固有为民父母之说焉。父能生之，不能养之；母能食之，不能教诲之；君者，已能食之矣，又善教诲之者也，三年毕矣哉？乳母，饮食之者也，而三月；慈母[5]，衣被之者也，而九月；君，曲备之者也，三年毕乎哉？得之则治，失之则乱，文之至也；得之则安，失之则危，情之至也。两至者俱积焉，以三年事之，犹未足也，直无由进之耳。故社[6]，祭社也；稷[7]，祭稷也；郊者，并百王于上天而祭祀之也。

百姓父母之说。父亲能生育子女，但不能喂养；母亲能喂养子女，但不能教化；君主，既能喂养他，又善于教化他，服丧三年就完毕了吗？乳母，是喂养的人，所以服丧三个月；慈母，是抚养的人，所以服丧九个月；君主，各方面都照顾的周到完备，难道服丧三年就完毕了吗？做到这一点，国家就会治理；做不到这一点，国家就会混乱，这是最高的礼制的体现。做到这一点，国家就会安全；做不到这一点，国家就会危险，这是最高的情感表达。两个“最高”合起来，就会觉得三年之丧期还显得不足，只是没有办法再增加了。所以，社祭，是祭祀土地神的；稷祭，是祭祀谷神的；郊祭，是把历代君王与上天一起合起来祭祀。

注释

1 **子**：疑为“之”。

2 **情貌之尽**：在人中，君主内在的忠诚之情及外在的恭敬之貌，其规格要求是最高的。

3 此句引自《诗经·大雅·泂酌》。这是一首关于祭祀的歌曲。恺悌，平易和蔼。

4 **子**：衍文。

5 **慈母**：养育自己长大的人，一般由父亲的妾充任。

6 **社**：土地神。

7 **稷**：谷神。

原文

三月之殡[1]，何也？曰：大之也，重之也。所致隆也，所致亲也，将举错[2]之，迁徙之，离宫室而归丘陵也；先王恐其不文也，是以繇[3]其期，足之日也。故天子七月，诸侯五月，大夫三月，皆使其须[4]足以容事，事足以容成，成足以容文，文足以容备，曲容备物之谓道矣。

译文

三个月以后才出殡埋葬，这是为什么？答曰：这是为了使丧礼重大，使丧礼隆重。对于最值得尊敬的人，最值得亲近的人，将要安葬他了，迁移居所，离开原来的宫室而到丘陵中去；先王担心丧葬不符合礼制，于是延长了停柩的时间，让人有足够的时间去准备。所以天子停柩七个月，诸侯停柩五个月，大夫停柩三个月，这种等待都是为了让人足以去办理各种事务，事务准备好了便能够使安葬成功，安葬成功了便符合礼制，礼制可以确保安葬的物质完备，礼仪周到、物质完备就是丧礼之道。

注释

1 **殡**：入殓之后，安葬之前，停放灵柩的这段时间，称之为“殡”。一般是三个月，实际只有七十天。

2 **举错**：举措。

3 **繇**：通“遥”。

4 **须**：等待。

原文

祭者，志意思慕之情[1]也。愅诡、唈僾[2]而不能无时至焉，故人之欢欣和合之时，则夫忠臣孝子亦愅诡而有所至[3]矣。彼其所至者，甚大动也；案屈然[4]

译文

祭祀，是情感与思念积累后的表达。因为人们的感动、郁结之情总要不定时地得到表达，所以当人们欢欣和合的时候，忠臣孝子总会因先君与父母已不在而有所触动。他们的触动愤发之情非常大，以至于若没有表达的渠道，

已，则其于志意之情者惆然不嗛[5]，其于礼节者阙然不具。故先王案为之立文，尊尊亲亲之义至矣。故曰：祭者，志意思慕之情也，忠信爱敬之至矣，礼节文貌之盛矣，苟非圣人，莫之能知也。圣人明知之，士君子安行之，官人以为守，百姓以成俗。其在君子以为人道也，其在百姓以为鬼事也。

则他们的情感就会怅然若失而不满足，对于礼节就会欠缺而不完备。于是先王因此而确立礼制，使尊敬君主、敬爱父母之情得以表达。所以说：祭祀，是情感与思念积累后的表达，是忠信、喜爱、敬重之情的极致，是礼节仪式的最高形式，如果不是圣人，没有人能知其大义。圣人清楚地知晓它，士君子安乐地实行它，官员把它作为职守，百姓把它作为习俗。在君子那里，把它作为人道的表现；在百姓那里，把它看作鬼神之事。

注释

1 **情**：王念孙以为，当为“积”字。因为“志意”与“情”相近，可言“思慕之情”，不可言“志意思慕之情”。

2 **愅(gé)诡、唈僾**(yì ài)：愅诡，变异感动的样子；唈僾，郁闷不乐的样子。

3 **愅诡而有所至**：人们欢欣之时，忠臣孝子因不见先君与父母而有所触动。

4 **屈(juē)然**：空缺的样子。这里指不行祭祀之礼。

5 **嗛**(qiè)：满足。

原文

故钟鼓、管磬、琴瑟、竽笙，《韶》《夏》《护》《武》《汋》《桓》《箾》、简《象》[1]，是君子之所以为愅诡其所喜乐之文也；齐衰、苴杖、居庐、食粥、席薪、枕块，是君子

译文

所以钟鼓、管磬、琴瑟、笙竽，《韶》《夏》《护》《武》《汋》《桓》《箾》《象》等乐舞曲，是君子表达喜乐的礼仪；穿着粗布丧服，拄着粗劣的拐杖，住在矮小的房子里，喝着稀粥，睡着柴草，枕着土块，是君子表达哀痛的礼仪；军队有制度，刑

之所以为惮诡其所哀痛之文也；师旅有制，刑法有等，莫不称罪，是君子之所以为惮诡其所敦[2]恶之文也。卜筮视日[3]，斋戒修涂[4]，几筵、馈、荐[5]，告祝[6]，如或飨之；物取而皆祭之，如或尝之；毋利[7]举爵，主人有尊[8]，如或觞之；宾出，主人拜送；反，易服，即位而哭，如或去之。哀夫！敬夫！事死如事生，事亡如事存，状乎无形影，然而成文。

法有等级，刑罚没有不与罪行相符合的，是君子表达憎恨的礼仪。占卜日子的吉凶，斋戒身心、清扫祠庙，摆好桌席，献上祭品，祭祀祈福，好像神真的来享用一样；取出祭品一一祭祀，好像神真的要品尝一样；不让助食者向受祭者敬酒，主人亲自敬酒，好像神真的在喝酒一样；（以上这些完毕以后，）宾客退出，主人拜谢相送；返回以后，脱掉祭服，换上丧服，坐在座位痛哭，好像神远离而去一样。哀伤啊！恭敬啊！对待死亡就如对待出生，侍奉亡故的人就如侍奉活着的人，虽然无形无影，然而却成为了礼仪。

注释

1 **《韶》《夏》《护》《武》《汋》《桓》《箾(xiāo)》、简《象》**:《韶》，舜时乐曲名；《夏》，禹时乐曲名；《护》，汤时乐曲名；《武》，武王时乐曲名；《汋》《桓》，周代乐曲名，见《诗经·周颂》；《箾》，周文王时舞曲名；简，衍文；《象》，武王伐纣时的乐曲名。

2 **敦**:通“憝(duì)”，憎恨。

3 **卜筮视日**:古人占卜以查看日子的吉凶。

4 **修涂**:修饰、扫除。涂，通“除”。

5 **馈、荐**:祭祀时进献谷物、牺牲等祭品。

6 **告祝**:祭祀时尸祝为主人祈福。

7 **利**:祭祀时帮助把祭品端给尸的人。

8 **有尊**:有，即“侑”，劝；尊，酒杯，这里指饮酒。

乐论

导读

本篇中荀子具体论述了音乐的根基及其作用等问题。荀子认为，音乐并非纯粹外在于人的制作，而是根基于人之性情，是人所不能免的："夫乐者，乐也，人情之所必不免也，故人不能无乐。"但人之性情必须养其正，故亦须正其乐，具体地说，就是重《雅》《颂》之乐而辟郑卫之音。正因为音乐为人情所不能免，音乐在人之教化与社会治理中有着巨大的作用。从个人来讲，音乐的作用是"乐行而志清，礼修而行成，耳目聪明，血气和平"；从社会来讲，音乐的作用是"移风易俗，天下皆宁，美善相乐"。总的来说，音乐是"治人之盛者"。由此，墨子反对音乐是根本不能成立的。荀子还对各种乐器的声音曲调进行了区分与描述，认为它们都象征着天地中的某一物，如"鼓似天，钟似地，磬似水，竽笙、箫和、管籥似星辰日月，鼗、柷、拊、鞷、椌、楬似万物"。这表明，音乐不但根基于性情，亦根基于天地，通过音乐，人可以与天地万物相贯通。因此，音乐根本不是纯娱乐性的，它是教化中非常重要的一个环节。

原文

夫乐者，乐也，人情之所必不免也，故人不能无乐。乐则必发于声音，形于动静，而人之道，声音、动静、性术之变尽是矣。

译文

音乐，是对人的情感的表现，是人的情感所不可避免的一种表达，所以人不能没有音乐。音乐必然会发出声与音，表现动与静，而人之所以为人之道，即其声音、动静、性情举止之变化都在音乐故人不能不乐，乐则不能无形，形而不为道[1]，则不能无乱。先王恶其乱也，故制《雅》《颂》[2]之声以道之，使其声足以乐而不流，使其文足以辨而不諰[3]，使其曲直、繁省、廉肉[4]、节奏，足以感动人之善心，使夫邪污之气无由得接焉。是先王立乐之方也，而墨子非之[5]，奈何！

中得到了尽情的表达。所以人不能没有情感表达，情感表达就不能不表现出来，表现出来若不加以引导，就不可能不混乱。先王厌恶这种混乱，所以制定了《雅》《颂》这样的雅乐加以引导，使得其声音足以和乐而不淫荡，使得其文辞足以辩明事理而无失，使得其曲直、繁简、高亢与婉转、节奏足以感动人的善心，从而使邪恶污秽的情感无法得以接近人。这是先王设立音乐的原则，但墨子却反对音乐，真的不可理解！

注释

1 **道**：引导。

2 **《雅》《颂》**：《诗经》中的两类乐曲。雅是正的意思，是朝廷的正声雅乐，又分《大雅》与《小雅》；颂是宗庙祭祀乐曲，分为《周颂》《鲁颂》与《商颂》。

3 **辨而不諰**(shāi)：辩明道理而无失。辨，通"辩"；諰，语有所失。

4 **廉肉**：指乐声的高亢与婉转。

5 **墨子非之**：墨子明确表示对乐的反对，他在《墨子 · 非乐上》中问："然即当为之撞巨钟、击鸣鼓、弹琴瑟、吹竽笙而扬干戚，民衣食之财将安可得乎？"于是，他主张，"今天下士君子，请将欲求兴天下之利，除天下之害，当在乐之为物，将不可不禁而止也"。

原文

故乐在宗庙之中，君臣上下同听之，则莫不和敬；闺门之内，父子兄弟同听之，则莫不和亲；乡里族

译文

所以音乐在庙堂中演奏，君臣上下一起倾听，没有不和谐恭敬的；在家门之内演奏，父子兄弟一起倾听，没有不和谐亲近的；在乡里宗族演奏，老小长幼一起

长之中，长少同听之，则莫不和顺。故乐者审一以定和[1]者也，比物以饰节[2]者也，合奏以成文者也。足以率一道[3]，足以治万变。是先王立乐之术也，而墨子非之，奈何！

倾听，没有不和谐顺从的。所以音乐，是审定一个主音来确定曲调的和谐，配合着乐器以调整节奏，一起演奏以成旋律。因此音乐足以统率最高的形而上之道，也足以治理形而下的各种变化。这是先王确立音乐的根本方法，但墨子却反对它，真的不可理解啊！

注释

1 **审一以定和**：古代音调分宫、商、角、徵(zhǐ)、羽，其中一个主音定了，其余四个音也就定了，从而形成音乐之和谐。如《淮南子·原道训》说"故音者，宫立而五音形矣"，说的就是"审一以定和"。

2 **比物以饰节**：比物，指协调众物，使配合得当；饰，通"饬"，调整；节，节奏。

3 **一道**：指最高的道，以与下文之"万变"相对应。

原文

故听其《雅》《颂》之声，而志意得广焉；执其干戚[1]，习其俯仰屈伸，而容貌得庄焉；行其缀兆[2]，要[3]其节奏，而行列得正焉，进退得齐焉。故乐者，出所以征诛也，入所以揖让也。征诛揖让，其义一也。出所以征诛，则莫不听从；入所以揖让，则莫不从服。故乐者，天下之大齐也，中和之纪也，人情之所必不免也。是

译文

所以倾听了《雅》《颂》之音，志向心胸就变得开阔了；手执盾牌、斧头等舞具，表演俯仰屈伸的动作，容貌就变得庄重了；活动在舞蹈的行列上，配合音乐的节奏，那么行列就端正了，进退就整齐了。所以音乐，对外用来征伐，对内用来礼让。征伐礼让，音乐的作用是一样的。对外用来征伐，那么就没有不听从的；对内用来礼让，那么就没有不悦服的。所以音乐，是天下最大的齐同协一之道，是中正平和的纲纪，是人的情感表达所必不能免的。这是先

先王立乐之术也，而墨子非之，奈何！且乐者，先王之所以饰喜也；军旅铁钺[4]者，先王之所以饰怒也。先王喜怒皆得其齐焉。是故喜而天下和之，怒而暴乱畏之。先王之道，礼乐正其盛者也，而墨子非之。故曰：墨子之于道也，犹瞽之于白黑也，犹聋之于清浊也，犹欲之楚而北求之也。

王确立音乐的根本方法，但墨子却反对它，真的不可理解啊！而且音乐，是先王用来表达喜悦之情的；军队、斧钺是先王用来表达忿怒之情的。先王的喜悦与忿怒通过音乐得以恰如其分的表现。这样，喜悦时天下之人就应和他，忿怒时暴乱之人就畏惧他。先王的治国原则中，礼与乐正是其中的重要内容，但墨子却反对它。所以说：墨子对于治国之道，就如盲人之于色之黑白，聋子之于音之清浊，去楚国却往北方走一样。

注释

1 **干戚**：盾牌与斧头。这里指表演战争内容的舞蹈道具。

2 **缀兆**：舞蹈时的行列位置。缀，行列的标识；兆，行列的区域。

3 **要**(yāo)：符合。

4 **铁钺**(fǔ yuè)：铁，通“斧”；钺，大斧。这里指刑具。

原文

夫声乐之入人也深，其化人也速，故先王谨为之文。乐中平则民和而不流，乐肃庄则民齐而不乱。民和齐则兵劲城固，敌国不敢婴[1]也。如是，则百姓莫不安其处，乐其乡，以至足其上[2]矣。然后名声于是白[3]，光辉于

译文

音乐浸润人心很深入，改变人的性情很迅速，所以先王十分谨慎地修饰音乐。音乐中正平和那么百姓就和睦而不放纵，音乐严肃庄重那么百姓就整齐而不混乱。百姓和睦、整齐就会兵力强劲、城池坚固，敌国就不敢来犯。这样，百姓没有不满足于自己的住处，喜欢自己的家乡，以至于使君主也很满足。然后君主的名声就会显赫，光辉就会盛大，天

是大，四海之民莫不愿得以为师[4]，是王者之始也。乐姚冶[5]以险，则民流僈鄙贱矣；流僈则乱，鄙贱则争；乱争则兵弱城犯，敌国危之。如是，则百姓不安其处，不乐其乡，不足其上矣。故礼乐废而邪音起者，危削侮辱之本也。故先王贵礼乐而贱邪音。其在序官[6]也，曰："修宪命，审诛赏[7]，禁淫声，以时顺修，使夷俗邪音不敢乱雅，太师[8]之事也。"

下的百姓没有不愿意把他作为自己的君长，这是王天下的开始。音乐靡艳险恶，那么百姓就会流荡散漫、卑鄙下贱；流荡散漫就会有祸乱，卑鄙下贱就会有争斗；祸乱、争斗就会导致兵力被削弱、城池被破坏，敌国就会来侵犯。这样，百姓就不会安居于他的住处，不喜欢他的家乡，也不会使君主满足。所以礼乐废弃了邪僻之音就会兴起，这是国家遭受危害、削弱、侮辱的根源。因此先王尊重礼乐而鄙视邪僻之音。他在论列官职的时候说："依据法令，审查诗歌，禁止淫邪之音，依时整治，使得蛮夷之俗与邪僻之音不敢扰乱雅正之声，这是太师的职责。"

注释

1 **婴**：通"撄"，侵犯。

2 **足其上**：使君主满足。

3 **白**：显赫。

4 **师**：君长。

5 **姚冶**：美艳的样子。这里指靡靡之音。

6 **序官**：论列官员的职责，这里指乐官的职责。

7 **修宪命，审诛赏**：修，当为"循"；诛赏，当为"诗商"。

8 **太师**：古代乐官之长，掌管乐律。《文心雕龙·史传》有"于是就太师以正《雅》《颂》，因鲁史以修《春秋》"。

原文

墨子曰："乐者，圣王之所非也，而儒者为之，过也。"君子以为不然。乐者，圣王之所乐也，而可以善民心，其感人深，其移风易俗[1]，故先王导之以礼乐，而民和睦。夫民有好恶之情，而无喜怒之应则乱。先王恶其乱也，故修其行，正其乐，而天下顺焉。故齐衰之服，哭泣之声，使人之心悲；带甲婴軸[2]，歌于行伍，使人之心伤[3]；姚冶之容，郑、卫之音[4]，使人之心淫；绅端章甫[5]，舞《韶》歌《武》，使人之心庄。故君子耳不听淫声，目不视女色，口不出恶言。此三者，君子慎之。

译文

墨子说："音乐，是圣人所反对的，但儒者却倡导，这是不对的。"君子以为不是墨子所说的那样。音乐，是圣王所喜欢的，它可以改善人心，感化人很深入，移风易俗很容易，所以先王倡导礼乐，百姓就会和睦。人天然有好恶之情，但若没有规导、调节喜欢、忿怒的法度就会有祸乱。先王厌恶这种祸乱，所以修养德行，修正音乐，天下就和顺了。所以齐衰之丧服，哭泣之哀声，使人心悲切；穿着铠甲戴着头盔，在行列中歌唱，使人心振作；美艳的容貌，郑、卫之邪音，使人心淫荡；腰束官带，穿着礼服，戴着礼帽，跳《韶》乐之舞，唱《武》乐之歌，使人心庄重。所以君子的耳朵不听淫荡之声，眼睛不看妖艳的女色，嘴巴不说污秽的言语。这三者，是君子应该谨慎的。

注释

1 **移风易俗**：下文脱落一"易"字。

2 **婴軸**：戴上头盔。婴，系着；軸，同"胄"，头盔。

3 **伤**：当为"扬"，振作。

4 **郑卫之音**：指《诗经》中郑国与卫国的民歌，多写男女情爱，与《雅》《颂》之正音形成强烈的对比，故多以为郑卫之音邪淫。孔子说："放郑声，远佞人。郑声淫，佞人殆。"

5 **绅端章甫**：绅，古代士大夫束在腰间的大带子；端，即玄端，黑色礼服，祭祀时穿；章甫，古代的一种礼帽。

原文

凡奸声感人而逆气应之，逆气成象而乱生焉；正声感人而顺气应之，顺气成象而治生焉。唱和有应，善恶相象，故君子慎其所去就也。君子以钟鼓道[1]志，以琴瑟乐心，动以干戚，饰以羽旄[2]，从以磬管。故其清明象天，其广大象地，其俯仰周旋有似于四时。故乐行而志清，礼修而行成，耳目聪明，血气和平，移风易俗，天下皆宁，美善相乐。故曰：乐者，乐也。君子乐得其道，小人乐得其欲。以道制欲，则乐而不乱；以欲忘道，则惑而不乐。故乐者，所以道乐也。金石丝竹，所以道德也。乐行而民乡方[3]矣。故乐者，治人之盛者也，而墨子非之。

译文

大凡奸邪之音感动人心便会生起横逆之气，横逆之气成为社会现象就会产生混乱；雅正之音感动人心便会生起和顺之气，和顺之气成为社会现象就会形成治理。唱和相互感应，善恶也随之产生，所以君子谨慎地取舍音乐。君子以钟鼓疏导心志，以琴瑟愉悦心灵，舞动盾牌与刀斧，装饰雉羽与牛尾，伴奏钟磬与管箫。所以君子的清明之德像天，广大之德如地，俯仰周旋好像四时更替一样有秩序。所以音乐流行心志就清明了，礼仪美好行为就养成了，耳聪目明，血气和平，移风易俗，天下都安宁，美与善相互促进。所以说：音乐，就是表达快乐的。君子以得道为快乐，小人以遂欲为快乐。以道义去限制欲望，就会快乐而不昏乱；因欲望而忘记道义，就会迷惑而不快乐。所以音乐，是用来引导快乐的。金石丝竹，是用来规导道德的。音乐流行百姓就向往仁义了。所以音乐，是治理人民最理想的工具，但墨子却反对它。

注释

1 **道**：通“导”，引导。

2 **羽旄**：乐舞时所执的雉羽和旄牛尾。

3 **乡方**：归向仁义之道。乡，通“向”；方，道。

原文

且乐也者，和之不可变者也；礼也者，理[1]之不可易者也。乐合同，礼别异。礼乐之统，管乎人心矣。穷本极变[2]，乐之情也；著诚去伪，礼之经也。墨子非之，几遇刑[3]也。明王已没，莫之正也。愚者学之，危其身也。君子明乐，乃其德[4]也。乱世恶善，不此听也。於乎[5]哀哉！不得成也。弟子勉学，无所营[6]也。

译文

而且音乐，是使人心和谐所不可变更的手段；礼义，是治理国家不可变易的措施。音乐使人们和谐一致，礼义使人们区分等级。礼乐这样的体系构造，掌管着思想、人心。深入人性的究极之地变化人的气质而达到最好的效果，这是音乐的本质；显明真诚，去除虚伪，这是礼义的常道。墨子却反对它，这就近乎犯罪。明王已经去世，没有人能够纠正他了。愚蠢的人学习了墨子的理论，就会危害自身。君子彰明音乐之道，乃是其义务。但乱世憎恶善行，并不听从这个道理。呜呼哀哉！音乐由此而不再流行了。弟子们要努力学习音乐，不要受墨子理论的迷惑。

注释

1 **理**：治理。

2 **穷本极变**：指深入人性的究极之地变化人的气质而达到最好的效果。本，人性的究极之地；极，最好的效果；变，变化气质。

3 **几遇刑**：近乎犯罪。

4 **德**：本性，义务。

5 **於乎**：同“呜呼”。

6 **营**：迷惑。

原文

声乐之象[1]：鼓大丽[2]，钟统实[3]，磬廉制[4]，竽笙箫

译文

音乐的气象：鼓声激越高亢，钟声洪亮浑厚，磬声明晰有度，笙竽之声肃

和[5]，管籥发猛[6]，埙篪翁博[7]，瑟易良[8]，琴妇好[9]，歌清尽，舞意天道兼。鼓，其乐之君邪！故鼓似天，钟似地，磬似水，竽笙、箫和[10]、管籥似星辰日月，鼗、柷、拊、鞷、椌、楬[11]似万物。曷以知舞之意？曰：目不自见，耳不自闻也，然而治俯仰、诎信、进退、迟速莫不廉制，尽筋骨之力以要钟鼓俯会之节，而靡有悖逆者，众积意謘謘乎[12]！

静和缓，管籥之声高昂粗犷，埙篪之声低沉宽广，瑟音平和温润，琴音柔美温婉，歌声清朗而完美，舞蹈的意象与自然相合。鼓，是音乐中的主宰啊！所以鼓声就像天，钟声恰似地，磬声如同水，笙竽、管籥之声类似星辰日月，鼗、柷、拊、鞷、椌、楬之声拟诸万物。怎么知道舞蹈的意象呢？答曰：舞者的眼睛不能看见自己的形体，耳朵不能听到自己的声音，然而他们的俯仰、屈伸、进退、快慢无不清晰而有韵律，竭尽身体的力量去配合钟鼓的节奏，而无所违逆，乃因为众人聚精会神而诚恳谨慎啊！

注释

1 **象**：气象。

2 **丽**：通“厉”，形容声音激越高亢。

3 **统实**：洪亮浑厚。

4 **廉制**：清晰有度。廉，清也。

5 **箫和**：当为“肃和”，肃静和缓。

6 **管籥发猛**：管籥，古代编管乐器；发猛，高昂粗犷。

7 **埙篪**(xūn chí)**翁博**：埙，一种陶土烧制的吹奏乐器，大如鹅蛋，形如秤锤，上尖下平中空，一般有 1~5 个孔；篪，用竹子制成的单管横吹乐器；翁博，同“滃渤”，声音低沉而宽广。

8 **易良**：平和温润。

9 **妇好**：柔婉。

10 **箫和**：衍文。

11 **鼗**(táo)、**柷**(zhù)、**拊**(fǔ)、**鞷**(gé)、**椌**(qiāng)、**楬**(qià)：均为古代打击乐器。

鼗，拨浪鼓；柷，漆筒似的打击乐器；拊、鞷，二者相似，均为皮革制成的打击乐器，内塞谷糠，声音低沉；椌、楬，虎形的木制打击乐器。

12 **众积意謘(chí)謘乎**：众，指跳舞的人；积意，聚精会神；謘謘，诚恳谨慎的样子。

原文

吾观于乡，而知王道之易易也[1]。主人亲速宾及介[2]，而众宾皆从之，至于门外，主人拜宾及介而众宾皆入，贵贱之义别矣。三揖至于阶，三让以宾升，拜至，献酬[3]，辞让之节繁，及介省矣。至于众宾，升受、坐祭、立饮，不酢而降，隆杀[4]之义辨矣。工入，升歌三终[5]，主人献之；笙入三终[6]，主人献之；间歌三终[7]，合乐三终[8]，工告乐备，遂出。二人扬觯[9]，乃立司正[10]，焉[11]知其能和乐而不流也。

译文

我看到乡饮酒的礼仪，就知道王道政治的实践是非常容易的。主人亲自迎接主宾与陪客，一般的宾客跟在后面，到门外的时候，主人向主宾及陪客拱手拜谒，而其他宾客都直接进门，高贵与卑贱的不同由此体现出来。主人作揖三次与主宾一起至于阶梯前，三行揖让礼而使主宾登堂，拜谢主宾的到来，主人向主宾敬酒，主宾回敬，相互推让的礼节十分繁多，陪客的礼节就简省多了。至于一般的宾客，登堂受酒，坐着祭祀，站着饮酒，不回敬主人就下堂，隆重、减省的区别由此而体现出来了。乐工进入，登堂演奏三支曲子，主人献酒；吹笙的人进去也吹奏三支曲子，主人献酒；乐工与吹笙的人再轮流各奏三支曲子，又一起合奏三支曲子，乐工报告奏乐完毕，就退堂了。主人的两个侍从举杯敬酒，又设置两个人监督礼仪，从中使他们能够和谐安乐而不流于淫邪。

注释

1 **吾观于乡，而知王道之易易也**：此语出自《礼记·乡饮酒义》，为孔子所言。观于乡，指观于乡饮酒礼。

2 **主人亲速宾及介**：主人，乡大夫，主管乡里政教刑法的官员，他时常邀请贤德的人饮酒商量乡里的政事；速，迎接；在乡饮酒的礼仪中，最贤能的叫宾，其次叫介，再次叫宾客。

3 **献酬**：乡饮酒礼中主客之间互相敬酒，主人先向客人敬酒叫“献”，客人用酒回敬主人叫“酢”，主人再次向客人敬酒以表答谢叫“酬”。

4 **隆杀**：隆重与减省。

5 **升歌三终**：终，将一首歌曲或乐曲从头到尾歌唱或演奏一遍叫一终。依据孔颖达《礼记正义》，乐工升堂把《诗经・小雅》中的诗歌《鹿鸣》《四牡》《皇皇者华》各唱一遍，就叫三终。

6 **笙入三终**：吹笙的人把《诗经・小雅》中的乐曲《南陔》《白华》《华黍》各奏一遍。

7 **间歌三终**：乐工先唱《诗经・小雅》中的《鱼丽》，接着吹笙的吹奏《小雅》中的《由庚》；乐工再唱《南有嘉鱼》，吹笙的再吹《崇丘》；乐工再唱《南山有台》，吹笙的再吹《由仪》。间，轮流。

8 **合乐三终**：指乐工在唱《诗经・周南》中的《关雎》《葛覃》《卷耳》时，吹笙的同时吹奏《诗经・召南》中的《鹊巢》《采蘩》《采蘋》。

9 **觯**(zhì)：青铜制的酒杯。

10 **司正**：负责监督饮酒礼仪的人。

11 **焉**：于之。即通过监督的方式。

原文

宾酬主人，主人酬介，介酬众宾，少长以齿，终于沃洗者[1]，焉知其能弟长而无遗也。降，说[2]屦，升坐，修爵[3]无数。饮酒之节，朝不废朝，莫[4]不废夕。宾出，主人拜送，节文终遂，焉

译文

主宾向主人敬酒，主人向陪客敬酒，陪客向一般的宾客敬酒，依据年齿为顺序依次进行，最后到清洗酒器的人，从中知道他们能够尊敬长者而不遗漏一个人。下堂，脱下鞋子，然后再升堂入座，相互不停敬酒。饮酒的原则是，早晨饮酒不影响早上的工作，傍晚饮酒不影响晚上的工作。宾客离去，主人拜谢相送，整个礼仪就结

知其能安燕而不乱也。贵贱明，隆杀辨，和乐而不流，弟长而无遗，安燕而不乱，此五行者，是足以正身安国矣。彼国安而天下安。故曰：吾观于乡，而知王道之易易也。

束了，从中可以看出礼仪中人们安乐闲适而不混乱。高贵与卑贱彰明，隆重与简省分别，和谐安乐又不流荡，尊敬长者而无遗漏，安乐闲适且不混乱，这五种行为，足以端正身心、安定国家。国家安定了天下就安定了。所以说：我看到乡饮酒的礼仪，就知道王道政治的实践是非常容易的。

注释

1 **沃洗者**：清洗酒器的人。

2 **说**：通"脱"。

3 **修爵**：即敬酒。

4 **莫**：同"暮"。

原文

乱世之征：其服组[1]，其容妇，其俗淫，其志利，其行杂，其声乐险，其文章匿[2]而采，其养生无度，其送死瘠墨[3]，贱礼义而贵勇力，贫则为盗，富则为贼。治世反是也。

译文

乱世的征兆：衣服华丽奢侈，容貌妖艳如妇人，风俗淫荡，唯利是图，行为驳杂，音乐邪僻，文章邪恶而有文采，保养生命时纵欲无度，送终时却刻薄简省，鄙视礼义却崇尚武力，贫穷时去偷盗，富裕时去残害别人。安定的社会与此相反。

注释

1 **组**：华丽奢侈。

2 **匿**：同"慝"，邪恶。

3 **瘠墨**：刻薄简省。

解蔽

导读

在本篇荀子主要论述了阻碍人们获得正确认识的影响因素。人们之所以不能获得正确的认识,根本原因在于“蔽于一曲而暗于大理”。“一曲之见”是如何造成的呢?荀子首先分析了其外在因素,“欲为蔽,恶为蔽;始为蔽,终为蔽;远为蔽,近为蔽;博为蔽,浅为蔽;古为蔽,今为蔽”,这些都是造成蒙蔽的外在原因。不但君主、大臣容易被这些外在因素所蒙蔽,就是当世学者,像墨翟、宋钘、慎到、申不害、惠施、庄子等人,莫不如此。唯有孔子仁且智而不被蒙蔽。荀子还进一步分析了造成“一曲之见”的内在因素。在荀子看来,心不明于大道,于是蒙蔽就生成了。但心如何明于大道呢?就是保持“虚一而静”的状态。那么,什么是“虚”“一”“静”呢?荀子作了很有见地的回答:“不以所已臧害所将受谓之虚”,“不以夫一害此一谓之一”,“不以梦剧乱知谓之静”。总之,“未得道而求道者,谓之虚一而静”。可见,“虚一而静”并非是虚空状态,而是心灵栖居在道中,由此为正确认识准备好条件。每个人都可使心灵栖居在道中,而开显人的认知万物的本性。但是人的认知并非没有边界,而是直指圣王之道。因此,荀子提倡“解蔽”,千言万语,实际上是要为圣王之道开辟道路。因为“圣也者,尽伦者也;王也者,尽制者也。两尽者,足以为天下极矣”,学不至于此,皆不过“治怪说,玩奇辞”耳,焉能无蔽?!

原文

凡人之患，蔽于一曲而暗于大理。治则复经，两疑[1]则惑矣。天下无二道，圣人无两心。今诸侯异政，百家异说，则必或是或非，或治或乱。乱国之君，乱家[2]之人，此其诚心莫不求正而以自为也，妒缪于道，而人诱其所迨[3]也。私其所积，唯恐闻其恶也；倚[4]其所私，以观异术，唯恐闻其美也。是以与治虽[5]走而是己不辍也。岂不蔽于一曲而失正求也哉！心不使焉，则白黑在前而目不见，雷鼓在侧而耳不闻，况于使[6]者乎？德[7]道之人，乱国之君非之上，乱家之人非之下，岂不哀哉！

译文

大凡人的祸患，皆因蒙蔽于一曲之见而不明于大道。明乎此而加以纠正就可复归到常道上来，若在一曲之见与大道之间徘徊不定就会有迷惑。天下并无二道，圣人没有二心。现在诸侯政令不同，百家学说殊异，那么就一定有对的有错的，有使社会安定的有使社会混乱的。使国家混乱的君主，使思想片面的学者，他们的真心没有一个不是欲求正道而为自己的目标服务的，但因为他们对于大道既妒忌又有偏见，而别人又投其所好地引诱他们，于是就偏离大道而至于一曲之见了。偏从自己所学的知识或经验，生怕听到自己所厌恶的；依据自己偏爱的思想，去观察不同的学说，生怕听到赞美别人的言辞，所以与大道相背离而自以为是且乐此不疲，这难道不是蒙蔽于一曲之见而失去对正道的追求吗！不用心于正道，即使黑白就在眼前眼睛也看不见，雷鼓在旁边耳朵也听不到，何况对于那些蒙蔽的人呢？而真正得到大道的人，(却落得个)混乱国家的君主在上面反对他，儒家之外的各个学派的学者在下面反对他，这难道不是学术的悲哀吗！

注释

1 **两疑**：两，指“一曲”与“大理”；疑，在两者之间左右摇摆。

2 **乱家**：指不明于正道的诸子百家。

3 **逭**:及。

4 **倚**:依据。

5 **虽**:当为“离”。

6 **使**:当为“蔽”。

7 **德**:即“得”。

原文

故[1]为蔽?欲为蔽,恶为蔽;始为蔽,终为蔽;远为蔽,近为蔽;博为蔽,浅为蔽;古为蔽,今为蔽。凡万物异则莫不相为蔽[2],此心术之公患也。

译文

是什么造成了蒙蔽呢?欲望导致蒙蔽,厌恶也导致蒙蔽;只见其始导致蒙蔽,只见其终也导致蒙蔽;疏远导致蒙蔽,亲近也导致蒙蔽;广博导致蒙蔽,肤浅也导致蒙蔽;好古导致蒙蔽,颂今也导致蒙蔽。万物殊异那么就没有不相互造成蒙蔽的,这是人们思考问题的共同弊端。

注释

1 **故**:犹“胡”。

2 **相为蔽**:相互蒙蔽。

原文

昔人君之蔽者,夏桀、殷纣是也。桀蔽于末喜、斯观[1],而不知关龙逢,以惑其心而乱其行;纣蔽于妲己[2]、飞廉,而不知微子启,以惑其心而乱其行。故群臣去忠而事私,百姓怨非而不用,贤良退处而

译文

从前君主被蒙蔽的,是夏桀与商纣王。夏桀蒙蔽于末喜、斯观两人,而不能信任关龙逢,是以心志被迷惑而行为暴戾;商纣王蒙蔽于妲己、飞廉,而不能信任微子启,是以心志被迷惑而行为暴戾。所以群臣抛弃忠诚而谋求私利,百姓怨恨其君主而不听从驱使,贤良之才离开朝廷而隐居逃亡,这就是他们丧失天下

隐逃，此其所以丧九牧之地而虚宗庙之国[3]也。桀死于亭山[4]，纣县于赤旆[5]，身不先知，人又莫之谏，此蔽塞之祸也。成汤监于夏桀，故主其心[6]而慎治之，是以能长用伊尹而身不失道，此其所以代夏王而受九有[7]也。文王监于殷纣，故主其心而慎治之，是以能长用吕望而身不失道，此其所以代殷王而受九牧也。远方莫不致其珍，故目视备色，耳听备声，口食备味，形居备宫，名受备号，生则天下歌，死则四海哭，夫是之谓至盛。《诗》曰："凤凰秋秋，其翼若干，其声若箫。有凤有凰，乐帝之心。"[8]此不蔽之福也。

而宗庙毁弃的原因。夏桀死于鬲山，商纣王的头悬挂在红旗之上，他们自身不能先知先觉，又没有人讽谏，这就导致了蒙蔽闭塞之祸。成汤有鉴于夏桀之故事，所以心立于正道而不被邪说所迷惑，谨慎地治理国家，因此能长期重用伊尹而不偏离大道，这就是他能取代夏朝而统治天下的原因。文王有鉴于商纣之故事，所以心立于正道而不被邪说所迷惑，谨慎地治理国家，因此能长期重用吕望而不偏离大道，这就是他能取代商朝而统治天下的原因。远方的国家没有不来进贡其珍宝的，所以他们的眼睛能看到各种美丽的颜色，耳朵能听到各种优美的声音，嘴巴能吃到各种珍馐美味，居住在华丽的宫室里，享受着各种尊贵的称号，活着的时候天下人歌颂，死去的时候天下人痛哭，这就叫极其隆盛伟大。《诗经》说："凤凰翩翩起舞，翅膀恰如盾牌，声音宛若洞箫。有凤又有凰，君王喜洋洋。"说的就是没有被蒙蔽的福乐。

注释

1 **末喜、斯观**：末喜，又称"妹喜"，本有施氏之女，夏桀在位时，发动大军攻打有施氏，有施氏兵败求和，献出他们的牛羊、马匹、美女，其中包括妹喜。妹喜非常美丽，夏桀对其宠爱有加。妹喜喜欢看人们在大到可以划船的酒池里饮酒，史载夏桀首先处死了阻止建造这种酒池的关龙逢，然后邀请三千名饮酒高手在击鼓声中下池畅饮，结果他们中的一些人因醉酒而淹死。斯观，夏桀时的佞臣。

2 **妲己**：有苏氏部落之女，骨肉匀称，眉宇清秀，商纣王征伐有苏氏时得到她，从此纵情声色，不理朝政。

3 **丧九牧之地而虚宗庙之国**：九牧，即九州，这里代指天下。牧，州的长官。虚，"墟"的本字。

4 **亭山**：当为"鬲(lì)山"之误，即历山，又称历阳山，在今安徽和县西北四十里，相传桀被流放在此。

5 **纣县于赤旆**：周武王伐纣，纣大败。《史记·殷本纪》载："纣走，入登鹿台，衣其宝玉衣，赴火而死。周武王遂斩纣头，县之大白旗。"与此处所说略异。

6 **主其心**：指心立于正道而不被邪说所迷惑。

7 **九有**：即九囿，也就是九州。有，通"囿"。

8 此句不见于《诗经》，可能引自逸诗。秋秋，犹"跄跄"，腾跃飞舞的样子。

原文

昔人臣之蔽者，唐鞅、奚齐[1]是也。唐鞅蔽于欲权而逐载子[2]，奚齐蔽于欲国而罪申生[3]；唐鞅戮于宋，奚齐戮于晋。逐贤相而罪孝兄，身为刑戮，然而不知，此蔽塞之祸也。故以贪鄙、背叛、争权而不危辱灭亡者，自古及今，未尝有之也。鲍叔、宁戚、隰朋[4]仁知且不蔽，故能持管仲而名利福禄与管仲齐；召公、吕望仁

译文

以前臣子被蒙蔽的，是唐鞅、奚齐。唐鞅蒙蔽于权力欲望而驱赶了戴驩，奚齐蒙蔽于夺取政权而陷害申生；最后唐鞅在宋国被杀，奚齐在晋国被杀。驱赶贤明的宰相陷害孝顺的兄长，最后身首异处，然而却不能反省自知，这正是蒙蔽惹的祸。所以贪婪卑鄙、背叛君主、争夺权力而不导致危险、侮辱、灭亡之祸的，自古及今，还没有过。鲍叔牙、宁戚、隰朋仁智双全且不被蒙蔽，所以能推荐、扶持管仲且名利福禄与管仲齐同；召公、吕望仁智双全且不被蒙蔽，所

知且不蔽，故能持周公而名利福禄与周公齐。《传》曰：“知贤之谓明，辅贤之谓能。勉之强之，其福必长。”此之谓也。此不蔽之福也。

以能推荐、扶持周公且名利福禄与周公齐同。古书上说：“了解贤人就叫明智，辅佐贤人就叫才能。勤勉努力于此，福禄必定长久。”说的就是这个意思。这是不被蒙蔽的福乐。

注释

1 **唐鞅、奚齐**：唐鞅，宋康王时的宰相，奸佞无道。《吕氏春秋·审应览·淫辞》载：“宋王谓其相唐鞅曰：‘寡人所杀戮者众矣，而群臣愈不畏，其故何也？’唐鞅对曰：‘王之所罪，尽不善者也。罪不善，善者故为不畏。王欲群臣之畏也，不若无辨其善与不善而时罪之，若此则群臣畏矣。’”但不久，宋康王也把唐鞅杀了。奚齐，晋献公宠妃骊姬的儿子，因母受宠而立为嗣，遂废太子申生，晋献公死后，晋国内乱，奚齐即被里克所杀，时年十四岁。

2 **载子**：当作“戴子”，指戴驩(huān)，他曾任宋国太宰，后来被唐鞅驱逐而逃往齐国。

3 **申生**：晋献公太子，乃齐姜所生。晋献公听信宠妃骊姬的谗言，遂废。申生最后在新城曲沃(今山西闻喜)自缢而死。

4 **鲍叔、宁戚、隰朋**：鲍叔，即鲍叔牙，春秋时期齐国大夫，早年辅佐公子小白，后推荐管仲为相，管仲死后，鲍叔牙继任宰相。鲍叔牙为政重教化，沿用了管仲的治国方略，使得齐国的强盛得以维持。宁戚，本出身于卫国乡下的贫困家庭，后来成为齐桓公的大臣，与管仲、隰朋、宾胥无、鲍叔牙五人皆为齐桓公功臣，为齐桓公称霸起到重要作用。隰朋，春秋时期齐国大夫，齐庄公曾孙，与管仲、鲍叔牙一起辅佐齐桓公，齐国大治。管仲死后推荐他继任，但不久亦病逝。

原文

昔宾孟[1]之蔽者，乱家是也。墨子蔽于用而

译文

从前游说之士有被蒙蔽的，就是诸子百家的各种学说。墨子蒙蔽于实用而不

不知文[2]，宋子蔽于欲而不知得[3]，慎子蔽于法而不知贤[4]，申子蔽于埶而不知知[5]，惠子蔽于辞而不知实[6]，庄子蔽于天而不知人[7]。故由用谓之道，尽利矣；由俗[8]谓之道，尽嗛矣；由法谓之道，尽数矣；由埶谓之道，尽便[9]矣；由辞谓之道，尽论矣；由天谓之道，尽因[10]矣。此数具者，皆道之一隅也。

知人文化成，宋钘蒙蔽于欲望而不知欲望所带来的动力，慎到蒙蔽于法律的威势而不知贤德的教化，申不害蒙蔽于权势而不知才智的作用，惠施蒙蔽于言辞而不知实在之物，庄子蒙蔽于自然而不知人为的功绩。所以若从实用看待道，那道就是利益；若从欲望看待道，那道就是满足人的物质；若从法律看待道，那道就是条文；若从权势看待道，那道就是为所欲为；若从言辞看待道，那道就是理论；若从自然看待道，那道就是因循自然。这诸多方面，都只是道的一部分。

注释

1 **宾孟**：战国时对游士的称呼，他们以一孔之见的学说游说诸侯，故荀子称之为乱家。宾，客；孟，又作“萌”“氓”。

2 **蔽于用而不知文**：墨子是肤浅的经验主义或功利主义者，故对于文化的形而上价值体认不够，于是，他根本不能理解儒家的礼乐教化，乃至认为礼乐根本是浪费财物的行为。故荀子认为墨子蒙蔽于实用而不知文化。

3 **宋子蔽于欲而不知得**：宋子，即宋钘。宋钘的主要思想是人应当“寡欲”，但荀子站在社会发展的立场上认为，寡欲可能导致社会停滞不前，而多欲恰恰能带来发展的动力。

4 **慎子蔽于法而不知贤**：慎子，即慎到，早期法家的代表人物，其主要思想是任“法”与“势”，他根本不相信圣贤的教化作用，故《庄子·天下》谓慎到“笑天下之尚贤”“非天下之大圣”。

5 **申子蔽于埶而不知知**：申子，即申不害，法家学派的代表人物，其思想重“法”与“术”，但“法”与“术”为君主所独有，是君主权势的体现。荀子认为，若治国仅依赖于君主独有的“法”与“术”，而不知利用众人之才智，必不得善治，唯得君主之独裁耳。

6 **惠子蔽于辞而不知实**：惠子，即惠施。惠施通过逻辑思辨泯灭一些常见的差异，如南北之不同，就一定点而言，偏南者即是南方，偏北者即是北方；但我们若南移，则向之偏南者又为北矣。同理，若我们北移，则向之偏北者又为南矣。可见，没有一个地点一定属于南，也没有一个地点一定属于北，故南北之差别泯灭。从逻辑上讲，惠施的辩说是合理的。但荀子认为，落实到现实中的方位上来，则一定有南北之差别，故谓惠施"蔽于辞而不知实"。

7 **蔽于天而不知人**：天，即自然；人，即人为。道家主张"道法自然"，反对人为造作，故荀子有是说。

8 **俗**：当为"欲"。

9 **便**：便利，即权势可为所欲为。

10 **因**：因循。

原文

夫道者，体常而尽变，一隅不足以举之。曲知之人，观于道之一隅而未之能识也。故以为足而饰[1]之，内以自乱，外以惑人，上以蔽下，下以蔽上，此蔽塞之祸也。孔子仁知且不蔽，故学乱[2]术，足以为先王者也。一家得周道[3]，举而用之，不蔽于成积[4]也。故德与周公齐，名与三王并，此不蔽之福也。

译文

道，本体永恒而作用万变，片面之说是不能穷尽它的。一孔之见的人，观察了道的一个方面而不能全面地了解，所以满足其一孔之见而文饰为理论，在内扰乱自身，在外迷惑别人，上级蒙蔽下级，下级也蒙蔽上级，这就是蒙蔽的灾祸。孔子仁德智慧且不被蒙蔽，所以学习治理之道，足以辅佐先王。以一家之言得道之全体，皆可推广并适用，不被旧习成见所蒙蔽。所以道德与周公齐名，名声与三王并列，这就是不被蒙蔽的福乐。

注释

1 **饰**:指文饰成理论。

2 **乱**:治。

3 **一家得周道**:孔子以一家之言而得周备之道。

4 **成积**:旧习、成见。

原文

圣人知心术之患,见蔽塞之祸,故无欲无恶,无始无终,无近无远,无博无浅,无古无今,兼陈万物而中县衡焉[1]。是故众异不得相蔽以乱其伦也。何谓衡?曰:道。故心不可以不知道。心不知道,则不可道而可非道。人孰欲得恣而守其所不可,以禁其所可?以其不可道之心取人,则必合于不道人,而不知[2]合于道人。以其不可道之心与不道人论道人,乱之本也。夫何以知?曰:心知道,然后可道;可道,然后能守道以禁非道。以其可道之心取人,则合于道人,而不合于不道之人

译文

圣人知道人心思虑之患,看到了蒙蔽闭塞的祸乱,所以既不立于爱好,也不立于厌恶;既不立于开始,也不立于结束;既不立于近,也不立于远;既不立于广博,也不立于浅近;既不立于古,也不立于今,不滞于其中的任何一隅而心里自有标准。因此事物的不同不足以相互蒙蔽而扰乱正常的关系。标准是什么?答曰:就是道。所以人心不能不了解道。心里不了解道,就会不肯定道而肯定非道。人们有谁放肆到坚守其所不认可的,而不去做其所认可的东西呢?凭借不认可道的思想去选择人,那么必然得到不遵循道的人,而不会得到遵循道的人。凭借其不认可道的思想,又与不遵循道的人去评价遵循道的人与事,是混乱的根本原因。怎样才能做到明智呢?答曰:心里了解道,然后就会肯定道;肯定道,然后才能坚守道而禁止非道。凭借认可道的思想去选择人,那么必然得到遵循道的人,而不会得到不遵循

矣。以其可道之心与道人论非道，治之要也。何患不知？故治之要在于知道。

道的人。凭借认可道的思想，又与遵循道的人去评价不遵循道的人与事，这是治理的关键。这样，何必担心不明智呢？所以治理的关键在于了解道。

注释

1 **兼陈万物而中县衡焉**：圣人因无欲无恶，无始无终，无近无远，无博无浅，无古无今，故能不滞于一隅，但自有其标准。这意味着圣人不以个人偏好和经验为心术，而是以道为心术。衡，标准。

2 **知**：衍文。

原文

人何以知道？曰：心。心何以知？曰：虚一而静。心未尝不臧也，然而有所谓虚；心未尝不满[1]也，然而有所谓一；心未尝不动也，然而有所谓静。人生而有知，知而有志[2]；志也者，臧也；然而有所谓虚，不以所已臧害所将受谓之虚。心生而有知，知而有异；异也者，同时兼知之；同时兼知之，两也；然而有所谓一，不以夫一害此一谓之一。心，卧则梦，偷则自行[3]，使之则

译文

人怎么能够了解道呢？答曰：心。心为什么能够了解道呢？答曰：因为心能够"虚一而静"。心灵未尝不装着记忆，然而依然可以虚心；心灵未尝不能接受两种相异的东西，但依然可以专一；心灵未尝不活动，然而依然可以寂静。人生来就有知觉，知觉便会产生记忆；记忆，就是收藏在心灵里的东西，然而依然可以虚心，不以心灵已收藏着的东西排斥将要进入心灵的东西就叫虚心。心灵生来就有认识能力，有认识能力就会导致别异；别异，就是同时认知两种不同的东西；同时认知两种不同的东西，就是两用；然而依然可以专一，不以对一种东西的认识去干扰对另一种东西的认识就叫作专一。心灵，静卧时就会做梦，松懈时就会放纵而胡思乱想，

谋；故心未尝不动也，然而有所谓静，不以梦剧[4]乱知谓之静。

使用时就会思考谋划；所以心灵未尝不活动，然而依然可以寂静，不以梦境与想象扰乱智慧就叫寂静。

注释

1 **满**：当为"两"。

2 **志**：记忆。

3 **偷则自行**：偷，松懈；自行，放纵而胡思乱想。

4 **梦剧**：对应前面的"卧则梦，偷则自行"而言。剧，烦乱的思绪。

原文

未得道而求道者，谓之虚一而静。作之，则将须道者之虚则人[1]，将事道者之一则尽，尽将思道者静则察。知道察，知道行，体道者也。虚一而静，谓之大清明。万物莫形而不见，莫见而不论，莫论而失位。坐于室而见四海，处于今而论久远。疏观万物而知其情，参稽治乱而通其度，经纬天地而材官[2]万物，制割大理而宇宙里[3]矣。恢恢广广，孰知其极！睪睪广广[4]，孰知其德！涫涫纷纷[5]，孰知其形！明参日月，大

译文

对于那些没有得道却追求道的人，告诉他们应当"虚一而静"。具体的做法是，像追求道的人那样虚心就能进入道，像侍奉道的人那样专一就能全面认识道，像思考道的人那样寂静就会明察道。了解道且做到明察，明察道且能够践行，这就是真正体道的人。虚一而静，就叫最大的清楚明白。万物没有隐形而看不见的，没有看见而不能论说的，没有论说而失其当的。端坐屋宇之内而明察四海之外，独处当今之世而究论远古，洞察万物而了解其性情，稽考社会的治乱而通晓其律则，治理天地而利用万物，掌握大道而宇宙都能得以治理。（得道之人）宽宏广大，谁知其思想多宽广！浩瀚无垠，谁知其德行多高尚！变化无常，谁知其生命多灵觉！（他的）光明比肩日月，渊

原文	译文
满八极，夫是之谓大人。夫恶有蔽矣哉！	博充塞宇宙，这就叫大人！这样哪里还有什么蒙蔽呢！

注释

1 **将须道者之虚则人**：须，求；人，当为“入”。

2 **材官**：谓区别事物的特性而加以利用。材，通“裁”。

3 **里**：通“理”。

4 **睪(hào)睪广(kuàng)广**：睪睪，广大貌；睪，通“皞”。广广，空旷貌。

5 **涫(guàn)涫纷纷**：涫涫，水沸腾的样子，形容极其活跃；纷纷，变化无常。

原文	译文
心者，形之君也，而神明之主也，出令而无所受令。自禁也，自使也，自夺也，自取也，自行也，自止也。故口可劫而使墨云[1]，形可劫而使诎申，心不可劫而使易意，是之则受，非之则辞。故曰：心容，其择也无禁，必自见[2]；其物也杂博，其情[3]之至也不贰。《诗》云：“采采卷耳，不盈顷筐。嗟我怀人，置彼周行。”[4]顷筐易满也，卷耳易得也，然而不可以贰周行。故曰：心枝[5]则无知，倾[6]则不	心灵，是形体的君主，精神的主宰，命令形体但不接受形体的命令。心灵自我约束，自我驱使，自我裁夺，自我求取，自我行动，自我休止。所以口可迫使其缄默或言语，形体可迫使其弯曲或伸展，心灵却不可以迫使其改变主意，它认为对的就接受，认为错的就拒绝。所以说：就心灵的容受而言，它对事物的选择不受外界的限制，必然自作主宰；它对事物的认知虽然驳杂广博，但当心灵精一至诚之时却依然可专一不二。《诗经》说：“采卷耳啊采卷耳，但总是装不满浅浅的箩筐。思念我心上的人啊，眼睛总是向大路的远方张望。”浅浅的箩筐是容易装满的，卷耳也是容易采得的，但是（采摘要专心致志，）不可以三心二意于大路。所以说：心灵有所旁骛就得不到知识，精力分散就无法纯一，三心二意就会有疑

精，贰则疑惑。以赞稽之[7]，万物可兼知也。身尽其故[8]则美，类[9]不可两也，故知者择一而一焉。

惑。专一于道以此来考察万物，万物就都可以被认知。全身心地专一于一件事就会有好的结果，任何事物都不是三心二意能够了解的，所以明智的人选择一件事而专心致志。

注释

1 **墨云**：墨，通“默”，静默；云，说话。

2 **必自见**：自作主宰，即“是之则受，非之则辞”。

3 **情**：当为“精”。

4 此句引自《诗经·周南·卷耳》。此诗是思念征夫之歌，哀婉悲切。卷耳，又名“苓耳”，菊科一年生草本植物，叶子青白色，嫩苗可作蔬菜食用；果实呈枣核形，名“苍耳子”，可作药用。顷筐，斜口的浅箩筐。置，放置。周行(háng)，大路。

5 **心枝**：心有旁骛，不专一。

6 **倾**：倾斜，指不专一。

7 **以赞稽之**：后文有“君子一于道而以赞稽物”，则知此句前脱落“一于道”三字。

8 **故**：事。

9 **类**：许多相同或相似事物的综合。此指任何事物。

原文

农精于田而不可以为田师，贾精于市而不可以为贾[1]师，工精于器而不可以为器师。有人也，不能此三技而可使治三官，曰：精于道者也，精于

译文

农夫精通种田但却不可以做管理农业的官吏，商人精通经商却不可以做管理市场的官吏，工人精通器具却不可以做管理制造的官吏。有些人，虽然不精通这三种技艺中的任何一种却可以让他管理这三种行业，答曰：这是精通于道的人，不是

物者也[2]。精于物者以物物[3]，精于道者兼物物。故君子一于道而以赞稽物。一于道则正，以赞稽物则察，以正志行察论，则万物官[4]矣。	仅仅精通于物的人。精通于物的人支配其所精通之物，精通于道的人无物不被其支配。所以君子专一于道并以此来考察事物。专一于道就能中正，以此来认知万物就能明察事理，以此来端正意志、品行，考察言论，那么万事万物就能各尽其用了。

注释

1 **贾**：当为"市"。

2 **精于物者也**："精"字前脱落一"非"字。

3 **物物**：第一个"物"作动词，支配、驱使。即支配、驱使具体的事物。

4 **官**：即材官，谓区别事物的特性而加以利用，使万物各尽其用。

原文	译文
昔者舜之治天下也，不以事诏而万物成[1]。处一危之[2]，其荣满侧[3]；养一之微[4]，荣矣而未知。故《道经》[5]曰："人心之危，道心之微。"[6]危微之幾[7]，惟明君子而后能知之。故人心譬如槃水，正错[8]而勿动，则湛浊[9]在下而清明在上，则足以见须眉而察理矣。微风过之，湛浊动乎下，清明乱于上，则不可以得大形[10]之正也。心亦如是	从前舜治理天下，（因专一于道）不用事事诏告而万事都完成得很好。处于道的境界且时时戒惧自己，故光荣就会充满在左右；涵养大道而至于精微的境界，那么光荣就会在不知不觉中到来。所以《道经》中说："人心戒惧之时，就是道心精微之处。"戒惧精微的征兆，只有成为了聪明睿智的君子以后才能知道。所以人心就如静止的水一样，放置平正且不动，那么污浊的东西在下而清澈的水在上，如此就足以照见人的胡须、眉毛以及肌肤的纹理了。微风吹过，污浊的东西在下泛起，清澈的水在上被搅动，如此就不能照见人的形体的本来面目。心灵也是如此。所以若

矣。故导之以理，养之以清，物莫之倾，则足以定是非、决嫌疑矣。小物引之，则其正外易，其心内倾，则不足以决庶理矣。

引导以大道之理，涵养以清明之气，那么外物就不能干扰心灵，这样就可以判定是非、决断嫌疑了。若用小事来干扰它，人的端正的神态在外表发生改变，心灵亦随之倾斜而被干扰，那么就不足以决断各种事理了。

注释

1 **不以事诏而万物成**：指舜掌握了道，任用贤才，故不必亲自诏告而万事皆成。

2 **处一危之**：一，专一于道的境界；危之，当为“之危”，危，不自安，戒惧之意。

3 **满侧**：充满左右。

4 **养一之微**：涵养大道而达到精微的境界。

5 《**道经**》：上古谈论道的书，今已不可考。

6 **人心之危，道心之微**：今本《尚书·大禹谟》有“人心惟危，道心惟微；惟精惟一，允执厥中”。其大意是：人心若常保持戒惧，道心的微妙就会显现；保持精诚专一，永远停留在道心的微妙之中。荀子的引语，其意亦如此。

7 **幾**：征兆。

8 **错**：通“措”，放置。

9 **湛**(chén)**浊**：污浊。湛，通“沉”。

10 **大形**：指人的形体。

原文

故好书者众矣，而仓颉[1]独传者，一也；好稼者众矣，而后稷[2]独传者，一也；好乐者众矣，而夔[3]独传者，一也；好义

译文

所以喜欢文字的人很多，但只有仓颉流传了下来，因为他用心专一；喜欢农业劳动的人很多，但只有后稷流传了下来，因为他用心专一；喜欢音乐的人很多，但只有夔流传了下来，因为他用心专一；喜

者众矣，而舜独传者，一也。倕[4]作弓，浮游[5]作矢，而羿精于射；奚仲[6]作车，乘杜[7]作乘马，而造父精于御。自古及今，未尝有两而能精者也。曾子[8]曰："是其庭[9]可以搏鼠，恶能与我歌矣！"

欢道义的人很多，但只有舜流传了下来，因为他用心专一。倕改进了弓，浮游发明了矢，但只有后羿精于射箭；奚仲发明了车，乘杜创立了马拉车，但只有造父精于驾驭。自古及今，从来没有过三心二意而能精通一件事的。曾子说："看着手中的小木棍而以为可以用它来捕获老鼠，怎么能和我一起唱歌呢？"

注释

1 **仓颉**：黄帝时期的史官，见鸟兽的足迹受到启发，从而发明了汉字。

2 **后稷**：尧舜时期掌管农业之官，相地之宜，教民耕种。

3 **夔**：尧舜时期的乐官，是中国最早的音乐家，相传他奏乐能使鸟兽起舞。

4 **倕**(chuí)：尧舜时期的巧匠。传说他创造耒耜、规矩、准绳，但创造弓的是黄帝时的挥公，此文说"倕作弓"，当是指他改进了弓。

5 **浮游**：又称"牟夷"，黄帝时人，传说他发明了箭。

6 **奚仲**：夏朝时期工匠，相传是两轮马车最早的发明者。

7 **乘杜**：一位相士，商朝祖先契的孙子，相传他发明了四马拉车法。

8 **曾子**：名参，字子舆。孔子晚年弟子，以孝名世。孔子死后，对儒学的传播与发展起了重要作用，是儒家学派的代表人物，参与了《论语》《大学》《孝经》的编撰与写作。后人辑录其作品为《曾子全书》。

9 **是其庭**：是，通"视"；庭，当作"莛"，唱歌时用来打拍子的小木棍。

原文

空石[1]之中有人焉，其名曰觙，其为人也，善射[2]以好思。耳目之欲接则败其思，蚊虻之声闻则挫[3]

译文

空石这个地方有一个人，名叫觙，他这个人，善于猜谜语喜欢思考。但耳目有所接触就会扰乱他的思考，蚊子、苍蝇的声音传到耳朵里就会分散他的精神，

其精，是以辟耳目之欲，而远蚊虻之声，闲居静思则通。思仁若是，可谓微乎？孟子恶败而出妻，可谓能自强矣；有子恶卧而焠掌，可谓能自忍矣，未及好也。辟耳目之欲，可谓能自强矣，未及思也。蚊虻之声闻则挫其精，可谓危矣，未可谓微也。[4]夫微者，至人也。至人也，何强，何忍，何危？故浊明外景，清明内景[5]。圣人纵其欲，兼其情，而制焉者理矣。夫何强，何忍，何危！故仁者之行道也，无为也；圣人之行道也，无强也。仁者之思也恭，圣者之思也乐。此治心之道也。

所以他不让耳目有所接触，远离蚊子、苍蝇的声音，只有独居、静思时才能够思考通达。如果思考仁德的境界也像这样，算得上是精微吗？孟子担心败德想休掉妻子，算得上是勉力向上了（，但还没有达到思考仁德的境界）；有若担心读书时睡觉用火烤手掌，算得上是自我克制了，但还没有达到爱好思考仁德的境界。不让耳目有所接触，远离蚊子、苍蝇的声音，算得上是谨慎戒惧了，但还没有达到精微的境界。精微，乃圣人的境界。圣人，哪里用得上勉力、克制、戒惧？所以混浊的光明只在外表，明晰的光明才在内心。圣人放纵其欲望，满足其性情，但万事得以治理。哪里用得着勉力、克制、戒惧呢？所以仁者践行大道，无为而自然；圣人践行大道，没有勉强而轻快。仁者思考时谨慎，圣者思考时愉快。这是修养身心的方法。

注释

1 **空石**：即穷石，古地名。

2 **射**：即射覆，古时的一种猜物游戏。

3 **挫**：毁损。此指扰乱。

4 **从“孟子恶败而出妻”至“未可谓微也”**：此段文字错乱脱落处甚多，正确的文句当为：“孟子恶败而出妻，可谓能自强矣，未及思也；有子恶卧而焠掌，可谓能自忍矣，未及好思也。辟耳目之欲，而远蚊虻之声，可谓能自危矣，未可为微也。”孟子出妻的典故见《韩诗外传》卷九，孟子最终并没有休妻。有子，即有若，孔子的重要弟子，孔子死后，众弟子尝以师礼待之。焠掌，用火烧灼手掌。这是形容有子夜以继日，刻苦读书。

5 **浊明外景，清明内景**：混浊的光明只在外表，明晰的光明才在内心。荀子这里是突出圣人无须“强、忍、危”，批评了觙、孟子与有若皆有所不足。圣人自然无勉强，所谓“圣人纵其欲，兼其情，而制焉者理矣”，亦即孔子所说“七十而从心所欲，不逾矩”。这种境界，就是无“强、忍、危”的境界，也就是荀子所说的“仁者之行道也，无为也；圣人之行道也，无强也”的境界。荀子的意思是，“强、忍、危”依然容易造成蒙蔽，只有自然无为才能够无蔽。

原文

凡观物有疑：中心不定，则外物不清；吾虑不清，则未可定然否也。冥冥而行者，见寝石以为伏虎也，见植林以为后人[1]也：冥冥蔽其明也。醉者越百步之沟，以为蹞步之浍[2]也；俯而出城门，以为小之闺[3]也，酒乱其神也。厌目[4]而视者，视一以为两；掩耳而听者，听漠漠而以为哅哅[5]：埶乱其官也。故从山上望牛者若羊，而求羊者不下牵也，远蔽其大也；从山下望木者，十仞之木若箸[6]，而求箸者不上折也，高蔽

译文

大凡观察事物有疑问的情况是：内心模糊不定，则对外物的认知就不清楚；思考神志不清，则无法判断是非对错。在夜色中行路的人，看见倒卧的石头以为是蹲伏的老虎，看见直立的树木以为是站立的人：这是夜色遮蔽了他的视力。醉酒的人越过百步宽的大水沟，以为是半步宽的小水沟；低头出城门，以为是狭窄的小门：这是酒扰乱了他的神志。按压眼睛去看的人，一个东西以为有两个；塞住耳朵去听的人，没什么声音却以为喧闹嘈杂：这是外力扰乱了他的感官。所以从山上望山下的牛就以为是羊，但找羊的人并不下山去牵：这是距离遮蔽了其大小；从山下看山上的树木，十仞的大树好像筷子一般长，但做筷子的人并不上山砍伐：这是高度遮蔽了其长短。水晃动影子也随之摇

其长也。水动而景摇，人不以定美恶，水埶玄[7]也。瞽者仰视而不见星，人不以定有无，用精[8]惑也。有人焉，以此时[9]定物，则世之愚者也。彼愚者之定物，以疑决疑，决必不当。夫苟不当，安能无过乎？

动，但人不因此断定人的美丑，因为水摇动使人眼花目眩。瞎子仰视但看不见星星，人不因此判定星星的有无，因为眼睛看不见。如果有人在这个时候判断事物（的真假对错），那就是世上愚蠢的人。那些愚蠢的人判定事物，以疑惑不清的态度去判定值得怀疑的事物，如此判定一定不得当。如果不得当，怎能没有错误呢？

注释

1 **后人**：当为“立人”。

2 **浍**(kuài)：小水沟。

3 **闺**：上圆下方的小门。

4 **厌目**：用手指按住眼睛。

5 **漠漠而以为哅哅**(xiōng)：漠漠，无声；哅哅，喧闹声。

6 **箸**(zhù)：筷子。

7 **玄**：通“眩”，眼花看不清。

8 **精**：通“睛”，眼睛的视力。

9 **此时**：指“中心不定”“吾虑不清”之时。

原文

夏首[1]之南有人焉，曰涓蜀梁[2]，其为人也，愚而善畏。明月而宵行，俯见其影，以为伏鬼也；卬[3]视其发，以为立魅也。背而走，比至其家，失气而死，岂不哀哉！凡人之有鬼

译文

夏首的南面有一个人，名叫涓蜀梁，他这个人，生性愚蠢而且容易害怕。在明月之夜行走，低头看到自己的影子，以为是卧伏的鬼；抬头看见自己的头发，以为是站立的怪物。于是转身就跑，等到了家的时候，气绝而亡，这不是很悲哀吗！大凡人以为有鬼，必定是在

也，必以其感忽[4]之间、疑玄之时正[5]之。此人之所以无有而有无之时[6]也，而已以正事。故伤于湿而击鼓鼓痹[7]，则必有敝鼓丧豚之费矣，而未有俞[8]疾之福也。故虽不在夏首之南，则无以异矣。

其精神恍惚、神志不清的时候作出的判定。这是人以无为有、以有为无的时候，但自己却偏偏在此时判定事物。所以有人因受潮而得了风湿，于是打鼓驱鬼、烹猪祭神，那就一定会有打破鼓、丧失猪的破费，却没有治愈风湿的福气。这种人虽然不住在夏首的南面，与涓蜀梁也没什么区别。

注释

1 **夏首**：夏水之口。夏水，古河流名。据《水经注》，故道从湖北沙市东南分江水东出，流经今监利北，折东北至仙桃附近入汉水。自此以下的汉水，也兼称夏水。今汉口古称夏口。

2 **涓蜀梁**：人名，生平事迹不详。

3 **卬**：通“仰”。

4 **感忽**：与下文之“疑玄”一样，谓人的精神恍惚、神志不清。

5 **正**：当为“定”。

6 **无有而有无之时**：人在精神恍惚、神志不清的时候，容易以无为有、以有为无。

7 **伤于湿而击鼓鼓痹**：此句有错乱脱误，当为“伤于湿而痹，痹而击鼓烹豚”。

8 **俞**：通“愈”。

原文

凡以知，人之性也；可以知，物之理也。以可以知人之性，求可以知物之理，而无所疑[1]止之，则没

译文

一般来说，可以认识事物，是人的本性；可以被认识，是事物的规律。以可以认识事物的本性，去寻求能够被认识的事物的原理，但若没有边界与终止，那么

世穷年不能遍也。其所以贯理焉虽亿万，已不足以浃[2]万物之变，与愚者若一。学，老身长子而与愚者若一，犹不知错[3]，夫是之谓妄人。故学也者，固学止之也。恶乎止之？曰：止诸至足。曷谓至足？曰：圣[4]也。圣也者，尽伦者也；王也者，尽制者也。两尽者，足以为天下极[5]矣。

即使穷其一生也不能遍求事物之理。即使用来贯通事物之理的方法有亿万条之多，还是不足以应付万物的变化，最终与愚蠢的人是一样的。年纪老了、儿子大了却还做着与愚蠢人一样的事，而且还不知搁置、放弃，这就叫无知的人。所以学习，本来就是要知道有所终止。终止在哪里？答曰：至足而止。什么是至足呢？答曰：圣者与王者的境界为至足。圣者，就是娴熟伦理的人；王者，就是娴熟制度的人。两者都娴熟，足以为天下人的表率了。

注释

1 **疑**：通“凝”，止息。

2 **浃**：周遍。

3 **错**：通“措”，搁置，放弃。

4 **圣**：脱落一“王”字，当为“圣王”。

5 **极**：准则，引申为表率，模范。

原文

故学者以圣王为师，案以圣王之制为法，法其法以求其统类[1]，以务象效其人。向是而务[2]，士也；类是而幾[3]，君子也；知之，圣人也。故有知非以虑是，则谓之惧[4]；有勇非以持是，则谓之贼；察

译文

所以学习，就是以圣王为老师，以圣王的制度为法度，效法其制度，追求其纲纪，最后以圣王为目标。朝着圣王这个目标而努力，就是士人；以圣王作为榜样而不断接近，就是君子；通晓圣王之道的人，就是圣人。所以有智慧但不去思考圣王之道，就叫作攫取；有勇气但却不去担当圣王之道，就叫作盗贼；察辩甚明但却不

孰[5]非以分是，则谓之篡；多能非以修荡[6]是，则谓之知[7]；辩利非以言是，则谓之詍[8]。《传》曰：“天下有二：非察是，是察非。”谓合王制与不合王制也。

去分析圣王之道，就叫作狡辩；有才能却不去光大圣王之道，就叫作巧诈；能言善辩却不去宣扬圣王之道，就叫作废话。古书上说：“天下之事有两种：以错误的去考察正确的，以正确的去考察错误的。”这是说只有合乎王者的制度与不合乎王者的制度。

注释

1 **统类**：纲纪和条例。

2 **向是而务**：朝着圣王这个目标努力。是，指圣王。

3 **类是而幾**：以圣王为榜样而不断接近。幾，接近。

4 **惧**：当为“攫”，攫取。

5 **孰**：通“熟”。

6 **荡**：广大，推广。

7 **知**：在这里特指巧诈。

8 **詍**(yì)：多言，废话。

原文

天下有不以是为隆正也，然而犹有能分是非、治曲直者邪？若夫非分是非，非治曲直，非辨治乱，非治人道，虽能之无益于人，不能无损于人。案直将治怪说，玩奇辞，以相挠滑[1]也；案强钳[2]而利口，厚颜而忍诟，无正而恣睢，妄辨而幾利[3]；不好辞让，

译文

天下有不以圣王之道作为最高原则，还能够分辨是非、断定曲直的可能吗？（一种学说）如果不是为了分清是非，断定曲直，辨别治乱，治理人道，那么即使善于此道也无益于人，不善于此道也无损于人。这只不过是研究怪异的理论，玩弄新奇的言辞，以相互干扰生乱罢了；这只不过是强词夺理而能说会道，厚颜无耻而不怕责骂，歪门邪道而放纵性情，狡辩妄说而希求利益；不喜欢谦让，

不敬礼节，而好相推挤。此乱世奸人之说也，则天下之治说者方多然矣。《传》曰："析辞而为察，言物而为辨，君子贱之；博闻强志，不合王制，君子贱之。"此之谓也。

不敬重礼节，却喜欢相互排挤、诋毁。这是乱世之中奸邪之人的学说，但现今天下研究学说的人却大多是这样。古书上说："玩弄言辞以为明察，空谈名物以为善辩，君子鄙视它；博学多闻，强记广识，但不合乎圣王之道，君子也鄙视它。"说的就是这个道理。

注释

1 **挠滑**(gǔ)：挠，扰；滑，乱。

2 **强钳**：强行压制，即强词夺理。

3 **幾利**：希求利益。幾，通"冀"。

原文

为之无益于成也，求之无益于得也，忧戚之无益于幾[1]也，则广焉能弃之[2]矣。不以自妨也，不少顷干之胸中。不慕往，不闵来，无邑[3]怜之心，当时则动，物至而应，事起而辨，治乱可否，昭然明矣。

译文

如果(依据一种学说)去做了也无益于成功，追求了也无助于收获，忧戚不安也无益于愿望的实现，那么就早早地抛弃它。不要让这种学说来妨碍自己，不使其片刻干扰于心。不羡慕过往，不忧虑将来，没有不快怜悯之情，时机合适就行动，事物来了就应对，事情发生了就处理，治乱对错，就昭然若揭了。

注释

1 **幾**：实现。

2 **广焉能弃之**：广，通"旷"，远远地；能，犹"而"。

3 **邑**：通"悒(yì)"，愁闷不安。

原文

周而成，泄而败，明君无之有也；宣而成，隐而败，暗君无之有也。故君人者，周则谗言至矣，直言反[1]矣，小人迩而君子远矣！《诗》云："墨以为明，狐狸而苍。"[2]此言上幽而下险也。君人者，宣则直言至矣，而谗言反矣，君子迩而小人远矣！《诗》云："明明在下，赫赫在上。"[3]此言上明而下化也。

译文

周密、隐蔽就能成功，坦白、光明就会失败，圣明的君主没有这种事；宣明、公开就能成功，隐蔽、幽深就会失败，昏庸的君主没有这种事。所以君主周密、隐蔽则谄媚的语言就会到来，而正直的语言就会退去，最后导致小人靠近而君子远离。《诗经》说："若把黑暗说成光明，狐狸也能成为苍色。"这是说在上位者幽暗，那么在下位者就会阴险。君主坦白、光明则正直的语言就会到来，而谄媚的语言就会退去，最后导致君子靠近而小人远离。《诗经》说："之所以下面光明闪亮，乃因为上面爽朗辉煌。"这是说在上位者圣明而在下位者就会被感化啊。

注释

1 **反**：同"返"。

2 此句不见于今本《诗经》，乃逸诗。狐狸，一般为浓艳的红褐色或高贵的白色。

3 此句引自《诗经 · 大雅 · 大明》。

正名

导读

本篇是讨论名实关系的专文。在先秦时代,名实乖乱直接影响了国家的治乱,故治理国家首先当"正名",《论语》中就有明确的表述。荀子亦承袭了孔子的思想,希望通过正名来达到国家的善治,因此,荀子的正名不只是纯粹的逻辑概念问题,并非像名家那样,而是有明确的伦理指向的。所以,本篇以讨论性、情、欲的关系结束,虽说好像也是为性、情、欲正名,但显然伦理的意义大于纯概念的意味,荀子最终告诉我们处理三者之间的关系须明"道",不然,就可能引起灾祸。由此,荀子正名的伦理意味就昭然若揭了。荀子多次在他的书中批驳惠施、公孙龙等名家学者,表明荀子对于纯粹概念逻辑的思考没有多大兴趣,但尽管如此,他还是在名实关系上提出了一些有见地的思想:第一,制定名称的根据是"缘天官",即人的感觉器官直觉到的"相",而"相"乃由天官摄取外物而来,这样,就保证了名称与外物之间的对应关系;第二,制定名称的原理是"制名以指实",这是为了反映名称与外物之间的对应关系;第三,制定名称的规则是"约定俗成"。需要特别指出的是,荀子的正名从纯概念逻辑的立场看是不太严密的,同时他的伦理指向也影响了他的判断,正因为如此,他对宋钘、墨子、惠施等人的思想是有一些误解的。

原文

后王之成名:刑名从商,爵名从周,文名从

译文

后王确定名称的原则:刑法的名称遵从商代,爵位的名称遵从周代,礼仪

《礼》[1]，散名之加于万物者，则从诸夏之成俗曲期[2]。远方异俗之乡，则因之[3]而为通。

制度的名称依据《仪礼》，赋予万物的具体名称，则依照中原各国的习俗与各方的共同约定。远方不同习俗的地区，则依据上述四种命名的原则与之相交通。

散名之在人者：生之所以然者谓之性[4]。性之和所生，精合感应，不事而自然谓之性。性之好、恶、喜、怒、哀、乐谓之情。情然而心为之择，谓之虑。心虑而能为之动，谓之伪[5]。虑积焉、能习焉而后成谓之伪。正利而为谓之事。正义而为谓之行。所以知之在人者谓之知。知有所合谓之智。智[6]所以能之在人者谓之能。能有所合谓之能。性伤谓之病[7]。节遇[8]谓之命。是散名之在人者也，是后王之成名也。

人自身的各种名称是：本然就如此的就叫天性。天生的阴阳二气和合作用，两者的精神相互感应，人于此无能为力而自然如此的就叫本性。本性的好、恶、喜、怒、哀、乐就叫情感。情感本然如此而心对之加以选择就叫思虑。心选择以后能够依此而行动就是人为。反复思考、不断践行而形成的规则，也叫作人为。为了利益去做就叫事。为了道义去做就叫德行。人自身本来具有的认知能力就叫知性。知性正确反映了外物就叫智慧。人自身具有的能够处事的能力就叫本能。本能能够正确地完成事情就叫才能。本性受到伤害而不得其正就叫病。不期然而然的遭遇就叫命运。这是人自身所具有的名称，是后王制定的名称。

注释

1 **《礼》**：指《仪礼》。

2 **曲期**：共同约定。

3 **之**：上述四种确定名称的方法，以与远方异俗之地交通，所谓“名从中国”。

4 **生之所以然者谓之性**:本然就如此的叫天性。这是就天地间本然就有的阴阳二气而言。这个“性”,人人都一样,与下文之“不事而自然谓之性”的“性”不同。“不事而自然谓之性”可称之为人的本性,因禀受阴阳二气的清浊不同,人的本性亦有差异,其具体表现就是各人的“情”“虑”“伪”“行”“知”“能”“命”之殊异。当然,这种殊异只是程度的殊异,如贵贱、贤不肖、君子小人等区别。

5 **伪**:人为。

6 **智**:衍文。

7 **性伤谓之病**:指本性的发用不得其正,《中庸》云:“发而皆中节谓之和。”性之病正所谓“发而不中节”也。

8 **节遇**:偶然的遭遇。如孔子困厄于陈、蔡,冉伯牛之恶疾,颜渊之早夭皆是。

原文

故王者之制名,名定而实辨,道行而志通,则慎率民而一焉。故析辞擅作名[1]以乱正名,使民疑惑,人多辨讼[2],则谓之大奸,其罪犹为[3]符节、度量之罪也。故其民莫敢托为奇辞以乱正名。故其民悫,悫则易使,易使则公[4]。其民莫敢托为奇辞以乱正名,故一于道[5]法而谨于循令矣。如是,则其迹长[6]矣。迹长功成,

译文

所以王者制定名称,名称定了实物就分别开了,确立名称的基本原则通行了交流就畅通了,由此谨慎地率领百姓统一他们的行动就成为可能。因此玩弄言辞擅自制造名称而扰乱正确统一的名称,使百姓疑惑,众人争辩、诉讼,那就是最大的奸人,其罪行与伪造符节、度量是一样的。这样,王者的百姓就不敢假托奇谈怪论来扰乱正确统一的名称,王者的百姓由此而诚实,诚实就容易役使,容易役使就会有功绩。王者的百姓不敢假托奇谈怪论来扰乱正确统一的名称,因此他们专心地实行礼法,且谨慎地遵循政令。这样,王者的统治时间就会长久。统治时间长久就会建功立业,这

治之极也，是谨于守名约[7]之功也。

是治理国家的最高境界，这是严格地遵守名称以之来约束天下所达成的功绩。

注释

1 **名**：衍文。

2 **辨讼**：争辩，诉讼。

3 **为**：伪造。

4 **公**：当为“功”。

5 **道**：遵循，实行。

6 **迹长**：指圣王统治的时间长久。

7 **名约**：以统一的名称来约束百姓从而达到长治久安。

原文

今圣王没，名守慢[1]，奇辞起，名实乱，是非之形不明，则虽守法之吏、诵数之儒[2]，亦皆乱也。若有王者起，必将有循于旧名，有作于新名。然则所为有名，与所缘以同异，与制名之枢要，不可不察也。

译文

现在圣王已经去世，名称的管理懈怠了，于是奇谈怪论生起，名实乖乱，是与非的情形不清楚，即使是维护法制的官吏，讲述礼乐制度的儒生，也不甚清楚了。如果有新的王者兴起，必然要遵循旧的名称，也会制定新的名称。既然如此，为什么要制定新的名称，制定新的名称有同有异的根据，以及制定新的名称的基本原则，就不能不加以考察了。

注释

1 **慢**：松懈。

2 **诵数之儒**：熟悉礼乐制度的儒者。

原文

异形离心交喻[1]，异物名实玄纽[2]，贵贱不明，同异不别，如是，则志必有不喻之患，而事必有困废之祸。故知者为之分别，制名以指实，上以明贵贱，下以辨同异。贵贱明，同异别，如是，则志无不喻之患，事无困废之祸，此所为有名也。

译文

不同的人思想观念殊异而相互交流，事物变化了但名实关系不随之变化而混乱纠结，（若不能统一名称或制作新的名称）就会导致贵贱不能明确，同异不能区分，如果这样，就会有思想观念不能相互理解的祸患，而事情亦有陷入困顿而被废弃的危险。所以聪明的人把它们加以分别，制定名称来指代实物，上用来明确贵贱，下用来区分同异。贵贱明确了，同异区分了，这样，就不会有思想观念不能相互理解之祸患，事情亦不会有陷入困顿而被废弃的危险，这就是为什么要制定名称的原因。

注释

1 **异形离心交喻**：异形，不同的人；离心，殊异的思想；交喻，相互交流。这里可能主要是指伦理观念而言。荀子的意思是，若不能统一伦理观念，那么就会造成“贵贱不明”的弊病。

2 **异物名实玄纽**：异物，指同一事物已发生了变化。玄，通“眩”，繁乱。纽，结。从名实关系来看，应该有新的名称来指称这个变化了的“实”，如果依然还是沿用旧的名称指称这个变化了的“实”，就会造成“同异不别”“名实玄纽”之病。

原文

然则何缘而以同异？曰：缘天官[1]。凡同类、同情者，其天官之意物也同，故比方之疑[2]似而通，

译文

那么，根据什么来区分同异呢？答曰：依据人的感官。大凡同一族类及相同情感习俗的人，他们的感官感知事物是相同的，其模仿相似而能相互理解，这

是所以共其约名以相期[3]也。形体、色、理[4]以目异，声音清浊、调竽[5]奇声以耳异，甘、苦、咸、淡、辛、酸、奇味以口异，香、臭、芬、郁、腥、臊、洒、酸[6]、奇臭以鼻异，疾、养、沧、热、滑、铍[7]、轻、重以形体异，说、故[8]、喜、怒、哀、乐、爱、恶、欲以心异。心有征知[9]。征知，则缘耳而知声可也，缘目而知形可也，然而征知必将待天官之当簿其类[10]然后可也。五官簿之而不知，心征之而无说[11]，则人莫不然谓之不知，此所缘而以同异也。

就是他们约定名称以便交流的原因。形体、颜色、纹理，因眼睛感觉其异同；声音的清浊、乐曲的和谐与不和谐，因耳朵感觉其异同；甜的苦的、咸的淡的、辣的酸的，以及各种奇怪的味道，因嘴巴感觉其异同；香味与臭味、芬芳与浓郁、腥味与臊味、马臭与牛臊，以及各种奇异的嗅味，因鼻子感觉其异同；痛、痒、冷、热、滑、涩、轻、重因身体而不同；高兴与烦闷、喜悦与忿怒、哀伤与欢乐、喜好与厌恶，以及各种欲望，因心灵感觉其异同。心能够验证知识。验证就是依据耳朵识别声音就行，依据眼睛识别形状就行，但是验证知识必然要依靠感觉器官与事物相接触才行。五官接触后却不能辨识，心里验证后却不能说出来，就不会有人认为他有知识，这就是为什么要区别同异制名指实的原因。

注释

1 **天官**：人的感官，即耳、目、口、鼻、心、身。

2 **疑**：通“拟”。

3 **相期**：相互交流。

4 **理**：纹理。

5 **调竽**：当为“调节”。

6 **洒、酸**：当为“漏庮(yǒu)”。漏，马的臭气；庮，牛的臭气。

7 **疾、养、沧、热、滑、铍**：养，通“痒”；沧，寒；铍，乃“鈒”字之误，即“涩”，不滑爽。

8 **说、故**：高兴与烦闷。说，通“悦”；故，通“固”，烦闷。

9 **征知**：验证知识。

10 **簿其类**：接触同类的事物，如耳之接触声，目之接触色等。簿，同“薄”，接近。

11 **五官簿之而不知，心征之而无说**：五官接触后却不能辨识，心里验证后却不能说出来。为什么会这样？因为没有一个相应的名称指代。感官与心灵一定是可以识别外物的异同的，因其为“直观”，但把这种“直观”说出来，必然要有一个恰当的名称。这是说明为何要区别同异的名称。为了克服这种“无知”的状态，故须“制名指实”。

原文

然后随而命之[1]：同则同之，异则异之，单足以喻则单，单不足以喻则兼[2]，单与兼无所相避则共[3]，虽共，不为害矣。知异实者之异名也，故使异实者莫不异名也，不可乱也，犹使异实[4]者莫不同名也。故万物虽众，有时而欲遍举之，故谓之物。物也者，大共名也。推而共之，共则有共，至于无共然后止。[5]有时而欲遍[6]举之，故谓之鸟兽。鸟兽也者，大别名也。推而别之，别则有别，至于无别然后止。[7]

译文

然后随着感官直观到的“相”而命名：相同的事物就取相同的名称，相异的事物就取相异的名称，单名足以表达就用单名，单名不足以表达就用兼名，单名与兼名如果不相互违背就共用一个名称，虽然共用一个名称，也没有什么损害。知道不同的事物应有不同的名称，所以使得相异的事物没有不是相异的名称，这是不能混乱的，就如使得相同的事物要有相同的名称一样。所以万物虽然众多，有时希望全部列举出来，那就叫物。物，就是最大的共名。同类中可逐渐推出共名，共名中又可推出高一级的共名，以至于没有高一级的共名被推出了为止。有时希望列举其中的一部分事物，比如“鸟兽”。鸟兽，就是一个个别共名。同类中可逐渐推出个别共名，个别共名中又可推出次一级的个别共名，以至于没有次一级的个别共名被推出为止。

注释

1 **随而命之**:依据感官直观到的“相”而命名。

2 **单足以喻则单,单不足以喻则兼**:若只指代直观到的一个“相”,就用单名;若要指代直观到的两个或以上的“相”,就要用兼名。如若只指代马之“形体”这个“相”,则“马”这个单名就够了;但若还要指代马之“毛色”这个“相”,那么就还应该加上“白”“黄”等名,从而形成“白马”“黄马”之兼名。

3 **单与兼无所相避则共**:单名与兼名不相矛盾,就可以用共名。如“马”是单名,“白马”是兼名,二者可用“马”这个共名,因为“马”是属概念,而“白马”是种概念,属概念“马”包含种概念“白马”。但若“牛”这个单名,就不能与“白马”这个兼名用“马”这个共名,因为两者相违背,但却可以用“动物”这个共名。因为“动物”是属概念,而“牛”“白马”都是种概念。可见,共名与单名或兼名之间,一定是属概念与种概念的关系。

4 **异实**:当为“同实”。

5 **推而共之,共则有共,至于无共然后止**:如“白马”与“黄马”之上有共名曰“马”,但“马”之上又有共名曰“动物”,“动物”之上又有共名曰“生物”,“生物”之上又有共名曰“物”。“物”是最大的共名,名称至此而止。

6 **遍**:当为“偏”。

7 **推而别之,别则有别,至于无别然后止**:即在属概念中寻找种概念,但种概念依然可以作为属概念,再往下找种概念。如“动物”是属概念,“马”是种概念,但“马”之下依然有种概念“白马”,“白马”之下依然有种概念“小白马”,“小白马”之下依然有种概念“小雌性白马”。这样,似乎无法至于无别而后止,最后只能止于“这一个”,即感官直观中呈现的独一无二的“这一个”,也就是个别事物。只要是共名,就不能止。

原文

名无固宜，约之以命。约定俗成谓之宜，异于约则谓之不宜。名无固实，约之以命实，约定俗成谓之实名。名有固善，径易而不拂[1]，谓之善名。物有同状而异所者[2]，有异状而同所者[3]，可别也。状同而为异所者，虽可合，谓之二实。状变而实无别而为异者，谓之化。有化而无别，谓之一实。此事之所以稽实定数也，此制名之枢要也。后王之成名，不可不察也。

译文

名称不是本来就应当如此的，而是人们共同约定的。约定俗成后就必须如此，就像如果没有约定俗成就可不如此一样。一个名称本来也没有一定要以之指代那种实物，人们共同约定了以之指代，约定俗成后就成了那种实物的名称了。名称有取得好的，简单易懂且不违背事理，就是好的名称。事物有形状相同而实体不同的，也有形状有异而实体相同的，这要有所区别。形状相同而实体不同的，虽然可共用同一名称，但属于两个不同的实体。形状有异而实体相同却成为异物的，就叫变化。虽然有变化但实体无别，还是同一实体。这是考察事物的实质从而确立名称的方法，这是制名指实的关键。后王制定名称，不可以不善加明察。

注释

1 **径易而不拂**：简单易懂且不违背事理。拂，违背。

2 **物有同状而异所者**：同状，即形状相同；异所，即实物不同。如两匹同样大小和肤色的马，形状完全相同，但却是两个实体。

3 **有异状而同所者**：异状，即形状发生了变化；同所，指同一个实体。如一个人从小到大，形状不断发生变化，但还是属于同一个人。

原文

"见侮不辱"[1]，"圣人不爱己"[2]，"杀盗非杀人

译文

"被侮辱不是羞辱"，"圣人不爱惜自己"，"杀死盗贼不是杀人"，这些都是

也”[3]，此惑于用名以乱名者也。验之所以为有名，而观其孰行，则能禁之矣。“山渊平”[4]，“情欲寡”[5]，“刍豢不加甘，大钟不加乐”[6]，此惑于用实以乱名者也。验之所缘无以同异而观其孰调[7]，则能禁之矣。“非而谒楹”[8]，“有牛马非马也”[9]，此惑于用名以乱实者也。验之名约，以其所受悖[10]其所辞，则能禁之矣。凡邪说辟言之离正道而擅作者，无不类于三惑者矣。故明君知其分而不与辨也。

乱用名称，从而以名称来扰乱名称的说法。以为什么要制定名称的道理去验证它们，从而看哪一个更可行，就能禁止这些说法了。“高山与深渊一样平”，“人的欲望本来就少”，“刍豢不更令人喜悦，大钟之声不更令人悦耳”，这些都是不顾事实而扰乱名称的说法。以事实的同异去验证它们，从而看哪一个与事实更符合，就能禁止这些说法了。“飞矢不会停止”，“有牛马但没有马”，这些都是以名称来扰乱事实的说法。以约定的名称去验证，再用他们能够接受的去反驳他们所反对的，就能禁止这些说法了。凡是离开正道而擅自妄作的奇谈怪论，总不出这三种情况。所以圣明的君主知道其分别而不与之争辩。

注释

1 **见侮不辱**：此言出自宋钘。这是告诉我们应有忍辱负重之心，若人之修养足够大，则侮≠辱，即完全可以受到侮辱不觉得羞耻，这是精神修持后的辩证法。但荀子乃纯从概念的立场看，侮=辱，这是同一律“A是A”的思路，故他说这是“用名以乱名”。但因此而批驳“见侮不辱”却是不对的，因为宋钘说的是精神修持问题，而不是纯粹的名实问题。接下来的两句荀子的思路都是如此，都未触及问题的实质。

2 **圣人不爱己**：此言不知出自何典，但此类思想儒道两家大概都能承认。即圣人不太在意肉体本身，因为肉体正是修持的主要负累与障碍。故老子说：“何谓贵大患若身？吾所以有大患者，为吾有身，及吾无身，吾有何患？”若人一辈子生活在自身肉体的欲望之中，那么就有大患。但是人除了肉体生命以外，还有一个理性生命，这是人人需要修持爱护的，故孔子说："古之学者为己。"这个"己"乃指人的理性生命，这是圣人倍加爱护的，正因为圣人爱这个"己"（理性生命），故能克服那个"己"（肉体生命）之大患。故老子又说："故贵以身为天下，若可寄天下；爱以身为天下，若可托天下。"这个"身"已是理性生命了，故可"寄天下""托天下"。但荀子没有肉体生命与理性生命的区分，因为他主张"性恶"，圣人亦性恶，圣人若不爱己，任凭此性恶之生命发展下去，则必非圣人。总之，在荀子那里，圣人乃是一个肉体，"己"也只是一个肉体，整个"化性起伪"的修持工夫都在这个肉体里完成，焉能说"圣人不爱己"？这里依然是"A 是 A"的思路。

3 **杀盗非杀人也**：此言出自《庄子·天运》。强盗从肉体而言当然也是人，但因为他们丧失德性，若从"人禽之辩"的立场看，他们已堕落为禽兽，故"杀盗非杀人"并非完全不可以讲。但荀子依然从强盗一肉体，人亦一肉体，即"A 是 A"的思路，认为"杀盗非杀人"不能成立。

4 **山渊平**：此言出自惠施。这是一遮拨语，意在表明高、低、平、正皆是关系词，即在实物的比较中，描述两者的关系以便获得更好的认知的关系词，并非实物自身的属性。也就是说，若实物发生变化，则关系词亦发生变化。如山虽比渊高，但若把此山与更高的山比，此山即不高矣。或根本不作比较，则亦无所谓"平"或"不平"。如若世界全部为渊，则焉能有"平"之概念？惠施的意思是要表明，关系词不是实物自身的属性。然而，一旦落入到实物的比较中，一定有高、低、平、正的关系，这是人认识世界必然需要的描述。惠施也并不反对这种关系描述。荀子就是落在这种实物的关系中，故认为是客观必然的，没有理解惠施遮拨实物自身的属性的意思，故他说"用实以乱名者也"。

5 **情欲寡**：亦出自宋钘。这是告诫我们修身当减少情欲，不然即成大障碍。但荀子主张"性恶"，正是看到了人的情欲之多，故须"化性起伪"。在荀子看来，这与事实不合。

6 **刍豢不加甘，大钟不加乐**：此种思想出自墨子。墨子主张"节用""非乐"，他的这些思想都有特别的意涵，从墨子的角度看，是可以成立的。但荀子基于纯经验的立场，认为刍豢自然是美食，大钟自然是美乐，故其主张与事实也不合。

7 **所缘无以同异而观其孰调**：无，衍文；孰调，哪一种与事实更相符。

8 **非而谒楹**：当为“飞矢过楹”。此言出自《墨子·经说上》，“止，无久之不止，当牛非马，若矢过楹”。这句话的意思是：飞矢若没有遭遇外力，就不会停止，故飞矢可以飞过楹门，这是如此明白的事，就像牛不是马一样。这个意思从物理学上讲，是正确的，但事实上，飞矢总会停止，荀子可能不知道空气中的阻力，但此与事实不合，故他认为是错误的。

9 **有牛马非马也**：此言出自《墨子·经说下》，“且牛不二，马不二，而牛马二。则牛不非牛，马不非马，而牛马非牛非马，无难”。这句话的意思是：牛不是复合名词，马也不是复合名词，但牛马是复合名词。所以，牛这个概念并非不指代牛，马这个概念并非不指代马，但牛马这个概念却不只是指代单一的牛或单一的马，这并非难以理解。墨子的意思也是很清楚的，但荀子从事实上看，有牛马虽然不只是有马但一定包括马，而“有牛马非马”（即有牛马却没有马）就不对。显然，荀子误解了墨子的意思。

10 **悖**：反驳。

原文

夫民易一以道，而不可与共故[1]，故明君临之以埶，道之以道，申之以命，章[2]之以论，禁之以刑。故其民之化道也如神，辨埶[3]恶用矣哉！今圣王没，天下乱，奸言起，君子无埶以临之，无刑以禁之，故辨说也。实不喻

译文

百姓容易以道来统一他们的行动，却不易使他们知晓所以然的原因，所以圣明的君主以权势来统治他们，以道来引导他们，以命令来告诫他们，以理论来晓谕他们，以刑罚来禁止他们。这样，百姓融化于大道之中就会很神速，哪里用得着辩说其所以然呢！如今圣王去世了，天下大乱，奸言四起，君子没有权势来统治他们，没有刑罚来禁止他们，所以

然后命，命不喻然后期[4]，期不喻然后说，说不喻然后辨。故期、命、辨、说也者，用之大文也，而王业之始也。名闻而实喻，名之用也。累而成文，名之丽[5]也。用、丽俱得，谓之知名。名也者，所以期累实[6]也。辞也者，兼异实之名以论[7]一意也。辨说也者，不异实名以喻动静[8]之道也。期命也者，辨说之用也。辨说也者，心之象道也。心也者，道之工宰[9]也。道也者，治之经理也。

需要辩说。事物弄不明白就命名，命名了还不明白就描绘、形容，描绘、形容了还不明白就用言辞解说，言辞解说了还不明白就相互论辩。因此描绘、命名、论辩、解说，是非常重要的治国形式，是王者基业的开始。一听到名称就明白其实物，这是名称的功用。累积文字而形成文章，是对命名的进一步的解说。功用与解说都能得其当，就是精通于名称。名称，就是为了表达各种实物。言辞，是以不同实物的名称来表达一定的意思。辩说，就是不改变名实关系而说明是非的道理。描绘与命令，是用来服务于辩说的。辩说，是用来服务于内心的表达的。心，是道的主宰。道，是治理国家的根本原则。

注释

1 **共故**：知其所以然，犹如“民可使由之，不可使知之”之意。

2 **章**：彰明。

3 **辨埶**：当为“辩说”。

4 **期**：描绘，形容。

5 **丽**：联合。即名称不易使人知晓，以别的文字加以解说。

6 **期累实**：通过约定表达各种事物。累，各种。

7 **论**：当为“喻”。

8 **动静**：此指是非。

9 **工宰**：主宰。

原文

心合于道，说合于心，辞合于说。正名而期，质请[1]而喻，辨异而不过，推类而不悖。听则合文[2]，辨则尽故[3]。以正道而辨奸，犹引绳以持曲直，是故邪说不能乱，百家无所窜[4]。有兼听之明而无奋矜[5]之容，有兼覆[6]之厚而无伐德之色。说行则天下正，说不行则白道而冥穷[7]，是圣人之辨说也。《诗》曰："颙颙卬卬，如珪如璋，令闻令望。岂弟君子，四方为纲。"[8]此之谓也。

译文

心灵符合大道，辩说符合心灵，言辞符合辩说。使名称正确且符合约定，名称与事物一致以便于明白，辨别不同的事物而不出现过失，推导相同的情况而不违背。听起来合乎礼节，辩说起来深究原因。以正义之道辨别奸邪之见，就如以绳子衡量曲直一样，所以奸邪的学说不能使人混乱，百家学说的错误也无处躲藏。有兼听各家之见的明智而无骄傲自大之貌，有博采众长的厚重而无自夸之色。其学说流行能使天下中正，其学说不能够流行就会宣明大道而退隐，圣人的辩说就是如此。《诗经》说："态度恭良，气宇轩昂，如珪如玉，美名威望。和乐平易的君子啊，是天下人的好榜样。"说的就是这种人。

注释

1 **质请**：即名称与实情一致。请，通"情"。

2 **合文**：合乎礼节。

3 **尽故**：深究原因。

4 **窜**：躲藏。即百家之学的错误被揭示出来。

5 **奋矜**：骄傲自大。

6 **兼覆**：无所不包。

7 **冥穷**：隐居。穷，通"躬"。

8 此句引自《诗经·大雅·卷阿》。此诗写周王与群臣出游卷阿，群臣陈诗以颂周王。颙(yóng)颙，恭敬温良的样子；卬(áng)卬，气宇轩昂的样子；令，美好。

原文

辞让之节得矣，长少之理顺矣；忌讳不称，祆辞[1]不出；以仁心说，以学心听，以公心辨；不动乎众人之非誉，不治[2]观者之耳目，不赂贵者之权埶，不利[3]传辟者之辞。故能处道而不贰，吐[4]而不夺，利而不流，贵公正而贱鄙争，是士君子之辨说也。《诗》曰："长夜漫兮，永思骞兮。大古之不慢兮，礼义之不愆兮，何恤人之言兮！"[5]此之谓也。

译文

谦让的礼节得当，长幼的伦理有序；禁忌与避讳不说，奇谈怪论不讲；以仁德之心说话，以学习之心听讲，以公正之心辩说；不为大众的毁誉所动摇，不蛊惑旁观者的耳目，不贿赂有权势的人，不传播邪僻者的言辞。所以能够坚守大道而无贰心，大胆发言而不随便改变观点，口齿伶俐而不随时俯仰，尊重公正而鄙视争斗，士君子的辩说就是这样。《诗经》说："长夜漫漫，我常常反思我的过错。对上古的传统不怠慢，礼义上也没有什么过错，又何必担心别人的言论呢！"说的就是这种人。

注释

1 **祆辞**：奇谈怪论。

2 **治**：当为"冶"，蛊惑。

3 **利**：有利于，即传播。

4 **吐**：发言。

5 此句不见今本《诗经》，当为逸诗。骞，通"愆"，过失；大古，太古。

原文

君子之言，涉然[1]而精，俯然[2]而类，差差然[3]而齐。彼正其名，当其辞，以务白其志义者也。彼名辞也者，志义之使也，

译文

君子的言论，深入事理而精微，贴近人情而法度统一，表述有异而思想一致。使用正确的名称，恰当的言辞，以表达其意义。名称与言辞，是意义的表达，足以使人明白就够了。在此方面不严肃而乱

足以相通，则舍之[4]矣。苟之，奸也。故名足以指实，辞足以见极[5]，则舍之矣。外是者，谓之訒[6]，是君子之所弃，而愚者拾以为己宝。故愚者之言，芴然[7]而粗，啧然[8]而不类，諮諮然[9]而沸。彼诱其名，眩其辞，而无深于其志义者也。故穷藉[10]而无极，甚劳而无功，贪而无名。故知者之言也，虑之易知也，行之易安也，持之易立也，成则必得其所好而不遇其所恶焉。而愚者反是。《诗》曰："为鬼为蜮，则不可得。有靦面目，视人罔极。作此好歌，以极反侧。"[11]此之谓也。

用，就是奸邪。所以名称足以指代实物，言辞足以表达主旨，就可以了。除此以外，都是苛察缴绕，是君子所抛弃的，而愚蠢的人却捡起来以为宝贝。因此愚蠢的人的言论，飘忽不定而粗俗，艰深晦涩而无条理，啰啰嗦嗦而嘈杂。他们使用诱人的名称，令人眼花缭乱的言辞，却没有深刻的意义。所以玩弄各种辞藻而无主旨，非常劳累却无功绩，贪图名声却不能成名。所以智者的言论，思考起来容易知晓，实行起来易于安定，坚持起来容易站得住，成功了就会得到其所喜好的东西而不会遭遇其所厌恶的东西。但愚蠢的人的言论却正好与之相反。《诗经》说："你若是那无形的鬼怪，人们自然就无法看清。但你丑陋邪恶的面容清晰可见，却总是表现出一副让人看不清的样子。作这首善意的诗歌，来揭露你无常邪恶的嘴脸。"说的就是这种人。

注释

1 **涉然**：深入的样子。

2 **俯然**：贴近的样子。

3 **差差然**：参差不齐的样子。

4 **舍之**：指言辞能够表情达意就够了。

5 **极**：中心。即人的中心思想，主旨。

6 **訒**：本指语言迟钝，不能表情达意。这里指苛察缴绕，故意绕圈子。

7 **芴然**：模糊不清的样子。芴，通"忽"。

8 **啧(zé)然**:艰深的样子。

9 **諮(tà)諮然**:多言嘈杂的样子。

10 **穷藉(jiè)**:指用尽各种辞藻。

11 此句引自《诗经·小雅·何人斯》。

原文

凡语治而待去欲者,无以道欲而困于有欲者也。凡语治而待寡欲者,无以节欲而困于多欲者也。有欲无欲,异类也,生死[1]也,非治乱也。欲之多寡,异类也,情之数[2]也,非治乱也。欲不待可得,而求者从所可。欲不待可得,所受乎天也;求者从所可,受乎心也。所受乎天之一欲,制于所受乎心之多,固难类所受乎天也。[3]人之所欲,生甚矣;人之所恶,死甚矣。然而人有从生成死[4]者,非不欲生而欲死也,不可以生而可以死也。故欲过之而动不及,心止之也。[5]心之所可中理,则欲虽多,奚伤于治?欲不

译文

凡是治理国家要靠去除人的欲望的,不但没有办法引导人的欲望,反而受困于人的欲望。凡是治理国家要靠减少人的欲望的,不但没有办法节制人的欲望,反而受困于人的多欲。有欲望的社会与没有欲望的社会,是不同种类的存在,犹如生与死的不同,与国家的治乱无关。欲望的多与少,也是不同的,由人的性情与气质所决定,也与国家的治乱无关。欲望不是依靠得到才会产生,而追求的人认为可以得到就会去争取。欲望不是依靠得到才会产生,它是生来就有的;追求的人争取其想得到的,这是受人心的驱使。人们禀受于天的欲望,因受制于人心,故现实中的表现就多种多样了。人的欲望,莫过于求生;人之所恶,莫过于死。然而有的人放弃生而走向死,并非不欲求生而欲求死,是因为不可以偷生但可以选择死。所以欲望强烈但并未行动,是因为心的制止。人心所裁决的符合道理,即使欲望多,怎么会有害于治理呢?欲望不强烈但已

及而动过之，心使之也。心之所可失理，则欲虽寡，奚止于乱？故治乱在于心之所可，亡于情之所欲。不求之其所在，而求之其所亡，虽曰我得之，失之矣。

经行动了，也是心的驱使、鼓动。人心所鼓动的不符合道理，即使欲望少，怎么会有利于制止混乱呢？所以国家的治乱在于人心的裁决、鼓动，与性情的欲望无关。不去深究其有关系的地方，而去深究其没有关系的地方，虽然宣称自己找到了，实则失之甚远。

注释

1 **生死**：荀子以为人生而有欲望，只有死人才无欲望，故有欲、无欲的区别就是生者与死者的区别。若要人无欲望，那么就是把人推到死亡的境地，但死后显然不属于治理的范围了。

2 **情之数**：荀子认为，人的欲望的多寡是不同的，由人的性情与气质决定。

3 **所受乎天之一欲，制于所受乎心之多，固难类所受乎天也**：此句颇为难解。"一欲"注解者多训为"单纯的欲望"，实则欲望无所谓"单纯"，当训为"一种欲望"，如"求生"之欲望。人人皆欲"求生"，但因为受到经验的制约，其"求生"的表现各不相同，如有人遵从道德而求生，有人败坏道德而求生。这样，就很难像受之于天那样，只是一种表现了。

4 **从生成死**：放弃生而走向死。从，通"纵"，放弃。

5 **欲过之而动不及，心止之也**：欲望强烈但并不采取行动，是因为心制止了。荀子在此是为了强调心的作用与欲望之有无、多寡无关，关键看是否"中理"。

原文

性者，天之就也；情者，性之质也；欲者，情之应也。以所欲为可得而求之，情之所必不免

译文

本性，是上天造就的；情感，是本性的本质；欲望，是情感的应和。认为自己所欲求的可以得到而去争取，这是情感所不可避免的；认为可以得到并采取行动，这是心

也；以为可而道之，知所必出也。故虽为守门[1]，欲不可去，性之具也；虽为天子，欲不可尽。欲虽不可尽，可以近尽也；欲虽不可去，求可节也。所欲虽不可尽，求者犹近尽；欲虽不可去，所求不得，虑者欲节求也。道者[2]，进则近尽，退则节求，天下莫之若也。

智的必然结果。所以，即使是看门的卑贱之人，欲望也不能去除，因为这是本性生来就具有的；即使贵为天子，他的欲望也不能全部满足。欲望虽然不能全部满足，但可以近似于满足；欲望虽然不能去除，但可以节制。欲望虽然不能全部满足，追求的人可以做到近似于满足；欲望虽然不能去除，但所求得不到的时候，善于思考的人会节制自己的欲求。引导欲望的原则是，高贵者做到近似于满足，卑贱者做到节制欲望，天下没有比这更好的方法了。

注释

1 **守门**：看门的卑贱之人。

2 **道者**：引导欲望的原则。

原文

凡人莫不从其所可，而去其所不可。知道[1]之莫之若也，而不从道者，无之有也。假之有人而欲南无多[2]，而恶北无寡，岂为夫南者之不可尽也，离南行而北走也哉！今人所欲无多，所恶无寡，岂为夫所欲之不可尽也，离得欲之道而取所恶也哉？故可道而从之，奚以损之而乱？

译文

大凡人没有不遵从其所认可的，而放弃其所不认可的。知晓道义是最好的而不加以遵从，这样的人是没有的。假如有一个人想到南方去，他会不管路途有多远，但若厌恶到北方去，也不会在意有多近，难道会因为南方路途遥远，就会调转方向往北走吗？人的欲望无论有多无穷，人的厌恶无论有多寡少，难道会因为欲望得不到满足，就会放弃欲望而追求厌恶的东西吗？所以，符合道义并追求它，怎么会有损害而导致混乱呢？不

不可道而离之，奚以益之而治？故知者论道而已矣，小家珍说[3]之所愿皆衰矣。

符合道义并放弃它，哪有什么比这更能使国家得以善治的呢？因此智慧的人只谈论道义，诸子百家的奇谈怪论就自然式微了。

注释

1 **知道**：知晓道义。

2 **无多**：不管路途有多远。下文"无寡"，不管路途有多近。

3 **小家珍说**：此指诸子百家的奇谈怪论。

原文

凡人之取也，所欲未尝粹[1]而来也；其去也，所恶未尝粹而往也。故人无动而不可以不与权俱[2]。衡不正[3]，则重县于仰而人以为轻，轻县于俯而人以为重，此人所以惑于轻重也。权不正，则祸托于欲而人以为福，福托于恶而人以为祸，此亦人所以惑于祸福也。道者，古今之正权也，离道而内自择，则不知祸福之所托。

译文

大凡人在追求时，所欲求的东西不可能全部得到；在抛弃时，所厌恶的东西不可能全部离去。所以人的行动时刻应以标准作为规范。秤不准，那么重的物体悬挂上去使秤杆仰起来人们却以为是轻了，轻的物体悬挂上去使秤杆俯下去人们却以为是重了，这是秤不准导致人们对轻重的错乱。标准不正，那么灾祸寄托在欲望之中人们却以为是福乐，福乐寄托在厌恶之中人们却以为是灾祸，这是标准不正导致人们对祸福的错乱。道，是古今最正确的衡量标准，离开道而靠纯粹主观的自我选择，那么就不知道祸福所依存的地方了。

注释

1 **粹**：全部。

2 **权俱**:以标准衡量自己的行为。因为世界并非总是依据人之所愿发展,故在交杂混乱之中,以一定的原则规范自己的行为最为重要。

3 **衡不正**:悬挂秤杆的支点偏于一边。

原文

易者,以一易一,人曰无得亦无丧也;以一易两,人曰无丧而有得也;以两易一,人曰无得而有丧也。计者取所多,谋者从所可。以两易一,人莫之为,明其数也。从道而出,犹以一易两也,奚丧!离道而内自择,是犹以两易一也,奚得!其累百年之欲,易一时之嫌[1],然且为之,不明其数也。

译文

交换,以一换一,人们会说没有收获也没有亏损;以一换二,人们会说没有亏损反而有收获;以二换一,人们会说没有收获反而有亏损。善于计算的人择取多的,善于谋划的人追求合宜的。以二换一,没有谁愿意做,因为大家都明白计算。依从道去行动,就好像以一换二一样,哪里有什么损失呢?离开道而自我选择,就好像以二换一一样,哪里有什么收获呢?积累百年的欲望,去换取一时的满足,尚且还去做,这就是不懂得计算啊。

注释

1 **嫌**:通"慊(qiè)",满足。

原文

有尝试深观其隐而难其[1]察者:志轻理而不重物[2]者,无之有也;外重物而不内忧者,无之有也;行离理而不外危者,无之有也;外危而不内恐者,无之

译文

又尝试深入地观察那些隐蔽而难以明察的情况:内心轻视道理而外面不看重物质的人,是没有的;外面看重物质而内心不忧虑的人,是没有的;行为背离伦理而外面不危险的人,是没有的;外面危险而内心不恐惧的人,是没有的。内

有也。心忧恐，则口衔刍豢而不知其味，耳听钟鼓而不知其声，目视黼黻而不知其状，轻暖平簟[3]而体不知其安。故向[4]万物之美而不能嗛也，假而得问[5]而嗛之，则不能离也。故向万物之美而盛忧，兼万物之利而盛害，如此者其求物也，养生也？粥[6]寿也？故欲养其欲而纵其情，欲养其性而危其形，欲养其乐而攻其心，欲养其名而乱其行。如此者，虽封侯称君，其与夫盗无以异；乘轩戴絻[7]，其与无足[8]无以异。夫是之谓以己为物役矣。

心忧虑恐惧，那么即使口里吃着美食也不知其味道，耳朵里听着钟鼓也不辨其声音，眼睛看着华贵的服饰也不知其美丽，身体睡在柔软、温暖的竹席上也不知其舒适。所以享受着万物之美却不能满足，即使得到暂时的满足，但忧虑恐惧依然不能释怀。因此享受着万物之美却忧心忡忡，占有万物的好处却反而贻害无穷，这样的人，是寻求物质呢，还是养生呢？抑或是出卖寿命呢？所以本想满足欲望却放纵性情，本想存养本性却危害身体，本想追求快乐却戕害心灵，本想保全名声却胡乱作为。这样的人，即使封为诸侯、称作君主，他们却与盗贼没有什么区别；即使乘坐大车戴着礼帽，他们与遭受断足之刑的人也没有什么区别。这就叫作自己被外物所奴役。

注释

1 **其**：衍文。

2 **重物**："重"字之前脱落一"外"字。

3 **平簟**：竹席。

4 **向**：通"享"。

5 **得问**：当为"得间"，片刻，暂时。

6 **粥**：同"鬻"。

7 **乘轩戴絻**：轩，有篷车，为达官贵人所乘。絻，通"冕"，古代贵族所戴的礼帽。

8 **无足**：指遭受断足之刑的人。

原文

心平愉，则色不及佣[1]而可以养目，声不及佣而可以养耳，蔬食菜羹而可以养口，粗布之衣、粗纠[2]之履而可以养体，屋室、庐庾、葭稿蓐、尚机筵[3]而可以养形。故无万物之美而可以养乐，无埶列之位而可以养名。如是而加天下焉，其为天下多，其和乐[4]少矣，夫是之谓重己役物。无稽之言，不见之行，不闻之谋，君子慎之。

译文

心情平正愉悦，即使颜色不漂亮也可以养目，声音不动听也可以养耳，粗食菜汤也可以供给口腹的需要，粗布衣、粗麻鞋也可以保养身体，局促的小屋、芦苇帘子、稻草垫子及破旧的椅子也让人舒适。所以没有万物之美也可以享受乐趣，没有权势地位也可以获得名声。这样的人若把治理天下的大权交给他，那么他一定为天下的公共利益多，而为自己的私利少，这就是看重自己而役使外物。没有根据的言论，未见过的行为，未听说的计谋，君子应该慎重。

注释

1 **佣**：庸俗，平常。

2 **纠**：用丝线编成的圆形细带。

3 **屋室、庐庾、葭稿蓐、尚机筵**：屋室，当为“局室”，狭窄的房屋；庐庾，当为“庐帘”，芦苇做的帘子；葭稿蓐，芦苇或稻草做的垫子；尚机筵，当为“敝几筵”，即破旧的椅子。

4 **和乐**：当为“私乐”。

性恶

导读

本篇是荀子的人性理论，乃荀子一切理论的价值根基，对于理解《荀子》颇为重要。本篇的主旨有二：其一是“人之性恶”；其二是“其善者伪也”。荀子之所以认定人的本性是恶的，是因为他从自然的肉体生命看待人，人性就是这个肉体生命的欲求。若如此看待人及其本性，那么，荀子的理论自然是对的。但问题是，仅如此看待人性，并不能尽人性之蕴，人除了肉体之性外，尚承袭了天命，还有天命之性，这个天命之性足以保证人禽之辨与人性尊严。不然，人与禽兽只有程度的差别，没有根本的差别。孟子主张性善，就是看到了肉体之性以外的天命之性。质言之，荀子所说的，孟子都能够承认，但孟子以为，仅此不足以尽人性之蕴，于是主张性善。这是鸿蒙开辟之音，确保了人禽之辨与人性的尊严。但荀子并没有看到孟子性善论的价值所在，反而批评孟子的理论错误，认为它既不符合事实，也不能被验证。荀子虽然反复申说“人之性恶”，但他是要由此强调其“化性起伪”的主张。在荀子看来，人性尽管恶，但人做到善依然是可能的。人如何做到善呢？就是改变恶的本性而接受圣王的礼义教化。人为什么能接受圣王的礼义教化呢？因为每个人都有知晓礼义的资质及践行教化的官能，这是先天具有的。实际上，若荀子承认人人有知晓礼义的资质及践行教化的官能，则必当肯定孟子的性善论。荀子之所以误解孟子，只是一间未达，这其中的义理分际，在本文注释中作了进一步疏解。无论如何，荀子尽管主张性恶，但依然要求人化性从善而为圣人，只是成圣的理路不同于孟子而已：孟子是存养本性而扩充之，荀子则更强调外在的熏习而已。

原文

人之性恶，其善者伪[1]也。今人之性，生而有好利焉，顺是，故争夺生而辞让亡焉；生而有疾恶焉，顺是，故残贼生而忠信亡焉；生而有耳目之欲，有好声色焉，顺是，故淫乱生而礼义文理亡焉。然则从[2]人之性，顺人之情，必出于争夺，合于犯分乱理而归于暴。故必将有师法之化、礼义之道[3]，然后出于辞让，合于文理，而归于治。用此观之，然则人之性恶明矣，其善者伪也。

译文

人的本性是恶的，其良善是后天教化的结果。人的本性，生来就喜欢利益，顺着这种本性，相互争夺就产生而推辞谦让就没有了；生来就痛恨祸害，顺着这种本性，相互残害就产生而忠心诚信就没有了；生来就有耳目的欲望，喜好美丽的声音与颜色，顺着这种本性，淫乱就产生而礼法就被无视了。所以放纵人的本性，顺从人的性情，必然会有争夺，最后不顾等级破坏伦理而导致暴乱。因此必须依靠老师的教化、礼义的引导，然后才能有推辞谦让之心，行为合乎礼法而导致善治。由此观之，人的本性恶是非常明显的，其良善不过是后天教化的结果。

注释

1 **伪**：后天的人为教化。

2 **从**：通“纵”。

3 **道**：引导。

原文

故枸木必将待檃栝、烝、矫然后直[1]，钝金必将待砻、厉[2]然后利。今人之性恶，必将待师法然后正，得礼义然后治。今人无师

译文

所以弯曲的木头必须依靠檃栝这种工具和蒸烤的方法才能矫正，不锋利的兵器必须依靠磨刀石才能锋利。人的本性恶，也必须依靠老师的教化才能端正，得到礼义的引导才能良善。如果没

法，则偏险而不正；无礼义则悖乱而不治。古者圣王以人之性恶，以为偏险而不正，悖乱而不治，是以为之起礼义、制法度，以矫饰人之情性而正之，以扰化人之情性而导之也，使皆出于治，合于道者也。今之人，化师法、积文学[3]、道礼义者为君子；纵性情、安恣睢[4]而违礼义者为小人。用此观之，然则人之性恶明矣，其善者伪也。

有老师的教化就会偏邪阴险而不端正，没有礼义的引导就会惑乱而不良善。古代的圣王正因为知晓人的本性恶，偏邪阴险而不端正，惑乱而不良善，因此就确立礼义、制定法度，用以整饬人的性情而使之端正，用来教化人的性情而加以引导，这样，（性情）才开始变得良善，合乎正道。人，依从于老师的教化，熏染于文化学术之中，以礼义来引导就是君子；放纵性情，安于肆意妄为，违背礼义就是小人。由此观之，人的本性恶是非常明显的，其良善不过是后天教化的结果。

注释

1 **枸**(gōu)**木必将待檃栝**(yǐn kuò)、**烝**(zhēng)、**矫然后直**：枸，弯曲；檃栝，矫正竹木弯曲的器具；烝，用火或蒸汽加热，以使木材柔软利于矫正，后作“蒸”。

2 **砻**(lóng)、**厉**：即砻与砺，俱为磨刀石。

3 **积文学**：熏染于学术文化之中。

4 **恣睢**(suī)：肆意妄为。

原文

孟子曰：“人之学者，其性善。”[1]曰：是不然。是不及知人之性，而不察乎人之性、伪之分者也。凡性者，天之

译文

孟子说：“人之所以能够学习，乃因其性善。”答曰：这是不对的。这是还不知人的本性，没有明察人的本性与后天教化的不同的言论。大凡本性，是上天造就的，不是学习得来的，也不是人为外加上去的。

就也，不可学，不可事。[2]礼义者，圣人之所生也，人之所学而能、所事而成者也。不可学、不可事而在人者谓之性；可学而能、可事而成之在人者谓之伪。是性、伪之分也。今人之性，目可以见，耳可以听。夫可以见之明不离目，可以听之聪不离耳，目明而耳聪，不可学明矣。

礼义，是圣人设立的，是人通过学习就能获得、人为教化就能成功的。那个不是学习得来，也不是人为从外面加上去且自然属于人的就叫本性；通过学习就能获得，通过教化就能成功且后天属于人的就叫人为。这是本性与人为的区别。人的本性就是眼睛自然可以看，耳朵自然可以听。那个可以看得清的"明"是离不开眼睛这种天然存在的，那个可以听得清的"聪"是离不开耳朵这种天然存在的，"明"自然属于眼睛，"聪"自然属于耳朵，不是通过学习得来的，这是很明显的。

注释

1 **人之学者，其性善**：此句不见于今本《孟子》，但并不违背孟子的意思。这句话的意思是：人之所以能够遵从老师的教化，正是因为人性是善的。荀子不认可孟子的看法，乃因为荀子不理解孟子的意思。老师的教化是外在的，但人之所以能够接受老师的教化，一定有一种特别的能力，正是这种能力使得教化得以可能，也就是说，人在接受教化之前，并非从零开始，一定有一个根基作为接受教化的准备，这是天生而固有的，即先天的，不然，人接受教化即不可能。这个作为接受教化的固有的先天准备，就是孟子性善（或四端之心）的意思。人为什么能够接受教化而动物不能，就是因为动物没有这个先天的固有的准备。老师的教化是学来的，但先天的固有的准备却不是学来的。虽然先天的固有的准备使得教化成为可能，但教化能否成为现实，还要看经验中的各种因素，否则，教化亦不可能。正如荀子所说的，眼睛之明是天生固有的，它为人看见东西准备了条件，但若经验中的要素不具备，也不能看见东西，比如人处于黑暗中。荀子的不足在于，他没有看到那个先天的固有的准备(实则人总得有一个接受教化的先天准备,荀子后面也提到了),而孟子恰恰看到了,孟子的性善,其深意在此,所以性善亦不可否认。

2 **凡性者,天之就也,不可学,不可事**:性分中本有的东西,如好利避害、耳聪目明等,不是学来的,也不是人为加上去的。

原文

孟子曰:"今人之性善,将皆失丧其性故也。"[1]曰:若是,则过矣。今人之性,生而离其朴,离其资,必失而丧之。[2]用此观之,然则人之性恶明矣。所谓性善者,不离其朴而美之,不离其资而利之也。[3]使夫资朴之于美,心意之于善,若夫可以见之明不离目,可以听之聪不离耳,故曰目明而耳聪也。

译文

孟子说:"人的本性是善的,但由于丧失了其本性,所以就变恶了。"答曰:如果这样认为,就是不对的。人的本性,若生下来就离开其本质,离开其禀赋,就会丧失其本性。由此观之,人的本性恶是非常明显的。所谓性善,是在不离其本质的基础上就认为它美好,不离其禀赋的基础上就认为它向善。使得本质自身的美好、心意自身的向善,就好像看得见的"明"离不开眼睛、听得清的"聪"离不开耳朵一样,所以说眼睛本性就"明"耳朵本性就"聪"。(只有这样,我们才能说本性自身就是善的。)

注释

1 **今人之性善,将皆失丧其性故也**:此句有错漏,当为"今人之性善,将皆失丧其性,故恶也"。但这样的句子并不见于今本《孟子》,然并不违背孟子之思想。

2 **离其朴,离其资,必失而丧之**:所谓"朴"与"资"就是原始材料,在荀子那里,就是血肉之生命体,人的本性都寄居在这个地方。失而丧之,即丧失本性,就是指肉体生命的欲望都没有了,这可能吗?所以,荀子说"人之性恶明矣"。

3 **所谓性善者，不离其朴而美之，不离其资而利之也**：这是荀子在反驳孟子，若要证明性善是对的，那么必须说明，人的生命中的原始材料自身就是美的、好的。在荀子那里，形而下的肉体生命乃人的生命的全部，于是他看到的只是欲望等利己的东西，故他以为无法作这种说明。但在孟子那里，人的生命不只是形而下的肉体生命，尚有形而上的理性生命，这也是生命所固有的，也属于生命的原始材料，所谓"仁、义、礼、智，非由外铄我也，我固有之也，弗思耳矣"。所以，从孟子的角度看，性善是"不离其朴""不离其资"的，他可以作这种说明。可惜荀子与孟子对人的生命的全部内蕴看法迥异，于是荀子不理解孟子的深意。可以说，荀子看到的孟子都看到了，但孟子看到的荀子却没有看到，是以荀子有所不及也。

原文

今人之性，饥而欲饱，寒而欲暖，劳而欲休，此人之情性也。今人饥，见长而不敢先食者，将有所让也；劳而不敢求息者，将有所代也。夫子之让乎父，弟之让乎兄，子之代乎父，弟之代乎兄，此二行者，皆反于性而悖于情也。然而孝子之道，礼义之文理也。故顺情性则不辞让矣，辞让则悖于情性矣。用此观之，然则人之性恶明矣，其善者伪也。

问者曰："人之性恶，则礼义恶生？"[1] 应之曰：凡礼

译文

今人的本性，饿了就希望吃饱，冷了就希望穿暖，劳累了就希望休息，这是人自然的性情。但如今，见到长辈而不敢先吃，是因为有所谦让；劳累了也不敢要求休息，是因为要为长辈代劳。儿子对父亲谦让，弟弟对兄长谦让，儿子为父亲代劳，弟弟为兄长代劳，这两种情况，都是违反人的本性而背离人之常情的。但却是孝子的固有之道，也是礼义自身的要求。所以顺应人的性情就不会辞让，辞让就会违背人的性情。由此观之，人的本性恶是非常明显的，其良善不过是后天教化的结果。

有人问道："如果人的本性是恶的，那么礼义作为一种善的制度是如何产

义者，是生于圣人之伪，非故[2]生于人之性也。故陶人埏埴[3]而为器，然则器生于工人[4]之伪，非故生于人之性也。故工人斫[5]木而成器，然则器生于工人之伪，非故生于人之性也。圣人积思虑，习伪故[6]，以生礼义而起法度，然则礼义法度者，是生于圣人之伪，非故生于人之性也。若夫目好色，耳好声，口好味，心好利，骨体肤理[7]好愉佚，是皆生于人之情性者也，感而自然，不待事而后生之者也。夫感而不能然，必且待事而后然者，谓之生于伪。是性、伪之所生，其不同之征也。

生的？”回答他说：礼义，是产生于圣人的人为制作，而非产生于人的本性。所以陶工和泥制作陶器，陶器是产生于陶工的人为制作，而不是产生于人的本性。所以木工砍削木材制作木器，木器也是产生于木工的人为制作，而不是产生于人的本性。圣人不断思考琢磨，反复践行事理，从而制作礼义而设立法度，那么礼义法度，是产生于圣人的人为制作，而不是产生于人的本性。至于眼睛喜好美色，耳朵喜好美声，嘴巴喜好美味，心里喜好利益，身体喜好安逸，这些都是产生于人的性情，乃肉体的自然感发，这是不待人为才会如此的。那种肉体感发后也不能如此，必须依靠人为才能成就的，就叫产生于人为。这是本性与人为不同的功能，也是它们不同的特征。

注释

1 **人之性恶，则礼义恶生**：若人的本性是恶的，那么礼义作为一种善的制度，它是如何产生的呢？荀子意识到他的性恶论中的问题，于是设置了这一问题，以使读者明白。依荀子的意思，礼义是圣人外在的人为制作，非本性中自然就有的。圣人怎么能够制作呢？答曰：不断思考琢磨，反复践行事理。荀子以为，这些都是纯外在的，与陶人制作陶器、工人斫木而成器是一回事。其实，礼义与器物不一样，器物没有是否合乎伦理的善这个问题，但礼义却有，故以器物的制作来比喻礼义的制作是不适合的。况且，我们可以问，若礼义是一种纯然的外在安排，那又是如何保证这种安排是依据善的秩序的呢？若我们承认它是依据善的秩序来安排的，那么是否一定是人本性的善在起作用呢？荀子并未深思这一问题，但要回答他自己设置的这一问题，必须至于此才是圆满的回答。

2 **故**：本来。

3 **埏埴**(shān zhí)：用水和黏土制作陶器。

4 **工人**：当为“陶人”。

5 **斫**(zhuó)：砍削。

6 **习伪故**：反复践行检验人为的事理。

7 **骨体肤理**：指人的身体。

原文

故圣人化性而起伪[1]，伪起而生礼义，礼义生而制法度。然则礼义法度者，是圣人之所生也。故圣人之所以同于众，其不异于众者，性也；所以异而过众者，伪也。夫好利而欲得者，此人之情性也。假之人有弟兄资财而分者，且顺情性，好利而欲得，若是，则兄弟相拂夺[2]矣；且化礼义之文理，若是，则让乎国人矣。故顺情性则弟兄争矣，化礼义则让乎国人矣。

译文

所以圣人改变人的本性，依靠人为的努力，人为的努力便产生礼义，礼义产生以后法度就制定了。那么礼义法度是圣人后天人为产生的。所以圣人与众人相同的是本性；圣人与众人不同的是后天的人为。喜欢利益而渴望得到，这是人的性情。假如兄弟两人分配财产，如果顺从人的性情，都喜欢利益而渴望得到，那么兄弟之间就会相互争夺；如果依从礼义制度的教化，那么就可能会推让给别人。因此顺从性情就会兄弟争斗，依从礼义就会推让给别人。

注释

1 **圣人化性而起伪**：圣人之所以能改变本性，乃在其后天人为的努力。这些人为的努力又让他制定礼义法度得以可能。荀子这样说，只是看到了礼义法度之所以可能的现实根据，而没有批判地分析礼义法度之所以可能的超越的根据。圣人在没有礼义法度之前，他为什么能够自觉地改变恶的本性而人为努力地制定善的礼义呢？其动力在哪里？荀子说圣人“异而过众者，伪也”，但为什么会造成这种差异呢？原因在于圣人先知先觉。先知先觉意味着圣人先行开发出人性本有之善，这个本有之善众生皆有。这人性本有之善不但是圣人克服肉体之恶的力量源泉，且一旦发用出来，就成为圣人制定礼义法度的价值根基。一定得如此理解，不然，荀子的圣人“化性起伪”说是说不通的。

2 **拂夺**：争夺。

原文

凡人之欲为善者，为性恶也。[1]夫薄愿厚，恶愿美，狭愿广，贫愿富，贱愿贵，苟无之中者，必求于外。故富而不愿财，贵而不愿埶，苟有之中者，必不及于外。用此观之，人之欲为善者，为性恶也。今人之性，固无礼义，故强学而求有之也；性不知礼义，故思虑而求知之也。然则生[2]而已，则人无礼义，不知礼义。人无礼义则乱，不知礼义则悖。然则生而已，则悖乱在己。用此观

译文

大凡人追求善，就是因为本性恶。因为薄的希望厚，丑的希望美，狭窄的希望宽广，贫穷的希望富裕，卑贱的希望高贵，如果自身没有，必然会向外寻求。所以富裕了就不再想要钱财了，高贵了就不再想要权势了，如果自身拥有，必然就不会向外寻求了。由此观之，人之所以追求善，就是因为人本性恶。人的本性本来就不拥有礼义，所以努力学习而力求得到它；本性本来就不知道礼义，所以努力思考而力求了解它。因此就本性而言，人没有礼义，也不了解礼义。人若无礼义就会混乱，不知礼义就会昏乱。然而就本性而言，昏乱恰恰是自己造成的。由此观之，人的本性恶

之，人之性恶明矣，其善者伪也。

是非常明显的，其良善不过是后天教化的结果。

注释

1 **凡人之欲为善者，为性恶也**：人之所以要向善，就是因为本性恶。但若如荀子所言，人性根本为恶，则他向善的力量从何而来？若谓来自外在的礼义教化，则他依靠什么承接外在礼义教化之善？一言以蔽之，人性恶而追求善，这一举动本身就在更高的层次上说明了人性是善的，不然，这种追求就缺乏生发的力量。荀子处处都只是从现象、经验层次看人，这些问题他都没有深思，此为荀子之学的不足。

2 **生**：同“性”，下同。

原文

孟子曰：“人之性善。”[1]曰：是不然。凡古今天下之所谓善者，正理平治也；所谓恶者，偏险悖乱也。是善恶之分也已。今诚以人之性固正理平治邪，则有恶用圣王，恶用礼义矣哉！虽有圣王礼义，将曷加于正理平治也哉！今不然，人之性恶。故古者圣人以人之性恶，以为偏险而不正，悖乱而不治，故为之立君上之埶以临之，明礼义以化之，起法正以治之，重刑罚以禁之，使天下皆出

译文

孟子说：“人的本性是善的。”答曰：这种观点是不对的。大凡古今所说的善，就是合乎正道、遵守秩序；所说的恶，就是偏僻阴险、悖理混乱。这是善恶的区分。如果人的本性确实本来就合乎正道、遵守秩序了，那么还需要圣王、礼义干什么呢？即使有圣王、礼义，那么对于合乎正道、遵守秩序又有什么助益呢？现在我们认为不是像孟子所说的那样，人的本性是恶的。所以古代的圣人有鉴于人的本性恶，认为人偏僻阴险而不合乎正道，悖理混乱而不遵守秩序，因此以君主的威势来统治他们，宣明礼义来教化他们，确立法度来治理他们，加重刑罚来禁止他们，使得天下

于治、合于善也。是圣王之治,而礼义之化也。今当试去君上之埶,无礼义之化,去法正之治,无刑罚之禁,倚[2]而观天下民人之相与也,若是,则夫强者害弱而夺之,众者暴寡而哗[3]之,天下之悖乱而相亡不待顷矣。用此观之,然则人之性恶明矣,其善者伪也。

人遵守秩序、合乎善道。这是圣王的治理和礼义教化的结果。假如去除君主的威势,没有礼义教化,去除法度治理,没有刑罚禁止,站在一旁静观天下百姓之间的群居交往,如果这样,必然是强者欺侮弱者而掠夺他们,人多的残害人少的而侵扰他们,天下悖理混乱乃至灭亡就会即刻到来。由此观之,人的本性恶是非常明显的,其良善不过是后天教化的结果。

注释

1 **人之性善**:荀子批评孟子的这个观点,以为如果人性善,何必用圣王之教、礼义之化呢?所谓"恶用圣王,恶用礼义矣哉"。这根本误解了孟子的意思。孟子言"性善",是说本性中自然蕴涵"善端",正是这种"善端"使得现实的善成为可能。但"善端"并非就是现实的善,它是否能发用而成为现实,还需要别的条件。但荀子恰恰把"性善"理解为现实上人人都是善人,这样,自然就不需要教化了。但这绝不是孟子的意思,孟子虽然主张"性善",但只是说人人有为善的先天根据(善端),由"善端"至于现实的善,依然离不开教化与存养工夫。故孟子虽言"性善",但绝不反对教化,非如荀子所认为的,一言"性善",教化即无用武之地也。

2 **倚**:立,站着。

3 **哗**:喧哗,引申为侵扰。

原文

故善言古者必有节[1]于今,善言天者必有征于人。凡论者,贵其有辨合[2],

译文

所以善于以古代之事说理的人一定要在今天有所验证,善于以天道说理的人一定要在人道里有所验证。大凡议论,

有符验，故坐而言之，起而可设，张而可施行。今孟子曰“人之性善”，无辨合符验，坐而言之，起而不可设，张而不可施行，岂不过甚矣哉！故性善则去圣王、息礼义矣；性恶则与圣王、贵礼义矣。故檃栝之生，为枸木也；绳墨之起，为不直也；立君上，明礼义，为性恶也。用此观之，然则人之性恶明矣，其善者伪也。直木不待檃栝而直者，其性直也；枸木必将待檃栝、烝、矫然后直者，以其性不直也。今人之性恶，必将待圣王之治、礼义之化，然后皆出于治、合于善也。用此观之，然则人之性恶明矣，其善者伪也。

其可贵之处在于能被证实，能被检验，所以当坐而论道时，站起来就可以布置安排，推广出去就能够实行。如今孟子所说的“人性本善”，没有被事实检验，坐着发议论，但站起来不可以布置安排，推广出去不能够实行，这难道不是大错特错了吗！所以若人性本善就应当去除圣王，取消礼义；人性本恶就会赞同圣王，推崇礼义。因此，檃栝的产生，是因为有弯曲的木头；绳墨的兴起，是因为有不直的线条；设立君主，宣明礼义，是因为人性本恶。由此观之，人的本性恶是非常明显的，其良善不过是后天教化的结果。笔直的木头不依靠檃栝就能直，是因为它本来就直；弯曲的木头必须依靠檃栝与火烤才能直，因为它本身就不直。因为人性本恶，所以必须依靠圣王的治理、礼义的教化，然后才能合于秩序、归于良善。由此观之，人的本性恶是非常明显的，其良善不过是后天教化的结果。

注释

1 **节**：验证。

2 **辨合**：符合，契合。指论说的道理与事实相符。

原文

问者曰：“礼义积伪者，是人之性，故圣人能生

译文

有人问：“把人为的东西积累成为善的礼义，正是根基于人的本性善，所以圣

之也。”[1]应之曰：是不然。夫陶人埏埴而生瓦，然则瓦埴[2]岂陶人之性也哉？工人斫木而生器，然则器木[3]岂工人之性也哉？夫圣人之于礼义也，辟则陶埏而生之也，然则礼义积伪者，岂人之本性也哉？凡人之性者，尧、舜之与桀、跖，其性一也；君子之与小人，其性一也。今将以礼义积伪为人之性邪？然则有曷贵尧、禹，曷贵君子矣哉？凡所贵尧、禹、君子者，能化性，能起伪，伪起而生礼义。然则圣人之于礼义积伪也，亦犹陶埏而生之也。用此观之，然则礼义积伪者，岂人之性也哉？所贱于桀、跖、小人者，从其性，顺其情，安恣睢，以出乎贪利争夺。故人之性恶明矣，其善者伪也。

人才能制定它。”回应他说：这是不对的。陶工和泥制作瓦器，使泥土变为瓦器难道是陶工的本性吗？木工砍削木头制作木器，使木头变为木器难道是木工的本性吗？圣人制定礼义，就好像陶工和泥制作瓦器一样，那么把人为的东西积累成为善的礼义，又怎么可能是人的本性呢？说到人的本性，尧、舜与夏桀、盗跖，其本性是一样的；君子与小人，其本性也是一样的。现在要把人为的东西积累成为善的礼义作为人的本性吗？那么，又为何尊重尧、禹，为何尊重君子呢？大凡人之所以尊重尧、禹、君子，就是因为他们能够改变本性，能人为地制作，人为地制作就产生了礼义。这样看来，圣人把人为的东西积累为善的礼义，也好像陶工和泥制作瓦器一样。由此观之，把人为的东西积累为善的礼义，哪里是人的本性呢？人之所以鄙视夏桀、盗跖、小人，乃因为他们依从本性，顺应情欲，安于肆意妄为，从而贪图利益而争夺。所以人的本性恶是非常明显的，其良善不过是后天教化的结果。

注释

1 **礼义积伪者，是人之性，故圣人能生之也**：此句意为：能把人为的东西积累成为善的礼义，正是根基于人的本性善，所以圣人才能制定它。提问者的这句话，直接问及作为外在文制的礼义的价值根源。如果不是根源于人的本性，怎么能使作为文制礼义的外在安排如此良善呢？这是非常精审的提问。但荀子的反驳却没有看到这里的问题所在。他还是把作为外在文制的礼义与陶器、木器看作是一样的，既然陶器、木器不是根基于人的本性，那么，作为外在文制的礼义也不是根基于人的本性。但陶器、木器不存在是否合于伦理的善的问题，外在文制的礼义却有是否合于伦理的善的问题，且外在文制的礼义的善正根基于人的本性之善。故作为外在文制的礼义与陶器、木器是不能作类比的。

2 **瓦埴**：用黏土制成的瓦器。

3 **器木**：用木材制成的器具。

原文

天非私曾、骞、孝已[1]而外众人也，然而曾、骞、孝已独厚于孝之实而全于孝之名者，何也？以綦于礼义故也[2]。天非私齐、鲁之民而外秦人也，然而于父子之义、夫妇之别，不如齐、鲁之孝具敬父者[3]，何也？以秦人之从情性、安恣睢、慢于礼义故也，岂其性异矣哉？

译文

上天并非偏爱曾子、闵子骞与孝己而排斥众人，但是为什么唯独他们能够行孝之实且享孝之名呢？这是因为他们能够依据礼义去做。上天并非偏爱齐国、鲁国的人而排斥秦国的人，但是对于父子之间的情义、夫妇之间的分别，秦国的人却不如齐国、鲁国的人那样孝顺有礼，为什么呢？这是因为秦国的人放纵性情、安于肆意妄为、怠慢礼义的缘故，哪里是本性有所差别呢？

注释

1 **曾、骞、孝已**：指孔子的学生曾子、闵子骞与殷高宗武丁之子孝己，三人俱以孝著名。闵子骞，名损，字子骞，孔子分其为德行科，曾称赞其孝，“孝哉闵子骞！人不间于其父母昆弟之言”。《二十四孝》载有闵子骞的故事。孝己，《史记·殷本纪》称为祖己，以孝行著称，因遭后母谗言，被放逐而死，为后世孝子的典范。

2 **以綦于礼义故也**：依荀子的理解，曾子、闵子骞与孝己之所以有行孝之实，是因为他们完全遵从礼义。这就把孝完全等同于外在的礼法，而没有看到人之所以能实行外在的礼法，乃因为有内在的孝敬之情。

3 **不如齐、鲁之孝具敬父者**：孔子曾说，“齐一变，至于鲁；鲁一变，至于道”，说明齐、鲁两国的民风较好，当时大概是共识。具，当为“共”，又通“恭”；父，当为“文”。

原文

“涂之人可以为禹”[1]，曷谓也？曰：凡禹之所以为禹者，以其为仁义法正也。然则仁义法正有可知可能之理，然而涂之人也，皆有可以知仁义法正之质，皆有可以能仁义法正之具，然则其可以为禹明矣。今以仁义法正为固无可知可能之理邪？然则唯[2]禹不知仁义法正，不能仁义法正也。将使涂之人固无可以知仁义法正之质，而固无可以能仁义法正之具邪？然则涂之人也，且内不可以知父子之义，外不可以知君臣之正。

译文

“一般的百姓也可以成为大禹那样的圣贤”，这是什么意思呢？答曰：大禹之所以能够成为大禹，因为他能够践行仁义法度。既然如此，仁义法度就有可以被知晓、可以被践行的道理，而一般的百姓，都有可以知晓仁义法度的资质，都有可以践行仁义法度的官能，由此，一般的百姓可以成为大禹那样的人就非常明显了。难道认为仁义法度本来就没有可以被知晓、可以被践行的道理吗？那么，即使大禹也不能知晓仁义法度，不能践行仁义法度。难道认为一般的百姓本来就没有可以知晓仁义法度的资质，本来就没有可以践行仁义法度的官能吗？那么，一般的百姓就会内而不知父子之间的情义，外而不知君臣之间的道义。

注释

1 **涂之人可以为禹**：涂之人，即路途中的行人，指一般百姓。这句话的意思是:一般的百姓也可以成为大禹那样的圣贤。荀子并不否认这种说法,此与孟子“人皆可以为尧舜”的说法相似,但其精神理路却迥异,此不可不知。荀子的理路是:他首先把仁义法度视为纯外在的存在,为圣人所制定,而与一般人无关。但仁义法度虽为外在存在,它总有可被知晓之理,而一般人又有知晓仁义法度之理的资质及践行仁义法度的官能。这样,通过一般人的知与行,仁义法度就成为了人自己的东西,而与制定仁义法度的圣人没有差别了。故云“涂之人可以为禹”。在荀子那里,一般人要成为禹,除了将圣人制定的仁义法度作为学习践行的对象以外,还须有一个条件,就是要有可以知仁义法度之“质”和可以行仁义法度之“具”。这个“质”与“具”到底是什么,荀子并没有说明。无论如何,我们总得承认,人必须先天地具有一种特质去承袭外在的仁义法度,不然,“涂之人可以为禹”就不可能实现。在孟子那里,把荀子所说的必不可少的“质”与“具”直接称为仁、义、礼、智“四端”,且“四端”可扩充为仁义法度,而不必依靠学习圣人制定的东西。因此,孟子讲“人皆可以为尧舜”,只需内在地存养、扩充“四端”即可,而不必向外学习;即使向外学习,也只是催发“四端”的觉悟,培养“四端”的刚健,而不是像荀子那样,学习乃是把自己没有的据为己有,最终使得自己与圣人一样。然而,即使像荀子那样看待一般人与仁义法度的关系,但因为仁义法度要成为一般人内在的品行,必须依赖人自身的“质”与“具”,这个“质”与“具”实则就是孟子所说的“四端”,故孟子所说的“四端”是根本不可否认的,不然,人的善行就不可能实现,只是荀子未深思耳。

2 **唯**:虽然。

原文

不然。今涂之人者,皆内可以知父子之义,外可以知君臣之正,然则其可以知之质,可以能之具,其在涂之人明矣。今使涂

译文

(但现实情况却)不是这样。一般的百姓,都内而可知父子之间的情义,外而可知君臣之间的道义,这样,可以知晓仁义法度的资质,可以践行仁义法度的官能,在一般的百姓那里是非常明显的。

之人者，以其可以知之质，可以能之具，本夫仁义之可知之理、可能之具[1]，然则其可以为禹明矣。今使涂之人伏[2]术为学，专心一志，思索孰察，加日县久，积善而不息，则通于神明、参于天地矣。故圣人者，人之所积而致矣。

如果使一般的百姓用那可以知晓仁义法度的资质，可以践行仁义法度的官能，再依据仁义法度可以被知晓、可以被践行的道理，那么，一般的百姓可以成为大禹那样的人就非常明显了。如果让一般的百姓学习仁义法度，专心致志，认真思考，仔细观察，天长日久，积累善行不停歇，那么就会贯通神明、参赞天地了。所以圣人是人们学习礼法积累善行而达到的。

注释

1 **本夫仁义之可知之理、可能之具**：当为“本夫仁义之可知可能之理”。

2 **伏**：通“服”。

原文

曰：“圣可积而致，然而皆不可积，何也？”曰：可以而不可使也[1]。故小人可以为君子而不肯为君子，君子可以为小人而不肯为小人。小人、君子者，未尝不可以相为也，然而不相为者，可以而不可使也。故涂之人可以为禹则然，涂之人能为禹未必然也。虽不能为禹，无害可以为禹。足可以遍行天下，然而未尝有能遍行天下者

译文

有人说：“圣人可以通过学习礼法积累善行而达到，然而大家都没有达到，这是为什么呢？”答曰：可以达到但不能强迫其达到。所以小人可以成为君子但不肯成为君子，君子可以成为小人但不愿成为小人。小人与君子，未尝不可以相互转化，然而（事实上）没有相互转化，是可以转化却不能强迫其转化。所以说一般的百姓可以成为大禹那样的人是对的，说一般的百姓都成为了大禹那样的人，就不一定对了。虽然不能都成为大禹那样的人，但无损于其成为大禹的可能。人的足迹可以走遍天下，然而（事实

也。夫工匠、农、贾，未尝不可以相为事也，然而未尝能相为事也。用此观之，然则可以为，未必能也；虽不能，无害可以为。然则能不能之与可不可，其不同远矣，其不可以相为明矣。

上）并没有能走遍天下的人。工匠、农民、商人未尝不可以都调换着做事，但是（事实上）并没有都调换着做事。由此观之，可以做到，未必现实中一定做到了；虽然现实中不能做到，但无损于其做到之可能。所以能不能够与可不可以，其差别很大，它们之间不能相互混淆是很明显的了。

注释

1 **不可使也**：指不可迫使他做到，意思是说人若不能自觉地学习礼法、践行道义，那别人也无可奈何。这无意之中指出了人之善端觉悟的重要性，纯粹外在的学习，不足以成为圣贤。

原文

尧问于舜曰："人情何如？"舜对曰："人情甚不美，又何问焉？妻子具而孝衰于亲，嗜欲得而信衰于友，爵禄盈而忠衰于君。人之情乎！人之情乎！甚不美，又何问焉？"唯贤者为不然。

有圣人之知[1]者，有士君子之知者，有小人之知者，有役夫[2]之知者：多言则文而类[3]，终日议其所以，言之千举万变，其统类一也，是圣人之知也。少言则径

译文

尧问于舜说："人情如何？"舜回答说："人情很不好，还需要问吗？有了妻子对于父母的孝敬之情就衰减了，嗜欲得到了对于朋友的诚信就衰减了，爵位、俸禄满足了对于君主的忠诚就衰减了。这就是人情啊！这就是人情啊！非常不好，难道还需要问吗？"只有贤德的人不是这样。

有圣人的智慧，有士君子的智慧，有小人的智慧，有卑贱无知者的智慧：说话多，既有文采也符合礼法，终日谈论他推行主张的理由，千变万化，但其纲领始终如一，这就是圣人的智慧。说

而省[4]，论而法[5]，若佚[6]之以绳，是士君子之知也。其言也謟[7]，其行也悖，其举事多悔[8]，是小人之知也。齐给、便敏[9]而无类，杂能、旁魄[10]而无用，析速、粹孰而不急[11]，不恤是非，不论曲直，以期胜人为意，是役夫之知也。

话少，但直截了当而简洁凝练，有条理而合乎法度，好像被绳墨校正过一样，这就是士君子的智慧。言语多且荒诞，行动背离大道，做事经常犯错，这就是小人的智慧。能说会道、行为急躁但不合法度，技能杂多、见识广博但没有用处，分析问题快速、遣词造句熟练但无关紧要，不顾及是非，不关心曲直，以战胜别人为目标，这就是卑贱无知者的智慧。

注释

1 **知**：同“智”，智慧。

2 **役夫**：体力劳动者，这里指卑贱无知之人。

3 **多言则文而类**：文，文采，文雅，指圣人的智慧符合合乎道义的礼仪制度。类，原则一致，思想统一。

4 **径而省**：简易而辞寡，表示直截了当。

5 **论而法**：有条理和法度。论，通“伦”，条理。

6 **佚**：当为“扶”字之误，校正。

7 **謟**：话多而荒诞不经。

8 **悔**：咎，过错。

9 **齐给、便敏**：言辞敏捷，此指能说会道且行为急躁。

10 **杂能、旁魄**：杂能，博杂的技能。旁魄，广大；魄，通“薄”。

11 **析速、粹孰而不急**：析速，分析问题快；粹孰，熟练；不急，无关紧要。粹，通“萃”；孰，“熟”的古字。

原文

有上勇者，有中勇者，有下勇者：天下有中[1]，敢直

译文

有上等的勇敢，有中等的勇敢，有下等的勇敢：天下有正道，敢于担当；先

其身；先王有道，敢行其意；上不循于乱世之君，下不俗于乱世之民；仁之所在无贫穷，仁之所亡无富贵；天下知之，则欲与天下同苦[2]乐之；天下不知之，则傀然[3]独立天地之间而不畏，是上勇也。礼恭而意俭[4]，大齐信[5]焉而轻货财，贤者敢推而尚之，不肖者敢援而废之，是中勇也。轻身而重货，恬祸而广解苟免[6]，不恤是非、然不然之情，以期胜人为意，是下勇也。

王有大道，敢于执行；对上不会顺从于昏庸的君主，对下不会混同于无行的平民；仁道所在的地方不顾及其贫穷，仁道不在的地方不在意其富贵；天下人了解他，就想与天下人同甘苦共患难；天下人不了解他，就独立于天地之间而无所畏惧，这是上等的勇敢。外表恭敬而内心谦让，推崇忠信且轻视财货，贤能的人敢于推荐任用，不贤能的人敢于拉下免职，这是中等的勇敢。轻视生命而看重财货，对灾祸满不在乎但一旦有了灾祸就设法为自己解脱，苟且逃过罪责，不顾及是非对错，以战胜别人为目的，这是下等的勇敢。

注释

1 **中**：中正之大道。

2 **同苦**：同，衍文。苦，当为“共”。

3 **傀(guī)然**：独立貌。

4 **意俭**：内心谦让。

5 **大齐信**：推崇忠信。大，推崇。

6 **恬祸而广解苟免**：恬祸，安于灾祸，对之满不在乎；广解，多方设法为自己解脱；苟免，苟且地躲过惩罚。

原文

繁弱、巨黍[1]，古之良弓也，然而不得排檠[2]则不能自正。桓公之葱[3]，大公之阙，

译文

繁弱、巨黍，都是古代的良弓，但若没有排檠这种矫正工具，那么它们自己也不能端正。齐桓公的葱，姜太

文王之禄，庄君之曶，阖闾之干将、莫邪、巨阙、辟闾[4]，此皆古之良剑也，然而不加砥厉则不能利，不得人力则不能断。骅骝、骐、骥、纤离、绿耳[5]，此皆古之良马也，然而前必[6]有衔辔之制，后有鞭策之威，加之以造父之驭，然后一日而致千里也。

公的阙，周文王的禄，楚庄王的曶，阖闾的干将、莫邪、巨阙、辟闾，这些都是古代的良剑，但如果不加以磨砺，那么也不能锋利，若无人使用也不能斩断东西。骅骝、骐、骥、纤离、绿耳，这些都是古代的良马，然而必须前面有马嚼子和缰绳的控制，后面有马鞭的抽打，再加上类似于造父一样的驾驭技能，然后才能一日跑千里之远。

注释

1 **繁弱、巨黍**：俱为古代的良弓。

2 **排檠**(qíng)：矫正弓弩的器具。

3 **葱**：齐桓公使用的良剑。以下“阙”“禄”“曶(hū)”，均为古代良剑。

4 **干将、莫邪、巨阙、辟闾**：四者都是吴王阖闾使用的良剑。

5 **骅骝、骐、骥、纤离、绿耳**：都是古代的良马。《淮南子·主术训》有：“夫华骝、绿耳，一日而至千里，然其使之搏兔，不如豺狼，伎能殊也。”骐，同“骐”。

6 **前必**：当为“必前”。

原文

夫人虽有性质美[1]而心辩知，必将求贤师而事之，择良友而友之。得贤师而事之，则所闻者尧、舜、禹、汤之道也；得良友而友之，则所见者忠信、敬让之行也。身日进于

译文

人即使有美好的资质与理解辨别能力，也一定要寻找贤能的老师去侍奉他，选择良好的朋友去结交他。得到贤能的老师而去侍奉他，那么所听到的都是尧、舜、禹、汤的大道；得到良好的朋友而去结交他，那么所看到的都是忠心、诚信、恭敬、谦让的行为。自身日益浸染于仁义之

仁义而不自知也者，靡[2]使然也。今与不善人处，则所闻者欺诬、诈伪也，所见者污漫、淫邪、贪利之行也，身且加于刑戮而不自知者，靡使然也。《传》曰："不知其子视其友，不知其君视其左右。"靡而已矣！靡而已矣！

中而不知不觉，这正是潜移默化的结果。如果与品行恶劣的人相处，那么所听到的都是欺诈、诬陷、虚伪的语言，所看到的都是污秽肮脏、淫荡邪僻、贪图利益的行为，自身将要受刑罚被杀戮了还不知道，这也是潜移默化的结果。古书上说："不了解儿子看看他的朋友，不了解君主看看他的左右。"环境的熏染影响一个人啊！环境的熏染影响一个人啊！

注释

1 **性质美**：指人得之于天的偶然的美好资质，如聪明、手巧等。这些性质，只有部分人具有，并非普遍具有，故不是指本性美好。本性，在荀子那里，普遍地恶，人人一样。

2 **靡**：潜移默化，熏染。

图书在版编目(CIP)数据

荀子/张晚林导读、注译.—长沙:岳麓书社,2019.10

(古典名著普及文库)

ISBN 978-7-5538-0917-5

Ⅰ.①荀… Ⅱ.①张… Ⅲ.①儒家②《荀子》—注释③《荀子》—译文 Ⅳ.①B222.6

中国版本图书馆 CIP 数据核字(2018)第 149183 号

XUNZI

荀子

导读注译:张晚林

责任编辑:刘书乔

责任校对:舒 舍

封面设计:罗志义

岳麓书社出版发行

地址:湖南省长沙市爱民路 47 号

直销电话:0731-88804152 0731-88885616

邮编:410006

岳麓书社网址:www.yueluhistory.com

2019 年 10 月第 1 版第 1 次印刷

开本:890mm×1240mm 1/32

印张:10.25

字数:285 千字

ISBN 978-7-5538-0917-5

定价:30.00 元

承印:湖南众鑫印务有限公司

如有印装质量问题,请与本社印务部联系

电话:0731-88884129